TOURISM

京师职教

职业教育旅游大类系列教材

ZHONGCAN FUWU YU GUANLI

中餐服务与管理

主　编：王多惠
副主编：于澄清　罗海润　纪　芬
参　编：雷凯华　林　莉　梁宗辉
唐小慧　王　嵋　杨　卿
徐　虹　毛业群　胡　琳

北京师范大学出版集团
BEIJING NORMAL UNIVERSITY PUBLISHING GROUP
北京师范大学出版社

图书在版编目(CIP)数据

中餐服务与管理/王多惠主编. —北京：北京师范大学出版社，2021.6（2023.1重印）

ISBN 978-7-303-25932-8

Ⅰ. ①中… Ⅱ. ①王… Ⅲ. ①中式菜肴—餐馆—商业服务—高等职业教育—教材 ②中式菜肴—餐馆—商业管理—高等职业教育—教材 Ⅳ. ①F719.3

中国版本图书馆 CIP 数据核字(2020)第 105121 号

图书意见反馈：gaozhifk@bnupg.com 010-58805079
营销中心电话：010-58802755 58800035

ZHONGCAN FUWU YU GUANLI
出版发行：北京师范大学出版社 www.bnupg.com
北京市西城区新街口外大街 12-3 号
邮政编码：100088
印　　刷：天津中印联印务有限公司
经　　销：全国新华书店
开　　本：787 mm×1092 mm　1/16
印　　张：15.75
字　　数：357 千字
版　　次：2021 年 6 月第 1 版
印　　次：2023 年 1 月第 2 次印刷
定　　价：35.00 元

策划编辑：易　新　　　责任编辑：马力敏
美术编辑：焦　丽　　　装帧设计：焦　丽
责任校对：康　悦　　　责任印制：陈　涛

前　言

微课—《中餐服务与管理》课程简介

《中餐服务与管理》一书是根据酒店管理专业课程改革发展的现状，结合当前餐饮行业快速发展的情况与其独特的行业特点编写而成的。

本书是针对酒店餐厅服务与管理人员的实际工作需要，以提升学生中餐操作和管理技能为目的而进行编写的。全书打破了传统教材的编写模式，以纸质教材为蓝本，为满足教育信息化需求所编写的数字化、立体化教材，是实现中餐内容情境化、资源多样化、学习个性化、评价科学化、交流互动化、操作简单化等特点的核心的、优质的教学资源。本书重点突出以下特色。

1. 针对性强

针对酒店管理专业毕业生的主要就业岗位安排教材的内容和实训体系，注重理论和工作技能方面的结合，产教融合，酒店总经理参与编写，以达到培养酒店高技能人才的要求。

2. 实用性强

本书编写的目的是学生进入岗位后能迅速进入工作状态，能够为客人提供优质服务。教材配套多类教学资源，形态新，效果精美，突出“角色”模式，让学生在学习的同时把自己当成餐饮企业的工作人员，实现从理论性到理论与实践相结合的能力型人才转变。

3. 创新性强

本书以工学结合为基础，采用“项目、任务、活动”的编写模式，三者联系紧密，融合贯通，以餐厅的项目、任务、活动式为主，以二维码形式插入微视频，配以大量餐饮服务与管理的实训和案例，进行可视化展示，使学生产生身临其境的现场感，旨在让学生充分提高自身的实际操作技能。

本书由王多惠任主编，于澄清、罗海润、纪芬任副主编，参编人员为雷凯华、林莉、梁宗辉、唐小慧、王嵋、杨卿、徐虹、毛业群、胡琳。

由于酒店管理专业数字教材的编写尚处在一个较新的探索阶段，因此餐饮活动中存在诸多问题的复杂性和同类问题在不同条件下的差异性，本书并没有介绍餐饮活动中的所有技能，只是对中餐的重点技能进行了介绍。再加之时间仓促，编者水平有限，教材中难免有疏漏和不妥之处，有待在今后的教学工作中进一步地探索、修订和完善，祈望专家和读者的批评指正。

目　录

模块一　知识篇

模块二　技能篇

模块三 管理篇

模块一　知识篇

项目一　餐饮业概述

1.1　餐饮业的概念、特征及其地位和作用

一、餐饮业的概念

微课—
餐饮业概念

餐饮业(catering)是通过即时加工制作、商业销售和服务性劳动，向消费者专门提供各种酒水、食品，消费场所和设施的食品生产经营行业。按欧美《标准行业分类法》的定义，餐饮业是指以商业赢利为目的的餐饮服务机构。在我国，据《国民经济行业分类注释》的定义，餐饮业是指在一定场所，对食物进行现场烹饪、调制，并出售给顾客，主要供现场消费的服务活动。

餐饮业主要分为旅游饭店，餐厅(中餐、西餐)，自助餐及盒饭业，冷饮业和摊贩五大类。它具体又分为三种类型：便利型大众餐饮市场、高档型餐饮市场、气氛型餐饮市场。便利型大众餐饮市场都是大众消费；高档型餐饮市场在二线、三线城市中非常多，尤其在三线城市中；气氛型餐饮市场是夹在高档和低档之间的市场，主要是一些主题餐厅、气氛餐厅。

星级酒店的餐饮规模与服务形式直接体现其接待能力和等级标准。餐饮部是现代酒店中的重要部门之一。它不仅要满足宾客对餐饮产品和服务的需求，为酒店塑造良好的企业形象提供窗口，而且还要为酒店创造较好的经济效益。

酒店餐饮部是向宾客提供饮食、饮料和各种相应服务的部门，餐饮部的收入一般约占酒店总收入的1/3。目前，餐饮部也由原来传统意义上的各类餐厅扩展至酒吧、茶座、宴会、房间餐饮服务等，从仅仅提供“吃”的单一场所，逐渐转变成为能够提供包括交际活动、休闲娱乐活动在内集多功能于一体的综合性的场所。

二、餐饮产品的特征

微课—
餐饮产品的特征

(一)生产的特点

1. 产品品种多，难以贮存

我国餐饮产品品种繁多，在世界饮食文化中，享有崇高的威望。中餐在保质方面有其独到的特点。厨房菜肴、点心等一经出品，其质量指标便随着时间的延长而降低，这种时间与质量的反比效应反映在人们的感官上，如菜点的色、香、味、形随着时间的延长而变

差；营养成分减少，维生素大受破坏，由鲜嫩变老化。尽管厨房配有冰箱、冷库，但仅存放原料及半成品，大部分产品仍要现做现售，即刻食用为佳。所以餐饮产品品种多，难以贮存，只有做好贮存工作，才能保障产品的质量，才能达到美味可口的目的。

中餐食品消费不仅是一次性的，而且时限性也很强，热菜、冷菜随着时间延长，受空气的侵染，易产生蚀化。因此，从食客对质量的感受来说，餐饮产品有很大的时限性。

2. 产品生产时间短，见效益快，一次性消费

客人所要饮食的品种确定后，通过厨师的生产劳动，烹制加工，原则上 20～40 分钟必须送到客人餐桌上，呈现给客人食用消费，与其他工业产品相比，餐饮产品生产的时间相对较短，见效益快，客人消费只是一次性的。它既不像客房的家具可以反复使用，又不比整瓶酒水的销售，客人付账后一次消费不完，可暂存留待日后继续饮用。

3. 生产量难以预测

餐饮生产的产品，主要取决于客情，即一定时间内前来餐厅就餐的客人的多少。分析前来就餐的客人的多少，一般规律是，在烹调质量比较稳定的情况下，客情会随着季节的变化而变化，但不会有太大的反差。但在特殊情况下，影响客情变化的因素有：烹调质量和服务质量不稳定；天气变化；政治和经济变革；客情临时变化；预定用餐的客人在店外品尝风味；预订爆满的厅堂又可能有慕名前来而不得不翻台，超负荷生产接待。客情变化引发的餐饮生产需求变动，可掌握一般规律，但难以定量。

4. 产品制作的手工性

餐饮生产，也叫厨房烹饪制作，是厨师的技术性操作的艺术展现，是饮食文化的主要成分。在制作过程中，由于个人艺术灵活多变，品种多样，规格各异，生产的批量小，技术要求复杂，因此，质量难以控制。

5. 产品信息反馈快

随着酒店业市场竞争的需要，餐饮业竞出奇招。例如，服务以优质取胜，烹调技术以特、新争取客源，并且加快产品的信息反馈，及时了解客人的需求。为及时、准确地掌握客人的意见，有些餐馆产品制作责任到人，厨师编号挂牌上岗。把制作的每一道菜呈上客人餐桌时都标上厨师的编号，客人对产品有什么意见，通过服务员的传递即可反馈给产品制作人，有时客人会和产品制作人直接见面，就产品质量交换意见，起到了立竿见影的效果。这也使客人了解了每位厨师的烹饪技术，从而选择适合自己口味的厨师制作产品，并在下次来就餐时，可指定自己喜欢的厨师为自己做菜，这种做法无形中提高了客人的身份，同时也增强了厨师的责任感。

(二)销售的特点

1. 销售量受时间的限制

饮食产品受客人多少的限制，而销售量既受客人多少的限制，又受时间的限制。早、中、晚就餐时间一到，餐厅里客人来来往往，就餐时间一过，餐厅则空空如也。没有销售出去的产品无法再销售，这就决定了饮食销售的时间集中性。怎样在销售时间内提高饮食销售量，这是餐厅所要考虑的课题。

2. 销售量受餐厅大小规模的限制

餐厅面积的大小，餐位的数量，也会限制客人就餐的数量。一般地，餐厅小，销售量

就小；餐厅大，销售量就相对较大。在客人用餐高峰时，厨房和餐厅要协调一致，要在提高餐位周转率上下功夫，做到领位快，及时为客人选择好食品，上菜快，服务技巧熟练，结账快，为客人提供周到的服务，更好地提高餐位周转率，从而提高销售量，提高盈利。

3. 要求销售场所优雅、舒适

随着消费水平的提高，舒适、优雅的就餐环境，越来越受到顾客的重视。客人在享受美味佳肴的同时，也在享受环境，如高雅、豪华的就餐环境，就给客人以美的享受。在客人心理反应上，环境的印象甚至超过菜肴。因此，现代餐厅的装修，很注重环境投资，而经营者也愿意花很多钱进行装修和美化，以吸引更多的客人。

4. 餐饮销售资金周转快

由于产品制作快，客人消费快，绝大多数用现金结账，因此资金周转快。用现金购买的原料当天就可收回现金，很快又可将现金投入扩大再生产，以提高经济效益。

5. 毛利高，收入可变性大

餐厅收入减去原料、调料成本，称为毛利，星级酒店一般可达45%～65%，但是餐饮收入可变性大，这个可变性是指销售额波动幅度大。如果经营管理得好，可扩大销售量，增加收入。饮食产品可以通过节能降耗，提高原料使用率，降低成本，增加毛利。如果管理得不好，浪费性大，则收入少，甚至亏损。因此，许多酒店常在餐饮部门大动脑筋，降低成本，增加收入，提高经济效益。

(三)餐饮服务的特点

1. 无形性

无形性是餐饮服务的重要特征。餐饮服务包括凝结在食品和酒水上的厨师技艺、餐厅的环境、餐前和餐后的服务工作。餐饮服务不同于一般的有形产品，如电视机、沙发等，仅从其色彩、性能、式样等方面就可初步判断其质量的高低。餐饮服务只能在就餐宾客购买并享用餐饮产品后凭生理和心理满足程度来评估其厨师的优劣。餐饮服务的无形性给餐厅带来了销售上的困难，而且餐饮服务质量的提高是无止境的，所以要想提高服务质量，增加餐饮部的销售额，关键在于餐饮工作人员，特别是带头厨师和餐厅服务人员的服务技能和服务态度。

2. 一次性

餐饮服务的一次性是指餐饮服务只能当次使用，当场享受，过时则不能再使用。这恰似酒店的客房一样，当晚不出租，那么酒店失去的就是无法弥补的损失，所以要注意接待好每一位宾客，给他们留下良好的印象，从而使宾客再次光顾，巩固原有客源市场，不断开拓新的客源市场。

3. 同步性

餐饮产品的生产、销售、消费在餐厅是同步进行的。餐饮产品的生产服务过程也即宾客的消费过程，即现生产、现销售。同步性决定了餐饮产品不宜贮存，也不宜外运。

4. 差异性

一方面，餐饮服务是由餐饮部工作人员通过手工劳动来完成的，而每位工作人员由于年龄、性别、性格、所受教育程度及其职业培训程度等方面的不同，他们为宾客提供的服务也不尽相同；另一方面，同一服务员因不同的时间、不同的场合、不同的情绪，其服务方式、服务态度等也会有一定的差异，这就是餐饮服务的差异性。在餐饮管理中，要尽量减少这种差异性，使餐厅的服务质量趋于稳定。

三、餐饮业的地位和作用

微课—餐饮业在酒店中的地位和作用

第一，餐饮业是一个重要的生活环境和投资环境产业。

第二，餐饮业是国民经济发展过程中新的增长点。

第三，餐饮业是扩大内需的重要支柱之一。

第四，餐饮业是休闲消费和旅游消费的重要组成部分。

第五，餐饮业是从事商务活动的重要场所。

第六，餐饮业是吸纳社会就业的重要渠道。

1.2 餐饮行业的发展趋势

微课—餐饮行业的发展趋势

餐饮行业作为满足居民“衣食住行”四大基本生活需求之一的行业，规模庞大。国家统计局数据显示，2017 年全国餐饮收入约达 4.0 万亿元，同比约增长 10.7%。2018 年 1—8 月，全国餐饮收入 26316 亿元，同比约增长 9.8%；限额以上餐饮收入 5907 亿元，同比约增长 7.1%。2019 年 1—8 月份，全国餐饮收入、限额以上餐饮收入的增速相比 2018 年同期均约下降 1.3%，但餐饮市场的发展速度仍领先整个消费市场的发展速度。

一、行业发展环境持续优化

餐饮行业已经成为国务院消费升级的重点行业之一。中国餐饮业在近几年行业结构变革、企业不断洗牌的基础上，创新发展，成为传统生活性服务业中向现代服务业转型的排头兵。中国烹饪协会副会长冯恩援认为，我国餐饮行业增速实现 10%增长并无困难。年收入总体突破 4 万亿则需要供给侧端进一步发力，激活更多市场空间。除了 2018 年比较给力的“营改增”来看，“减税”潮以外，餐饮企业还有望迎来一波“减费”利好。在逐渐改善的营商环境下，餐饮业欲稳步发展，还需更多原发性动力。即便当下中高档餐饮回归理性，大众餐饮亮点纷呈，餐饮市场仍然面临着不少短板。例如，社区餐饮、老年餐饮、团餐、农村餐饮等，一直以来都是餐饮行业发展不平衡、不充分的领域。

中国烹饪协会表示，一方面餐饮企业需逐渐向标准化、工业化、规模化方向发展，依靠科技创新不断升级，科学用工，降低成本；另一方面行业协会将继续呼吁社保、残保金、税收抵扣、涉企收费等方面的支持政策，为餐饮企业争取更好的营商环境。

餐饮业的发展迎来了新动能、新模式、新业态、新零售、新技术、新资本、新外卖、新品牌，将在整个创新引领、绿色低碳、共享经济、供应链、“一带一路”、国际合作等方面迎来新的发展机会，消费升级、新零售大潮、资本等方面的融入，将给餐饮业带来新的机遇与挑战，或者说构建餐饮业新的体系。

二、网络评价、移动支付等大数据影响着餐饮市场

随着移动互联网对于居民生活的渗透不断深入，以及“80 后”“90 后”等尤其是具有较

高消费能力的“80后”“90后”中等水平消费群体成为餐饮消费的重要群体，当前市场对手机线上点餐、等位和支付等需求出现持续增长，同时对餐饮消费的便利性、个性化的需求也在与日俱增，这使得餐厅在功能与服务线上化、用户消费体验持续提升以及全链路线上线下一体化等维度的竞争，将成为国内餐饮行业进一步转型升级的主阵地。

在线生活服务平台已经成为消费者查看餐厅信息、挑选餐厅最主要的渠道；口碑评价、价格、位置是消费者在选择餐厅时的前三考虑因素，其中超四成的消费者在选择餐厅时会考虑餐厅的口碑评价。就此而言，提升餐厅的线上口碑值不但能帮助餐厅提升老顾客复购的频率，更能帮助餐厅吸引更多的新顾客前来就餐。而在线生活服务平台由于其方便快捷、信息丰富等特性，已成为消费者外出就餐时预订餐厅的主要方式。

据有关数据调查显示，近八成的餐饮企业选择通过微信公众号或者小程序进行智慧化运营和服务，这样不仅可以提升效率，还能降低成本，同时也能积累消费数据，最重要的是，使顾客的体验得到了很大的提升。随着微信小程序越来越火爆，接下去，微信小程序将是支撑智慧餐饮运营的主要载体。现在的众多消费者当中，“宅”的人数占了一大半，所以外卖就成了继食堂之后的第二选择，外卖服务在过去的一年得到良好的发展，而这也成为餐饮商家的业务增长点。未来一年里，对于餐饮商家来说，“外卖＋微商城＋堂食”或许会成为餐饮行业发展的主流。例如，2018年年初，五芳斋在浙江杭州开了一家智慧无人餐厅，借助大数据，餐厅可以为顾客智能推送其喜爱的食物，同时顾客也可以通过手机自助完成点单、支付、取餐等，餐饮服务更加便利和高效。

随着互联网对居民生活渗透的深入，越来越多的消费者习惯通过在线渠道满足自己对餐饮的各类需求，通过在线生活服务平台挑选、预定餐厅也已成为消费者就餐时的常规选择。新技术、新体验将成为餐饮行业下一步发展的重心，逐步用智慧化、数字化的经营理念迎合年轻消费者的喜好，而移动化、自助化、智能化的新餐饮体验也将成为未来餐饮的重要发展方向。无论如何，未来餐饮行业发展都将离不开互联网大数据和人工智能的支持。

三、合理消费需求恢复并走高

从少到多，从简单到复杂，餐饮行业不断发展，从粗放式向精益化发展转变；消费者的需求也在同步发生变化，调研显示，以“80后”“90后”为主的中等水平消费群体正在成为餐饮消费的主力军。其中，64.6％的中等水平消费群体每周外出就餐超3次，高出整体水平16.4％；同时，在消费金额方面，中等水平消费群体花费金额普遍高于其他人群，并有近七成中等水平消费者表示平均就餐消费金额会超过100元。“高频次”“高消费”成为中等水平消费群体的最重要特征，越来越多的人从价格需求向价值需求转化，并且愿意支付溢价，不管是堂食还是外卖。餐饮企业也出现分化趋势：一部分品牌会追求“高效＋平价”，以保证性价比和流量；另一部分品牌开始走上品质化的道路，从而获得与消费者之间的议价能力。从多开店转向开好店，使得餐饮门店数量和市场份额，不再是唯一目标，也会使得市场从餐厅数量的暴增，进入到品质餐厅增多的阶段。

巴奴毛肚火锅创始人杜中兵曾在接受采访时表达了他对餐饮大趋势的看法：整个餐饮产业链将发生巨大改变，因为消费者的要求越来越高，终端商家会反推供应链革新，从而带来餐饮全产业链的改善。杜中兵深刻地感觉到，整个餐饮产业链发生了很大改变，因为现在人们的要求越来越高，参与者的素质也越来越高，所以它会逐渐推动全产业链的改善。无论是食材的采购，还是质量、品质的管控，以及门店管理体系的打造都会变得更加有套路，并且越来越成熟。

四、餐饮企业竞争将转为品质导向

中国烹饪协会会长姜俊贤在做《2017 年度中国餐饮百强企业和餐饮五百强门店分析报告》时指出，2017 年，餐饮百强企业总营业收入 2861.7 亿元，同比约增长 11.2%。餐饮百强企业利润同比约增长 15.3%，五百强门店利润增长约高达 17.3%。他认为，餐饮业发展正由外延扩张型向内涵集约型转变、由规模速度型向质量效率型升级。市场竞争由品类进化为品牌之争、消费由价格导向转为品牌导向的新阶段。

整个餐饮业会出现更多细分产品和类别，把一个点做精做深的新品牌会越来越多；与非餐饮业的结合也将令消费体验更加丰富；同时，私人化、个性化的餐饮定制服务会日益流行。餐饮业正在逐渐成为一种有品质的生活方式不可或缺的部分。

根据麦肯锡研究，到 2022 年，中国预期 54%的中等水平消费群体收入提升至年 1.6 万美元至 3.4 万美元，到世界各地旅游，愿意为高品质服务买单，将成为这些消费者的主流心理。国人品质消费时代正在加速到来。这直接推动了消费新的升级。这次的消费升级出现了“高档化”“品牌化”“个性化”等特点。

欧美的餐饮，已经渐分成两极：要么是便宜的快餐类品牌，要么是高端的品质餐厅。前者追求快速、干净、口味；后者追求食材与服务。中国的餐饮也正在向此分化，而现在正是一个过渡期。不仅人均消费 100～150 元的中餐正餐逐渐回暖，高品质、高价格的餐厅同时也受到顾客的青睐。例如，北京大大小小的烤鸭店不计其数，前有老招牌全聚德，后有注重性价比的便宜坊，虽然大董烤鸭的人均消费达到了 300 以上，但大董依旧“活”得有滋有味，生意不受影响。贵，但有价值，这才是顾客的真正诉求。“品质”是餐饮企业的生命线，越来越多的企业已经意识到品质的重要性，忽视品质只会付出惨痛的代价。

五、更趋于多元化、体验型的餐饮业态

新技术运用以及消费群体的需求为行业带来了发展新机遇。菜品从过去的“大而全”转向“小而美”“小而精”的饮食特征，差异化服务定位满足了越来越多消费者的个性化需求；我国幅员辽阔，因地域、习惯、口味等的不同，菜系口味丰富多样，在中式正餐仍占据强势主导地位的情况下，消费者对西餐、日本料理、韩国料理等国际美食市场的需求也越来越大。此外，中国餐饮市场这个庞大的“蛋糕”在吸引着越来越多的国际资本和实力雄厚的餐饮企业不断进入，在抢食市场“蛋糕”的同时，这些国际餐饮品牌也带来了很多先进的经营管理理念与餐饮运营方式，丰富了国内市场餐饮经营业态。

本土餐饮企业经过市场竞争的洗礼，也在不断成长与成熟，这促使国内餐饮市场的竞争层次越来越高，餐饮企业都在想办法站在更高的层次上来提高自己的竞争力，都在想办法如何更好地适应与满足消费需求的变化；随着人们生活及餐饮需求的日益多元化，餐饮经营形式也在不断适应变化，休闲餐饮、旅游餐饮、娱乐餐饮、网络订购餐饮等不同业态

的餐饮更多地进入现代人的日常生活。

连锁餐厅能满足人们对便捷就餐、稳定出品的需求，而特色餐厅能满足人们对味蕾和匠心的探寻。无论是企业的连锁品牌，还是不同主理人的特色门店，都可以让消费者的选择更加丰富多元。

从餐饮业态的未来发展来看，大型连锁餐饮品牌的产品线将会不断丰富，依托餐饮集团的品牌影响力和完善的物流体系推出多种类型的餐饮品牌，以满足不同类型的消费需求。未来，很可能出现多种业态经营的大型餐饮集团。例如，王品集团最近推出的两个品牌“花隐”怀石料理和“LAMU 慕”新香榭铁板烧。

另外，近年比较流行的“跨界”餐饮，如做服饰的、做书店的，都将餐饮融入其中，实现了多种经营。尽管有的店铺中餐饮只是占了很小的比重，但从功能上来说，都使消费者可以充分地感受到体验式商业的魅力。有专家认为，非传统餐饮人不懂所谓的“行规”，完全不按常理出牌，他们会在餐饮中融入之前所从事行业的风格和定律，因此也产生了很多所谓的“网红品牌”，会给这个看似传统的餐饮行业注入许多新鲜血液。

六、资本助力餐饮业进入新零售时代

近年来，资本市场对餐饮企业的关注度持续上升，同时餐饮企业也开始更加积极地参与到资本运作中。广州酒家首先结束了 A 股多年没有餐饮企业上市的历史，有望开启餐饮企业 A 股上市的新阶段；较小规模的餐饮企业也陆续登陆新三板以获得资本的关注和资金的支持；私募基金和风险投资对餐饮行业的投资金额也逐年攀升，且有相当比例的投资投向了天使轮企业，体现出投资者对于餐饮行业的乐观态度。资本对于餐饮企业的帮助是多方面的，不只是融资，还可以给餐饮企业带来跨行业认知等多方面的增值服务。

近年来，随着一系列政策的实施以及互联网技术的普遍应用，餐饮行业逐渐向规范化发展，往常被资本市场诟病的种种问题正一一得到解决。正如番茄资本创始人卿永所言：“餐饮业的规模化、连锁化运作是吸引风险投资的重要因素。与之前受资本追逐的互联网产业投资相比，餐饮业的现金回收快，而且具有经济实体的稳定性，轻快餐饮能够快速复制扩张。此外，底端供应链建设的逐渐成熟、外资餐饮品牌的运营管理人员流动、越来越多的垂直细分品类的出现、互联网技术在餐饮行业的应用都极大地加速了餐饮业标准化、规模化、集中化的进程，再加上国家对税收规范更加严格及营改增对规范餐饮税收的减少，都使得餐饮企业更加具备资本价值。”

项目二　餐饮从业人员的要求

微课—餐饮从业人员的素质要求—思想素质、身体素质和心理素质

2.1　餐饮从业人员的素质要求

随着竞争的日趋激烈和消费者自我保护意识的增强，宾客对餐饮服务质量的要求越来越高，而餐饮服务质量的提高有赖于高素质的员工。因此，餐饮从业人员应树立正确的观念与意识，改善服务态度，更新本职工作所需的知识，提高管理与服务能力，从而提高餐饮服务质量。餐饮从业人员的素质要求主要有以下几个方面。

一、思想政治要求

(一)政治上坚定

餐饮从业人员应确立正确的政治立场，即应坚持党的基本路线，认真学习马列主义、毛泽东思想和邓小平理论，在服务工作中，严格遵守外事纪律，讲原则、讲团结、识大体、顾大局，不做有损国格、人格的事。

(二)思想上敬业

餐饮从业人员必须树立牢固的专业思想，充分认识到餐饮服务对提高服务质量的重要作用，热爱本职工作，在工作中不断努力学习，奋发向上，开拓创新；自觉遵守文明礼貌、助人为乐、爱护公物、保护环境、遵纪守法的社会公德；倡导爱岗敬业、诚实守信、办事公道、服务群众、奉献社会的职业道德，并养成良好的行为习惯，培养自己的优良品德。

二、服务态度要求

微课—餐饮从业人员的业务素质—仪容仪表、行为举止、服务态度、知识

服务态度是指餐饮从业人员在对宾客服务过程中体现出来的主观意向和心理状态，其好坏直接影响到宾客的心理感受。服务态度取决于员工的主动性、创造性、积极性、责任感和素质的高低。其具体要求如下。

(一)主动

餐饮从业人员应牢固树立“宾客至上、服务第一”的专业意识，在服务工作中应时时处处为宾客着想，表现出一种主动、积极的态度，凡是宾客需要的，不分分内、分外，发现后即应主动、及时地予以解决，做到眼勤、口勤、手勤、脚勤、心勤，把服务工作做在宾客开口之前。

（二）热情

餐饮从业人员在服务工作中应热爱本职工作，热爱自己的服务对象，像对待亲友一样为宾客服务，做到面带微笑、端庄稳重、语言亲切、精神饱满、诚恳待人，具有助人为乐的精神，处处热情待客。

（三）耐心

餐饮从业人员在为各种不同类型的宾客服务时，应有耐心，不急躁、不厌烦，态度和蔼。餐饮从业人员应善于揣摩宾客的消费心理，对于他们提出的所有问题，都应耐心解答，百问不厌；并能虚心听取宾客的意见和建议，对事情不推诿。与宾客发生矛盾时，应尊重宾客，并有较强的自律能力，做到心平气和、耐心说服。

（四）周到

餐饮从业人员应将服务工作做得细致入微、面面俱到、周密妥帖。在服务前，服务人员应做好充分的准备工作，对服务工作做出细致、周到的计划；在服务时，应仔细观察，及时发现并满足宾客的需求；在服务结束时，应认真征求宾客的意见或建议，并及时反馈，以将服务工作做得更好。

三、服务知识要求

餐饮从业人员应具有较广的知识面，其具体内容如下。

（一）基础知识

基础知识主要包括员工守则、服务意识、礼貌礼节、职业道德、外事纪律、饭店安全与卫生、服务心理学、外语知识等。

（二）专业知识

专业知识主要包括岗位职责、工作程序、运转表单、管理制度、设施设备的使用与保养、饭店的服务项目及营业时间、沟通技巧等。

（三）相关知识

相关知识主要包括宗教、哲学、文学、艺术、法律、各国的历史地理、习俗和礼仪、本地及其周边地区的旅游景点及交通等知识。

四、能力要求

微课—餐饮从业人员的业务素质—能力要求

（一）语言能力

语言是人与人沟通、交流的工具。餐厅的优质服务需要运用语言来表达。因此，餐饮从业人员应具有较好的语言能力。《旅游饭店星级的划分及评定》(GB/T14308—2010)对饭店服务人员的语言要求为：“语言文明、简洁、清晰，符合礼仪规范；对宾客提出的问题应予耐心解释，不推诿和应付。”此外，服务人员还应掌握一定的外语知识。

(二)应变能力

由于餐厅服务工作大都由员工通过手工劳动完成，而且宾客的需求多变，因此，在服务过程中难免会出现一些突发事件，如宾客投诉、员工操作不当、宾客醉酒闹事、停电等，这就要求餐厅服务人员必须具有灵活的应变能力，遇事冷静，及时应变，妥善处理，充分体现饭店“宾客至上”的服务宗旨，尽量满足宾客的需求。

(三)推销能力

餐饮产品的生产、销售及宾客消费几乎是同步进行的，且具有无形性的特点，所以餐厅服务人员必须根据宾客的爱好、习惯及消费能力灵活推销，以尽力提高宾客的消费水平，从而提高餐饮部的经济效益。

(四)技术能力

餐饮服务既是一门科学，又是一门艺术。技术能力是指餐厅服务人员在提供服务时显现的技巧和能力，它不仅能提高工作效率，保证餐厅服务的规格标准，更能给宾客带来赏心悦目的感受。因此，要想做好餐厅服务工作，就必须掌握娴熟的服务技能，并灵活自如地加以运用。

(五)观察能力

餐厅服务质量的好坏取决于宾客在享受服务后的生理、心理感受，即宾客需求的满足程度。这就要求餐厅服务人员在对宾客服务时应具备敏锐的观察能力，随时关注宾客的需求并给予及时满足。

(六)记忆能力

餐厅服务人员通过观察了解到的有关宾客需求的信息，除了应及时给予宾客满足之外，还应加以记忆，当宾客下次光临时，服务人员即可提供有针对性的个性化服务，这无疑会提高宾客的满意程度。

(七)自律能力

自律能力是指餐厅服务人员在工作过程中的自我控制能力。服务人员应遵守员工守则等管理制度，明确知道在何时、何地能够做什么，不能够做什么。

(八)服从与协作能力

服从是下属对上级的应尽责任。餐厅服务人员应具有服从上司命令的组织纪律观念，对直接上司的指令应无条件服从并切实执行。与此同时，服务人员还必须服从客人，对客人提出的要求应给予满足，但应服从有度，即满足客人符合传统道德观念和社会主义精神文明的合理需求。

服务人员自身素质如何，决定着服务水平的高低。在现代社会大服务网络里，就应认识到我为人人服务，人人也为我服务。在现代旅游业竞争中，作为一名合格的餐厅服务人员，应具有正确的服务意识、良好的仪容仪表、熟练的专业知识和丰富的工作经验、恰到好处的接待客人的能力，这就对服务人员的素质提出了更高的要求。

2.2　餐饮从业人员的安全操作要求

第一，应保持良好的个人卫生，操作时应穿戴清洁的工作衣帽，头发不得外露，不得留长指甲、涂指甲油、佩戴饰物。专间操作人员应戴口罩。

第二，操作前应洗净手部，操作过程中应保持手部清洁，手部受到污染后应及时洗手。洗手消毒宜符合推荐的《餐饮服务从业人员洗手消毒方法》。

第三，接触直接入口食品的操作人员，有下列情形之一的，应洗手并消毒。

(1)处理食物前。

(2)使用卫生间后。

(3)接触生食物后。

(4)接触受到污染的工具、设备后。

(5)咳嗽、打喷嚏或擤鼻涕后。

(6)处理动物或废弃物后。

(7)触摸耳朵、鼻子、头发、面部、口腔或身体其他部位后。

(8)从事任何可能会污染双手的活动后。

第四，专间操作人员进入专间时，应更换专用工作衣帽并佩戴口罩，操作前应严格进行双手清洗消毒，操作中应适时消毒。不得穿戴专间工作衣帽从事与专间内操作无关的工作。

第五，不得将私人物品带入食品处理区。

第六，不得在食品处理区内吸烟、饮食或从事其他可能污染食品的行为。

第七，进入食品处理区的非操作人员，应符合现场操作人员的卫生要求。

微课—餐饮从业人员的
安全操作要求

项目三　餐饮管理

3.1　餐饮管理的特点和任务

微课—餐饮管理的特点

一、餐饮管理的特点

(一)生产过程短，随产随销

餐饮管理具有很强的时间观念，必须将食品原材料的采购供应、加工切配、烹饪制作和销售服务形成一个整体。要坚持一条龙服务，正确处理生产过程中各个环节之间的关系，保持其衔接和协调。

(二)花色品种多，技术要求高

餐饮管理事实上是一个多品种、少批量的生产管理过程。产品质量的关键取决于厨房的技术力量和厨师的高超技巧。因此，餐饮管理必须合理选择经营风味和花色品种，加强技术力量的培养，发扬优良的传统特色。

(三)经营方式灵活，收入弹性大

餐饮收入水平的高低主要取决于企业的等级规格、市场环境、客流量大小、人均消费水平和服务质量。因此，餐饮管理必须坚持经营方式灵活、服务项目灵活、产品价格灵活；必须广泛组织客源，提高餐厅上座率和人均消费水平，改变客人消费构成。

(四)成本构成复杂，成本不易控制

餐饮经营成本包括食品原材料成本和流通费用。因此，餐饮管理必须加强成本控制，要建立一套成本管理制度，做好成本核算和成本分析，要正确掌握毛利，随时掌握实际成本消耗，加强成本考核，才能切实降低消耗，提高经济效益。

二、餐饮管理的任务

餐饮管理的任务是以市场开发和客源组织为基础，以经营计划为指导，利用餐饮设备、场所和食品原材料，发扬传统特色和民族美德，科学合理地组织餐饮产品生产和销售，满足国内外客人日益增长的、多层次的物质和文化生活需要，为繁荣经济、活跃市场、促进旅游业和国民经济的发展服务。

微课—餐饮管理的任务

(一)搞好餐饮经营市场定位

1. 餐饮市场定位

餐饮市场定位是指餐饮经营者在一定条件下选择一定类型的客源，在合适的消费环境中用质价相符的产品和服务来开展业务经营活动的市场营销手段。

2. 餐饮市场定位的内容

餐饮市场定位主要包括定客源、定产品、定质量、定价格、定环境五个方面的内容。这五个方面的内容以客源为中心，产品、质量、价格、环境就像四个车轮，载着目标市场的客源，推动着餐饮管理的市场营销和业务经营不断前进。因此，这五个方面的关系是：客源是中心，环境是基础，产品是关键，价格是杠杆，质量是保证。做好餐饮市场定位，就是要选准目标市场，设计好产品结构，制定合理价格，创造优良环境，提供优质服务。

餐饮市场定位所包括的五个方面的内容，每一个方面都有其具体的内容结构，它们共同形成餐饮市场定位的工作体系。定客源就是要选择什么类型、什么消费水平和支付能力、以什么范围为主的客源市场，简称定类型、定层次、定距离，由此形成目标市场结构。定产品就是要根据选定的目标市场客人的具体需求确定用什么风味、什么品种、什么结构的产品来满足其消费需求。定质量就是要根据选定的目标市场的客人的质量偏好和具体需求来确保餐饮产品的质量，就是要根据选定的目标市场的客人对色、香、味、形、量、器的需求，从而培养忠诚的客户，形成比较稳定的市场结构。这一内容体系的每个方面及其具体结构都是互相联系，互相依存，互为条件，密不可分的。做好餐饮管理的市场定位就是要去认真研究这一体系及其每一个方面的具体内容的表现形式和要求，它是一项十分复杂细致的工作，又是决定餐饮经营能否成功的关键，必须引起高度重视。

(1)目标市场消费群体定位。

餐饮市场定位是从目标市场消费群体，即客源对象和结构的选择和确定开始的。做好目标市场消费群体定位的基本方法如下。

①做好市场调查。掌握当地市场的客源数量、规模、类型、档次结构、消费水平、支付能力、市场竞争状况、程度等。

②分析市场可进入、可渗透的程度。包括可选目标市场规模大小、客户类型、客源层次、市场份额高低、发展潜力大小、企业能够争取到的接待人次、各种餐厅上座率的高低等。

③分析目标市场消费群体的市场需求，包括对餐饮企业的消费环境、产品风味、产品质量、产品价格、可以接受的价格波动幅度、人均消费和支付能力等。

④最终选择和确定目标市场的消费群体，完成市场客源定位。这一定位要最终落实到企业的不同餐厅的预测上座率和接待人次上，包括酒店餐饮的中餐厅、西餐厅、风味餐厅、宴会厅、咖啡厅、酒楼饭庄等独立餐饮企业的大众散座餐厅、各种包房、雅间餐厅等。

(2)餐饮企业的商标和形象定位。

餐饮市场定位在选择确定其主要目标市场后，关键是确定并巩固企业的产品和服务在公众和目标市场顾客心目中的地位。要给公众和顾客在企业的名称、商标、可视的外观形象、室内装修环境、产品质量等方面都留下独特、深刻的印象，就必须做好餐饮企业的商标和形象定位工作。商标是本企业商品与其他企业商品相区别的标志，形象是由企业的知名度和美誉度在社会公众和目标市场消费群体中所形成的比较独特、稳定的印象。做好餐饮企业的商标形象定位的工作内容具体如下。

①企业商标的名称要响亮、简洁、明快、好听好记。企业标志、标牌，企业标准字、标准色等要和企业名称、商标一起精心设计，共同塑造餐厅形象和声誉。

②企业外观建筑及其门脸装修要根据形象设计的要求，做到装饰美观大方，形象高雅独特，能给客人留下深刻的印象。

③企业每一个餐厅的消费环境要做到装修设计和装饰艺术处理主题鲜明，个性突出，对目标市场的客人产生强烈的吸引力，能给他们留下深刻的印象和美好的回忆。

④企业各个餐厅的产品质量和服务质量要能够吸引、刺激、留住目标市场的消费群体，能给他们留下美好的印象，使他们成为回头客和老客户。

(3)菜单产品结构和价格定位。

餐饮企业是以自己的产品来开拓市场的。菜单是餐饮市场定位的集中体现。菜单一经制定，它所选择的客源对象、类型、层次、产品风味、花色品种、产品价格等就已经确定了。反过来说，合理制订菜单，正确选择菜品结构，合理制订其产品价格，就是现代餐饮市场定位的一项工作内容。做好菜单产品结构和价格定位的具体方法如下。

①区别不同目标市场的消费需求，制订不同类型的菜单，如零点菜单、宴会菜单、自助餐菜单、套餐菜单、循环菜单、团队和会议菜单等。

②根据不同菜单，合理确定风味和花色品种，使菜单能激发客人的消费需求，刺激客人消费。为此，菜单要做到凉菜、热菜、面点、汤类齐全，蔬菜、肉类、海鲜、鱼类、禽蛋等各种菜品适当。高档、中档、低档菜点比例及其价格和毛利掌握合理，能够吸引、留住目标市场的消费群体。

③菜单的外观设计要与餐厅类型和经营方式协调，有利于树立餐厅形象。

④各种餐厅的菜单要根据目标市场客人的需求变化、季节变化和市场竞争的需要，适时更新，及时调整，才能保持餐饮市场定位和市场需求变化的持续适应。

(4)产品质量和服务质量的标准定位。

产品质量和服务质量是能否留住目标市场消费群体、保持餐厅较高上座率和销售收入的关键。只有通过产品质量和服务质量的标准定位，使社会公众和目标市场的客人认可你的质量标准，才能吸引和留住客人。做好产品质量和服务质量的标准定位的工作内容和基本方法如下。

①产品质量标准定位方法。产品质量标准定位的具体方法是：第一，产品名称和花色品种清楚明确、结构合理，与目标市场客人的消费需求相适应。第二，每份产品的主料、配料、调料的用料标准制定合理，原料质量优良。第三，每份产品的分量标准固定，不可短斤少两、克扣宾客。第四，产品加工过程质量控制手段健全，色、香、味、形标准明确，质量保证程度高。第五，每份产品的价格和毛利掌握合理，与目标市场的客人消费水平和支付能力适应性强，能留住客人，从而使客源稳定。

②服务质量的标准定位方法。服务质量标准定位的具体方法是：第一，制定餐厅服务的通用质量标准，严格贯彻落实。具体包括餐厅服务态度、着装仪表、礼节礼貌、服务语

言、职业道德、清洁卫生、形体动作、客人投诉处理标准等。第二，制定各岗服务程序和操作标准，逐级督导贯彻实施。包括餐厅迎宾领位、桌面服务、传菜、酒水等各个岗位的操作标准。第三，逐级督导检查，及时纠正偏差，保证质量标准定位的具体落实，确保提供优质服务。

(二)合理确定餐饮管理预算目标

餐饮预算是根据企业经营方针和经营决策的要求，在市场调查和指标预测的基础上，对预算期内餐饮管理的任务和目标及其实施方案所做出的安排。

1. 餐饮预算管理的特点

(1)价值取向的外向性。

(2)工作性质的导向性：一是预算指标的预测和确定要以市场为导向；二是各项预算指标一经确定，就具有明确的指导作用。

(3)指标安排的预见性。

(4)工作内容的综合性。

2. 餐饮预算的内容

(1)营业收入预算。

(2)营业成本预算：营业成本是指食品原材料成本。

(3)人工成本预算。

(4)营业费用预算：餐饮营业费用是指除原料成本和人工成本以外的各种费用支出。

(5)营业利润预算：餐饮经济效益是销售收入扣除各项成本费用后的余额，即营业利润；分为税前利润和税后利润。

3. 餐饮预算管理的任务

(1)预算编制任务。

(2)预算执行任务。

(3)预算控制任务。

上述任务可概括为四点：分析经营环境，收集预算资料；预测预算指标，编制预算方案；搞好综合平衡，形成计划指标；发挥控制职能，完成预算任务。

4. 餐饮预算管理的要求

(1)坚持市场经济法则，遵循价值规律，处理好供求关系。

(2)健全预算科目，合理确定预算指标。

(3)正确处理各种关系，协调各方权益。

5. 餐饮预算管理的原则

(1)统一领导，全局一盘棋原则。

(2)实事求是，综合平衡的原则。

(3)预算指标的科学性和先进性原则。

6. 编制餐饮预算指标的客观依据

(1)地区经济和旅游发展状况及其发展趋势。

(2)企业周围的市场环境和客源状况。

(3)企业等级规格和接待能力。

(4)企业餐饮管理的历史资料和季节波动程度。

(三)做好食品原材料采供管理

为保证食品原材料供应，控制采购业务，食品原材料采购管理应遵循的基本方针是：面向生产业务，坚持采购计划，掌握市场行情，保证原料供应；严格制度，廉洁奉公，保质保量，降低成本。

上述工作方针的具体要求是：

(1)在采购渠道上坚持先国有，后个体；先市内，后市外；先国内，后国外。

(2)在货源供应上坚持以厨房生产和餐厅销售为中心，做到适用、适销、适时、适量。具体体现为：品种对路、质量优良、价格合理、数量适当、到货准时。

(3)在采购价格上坚持掌握市场行情，减少流通环节，做到“价比三家、货比三家”。

(四)搞好厨房产品生产组织

厨房生产质量的管理，实质就是对厨房生产流程的控制。

厨房的生产流程主要包括原料领用、粗加工、细加工、划菜、配菜、烹调等工序。

控制就是对生产质量、产品成本和制作规范在生产流程中的实行情况加以检查督导，随时消除一切生产性误差，从而保证产品一贯的质量标准和优质形象，保证达到预期的生产成本标准，消除一切生产性浪费，保证员工都按照制作规范操作，形成最佳的生产秩序和流程。

控制的手段包括制定控制标准，并用一定的控制方法控制生产过程。

如果没有统一的生产流程控制标准，就很难对加工、切配以及烹调等生产流程中可能出现的问题实行调控，这主要表现为：第一，如果没有标准，就会使厨师无章可循，而各行其是，因厨师的经验和技术的差异，以及厨房分工合作的生产方式等因素，使饭菜质量失去稳定性。第二，如果没有标准，将大大限制餐饮管理人员对成本和质量的了解程度，因而也就无法进行有效的控制和管理。

控制标准的形式有：标准菜谱、标量菜谱和生产标准。

标准菜谱是以菜谱的形式，列出用料配方，制定制作程序，明确装盘形式和盛器规格，指明菜肴的质量标准，标明该菜肴的成本、毛利率和售价。标准菜谱一般为内部使用。

标量菜谱就是在菜谱的菜名下面，分别列出每个菜肴的主料配方和口味特点。标量菜谱由客人使用，使客人感到酒店对菜品质量的负责态度，也起到了让客人监督的作用，同时使厨师对烹制质量引起高度重视。

生产标准是指生产流程的产品制作标准。包括了原料标准、加工标准、配菜标准和烹调标准。原料标准在生产环节主要是对原料标准的复核，是对采购部门工作的监督和补救；加工标准主要是规定用料要求、成型规格、质量标准；配菜标准主要是对具体菜肴配制规定用料品种和数量；烹调标准主要是对成菜规定配料比例、调味汁比例、制作规程、盛器规格和装盘形式等。

(五)做好餐厅销售管理，提供优质服务

餐厅营销管理是指对餐厅理想的经营项目和营销活动进行计划、组织、执行和控制，以便能创造、建立和维持与餐厅目标市场良好的交换关系，达到实现餐厅总体目标的目的。餐厅营销管理包括很多工作，由其定义上来看，有效的餐厅营销管理活动应包括明智的分析、计划、执行及控制等内容。因此，我们可以将餐厅营销管理的工作分成分析、计划、组织执行及控制四方面来做简要陈述。

(六)按制度做好成本核算与成本控制

餐饮成本，包括食品原料成本、劳动力成本和设备折旧费用。而餐饮成本控制主要是控制原料成本，原料成本随着营业收入的变化而变化。营业收入增加，原料成本也随之增加；营业收入降低，原料成本也随之减少。如果没有营业收入，也就没有成本可言。

而劳动力成本和设备的折旧费用等，不随营业收入的变化而变化，因此在这里只介绍食品、酒水的成本控制。

餐饮成本控制关系到产品的规格、质量和销售价格，因产品的售价是以食品成本和规定的毛利率来计算的，成本的高低直接影响其售价，因此搞好成本控制是餐饮工作的必需。

成本控制可以改善餐厅的经营管理。成本控制的关键取决于餐厅的经营管理水平，经营管理水平越高，成本控制就越好，反之就会产生成本失控现象。因此，搞好成本控制也即改善了餐厅的经营管理。

3.2 餐饮管理的经营方针和经营策略

一、餐饮经营内容和经营过程组织

(一)餐饮经营概念

经营是指筹划企业的营销活动以达到预期目标的总称。餐饮经营是指在国家方针政策和社会主义经营思想的指导下，以市场为对象，以产品销售为手段，筹划并管理餐饮产品的供、产、销活动，以满足客人需求，获得较好的经济效益。

餐饮经营的要领是以企业拥有经营自主权为前提，以营销活动过程的组织为中心，以开展竞争为动力，以满足客人需求和取得盈利为目的。

餐饮经营的重点是研究企业同客观外界环境的关系。

餐饮经营的实质是吸引顾客，最大限度地满足客人需求，扩大产品销售。

(二)餐饮经营内容

1. 市场调查和市场预测

餐饮经营活动以市场调查为起点，其目的是寻找企业餐饮产品的市场所在。开展餐饮经营活动，必须确知自己的市场领域、顾客类型、客人的支付能力、客人要求的就餐环境，以及产品风味、花色品种和产品价格等同客人需求的适应程度，这是开展经营活动的首要条件。着重分析预测地区的旅游发展状况，如团体、散客、公司和长住客人数量以及当地外事机构、企事业单位的多少，当地居民和流动客人的多少，竞争对手的知名度、产品风味、特点、价格及其优势所在，企业所处地理位置、交通状况、客人流量和食品原材料的供应状况等。

2. 经营方针和经营策略的选择

经营策略是经营方针的体现。

3. 经营思想和管理目标的确定

管理目标是餐饮经营的预期效果，它包括市场目标、销售目标、质量目标和效益目标，最终体现为经济效益的优劣。

4. 产品生产和接待服务活动的组织

其关键是选择经营风味，安排花色品种，组织技术力量，确保产品质量，以保证餐饮经营活动的顺利开展。

接待服务活动的组织是餐饮产品销售的直接体现。

(三)餐饮经营过程组织

餐饮经营过程以市场调查和预测为起点，以产品销售、接待服务活动的组织为终结。在日常业务活动中，其组织工作重点是抓好三大环节：一是食品原材料的采购供应；二是厨房生产过程的组织；三是餐厅和宴会销售服务过程的组织。

二、餐饮管理的经营思想

经营思想是由社会制度的性质、生产力发展水平、企业管理的特点和任务决定的。

第一，坚持正确的经营方向，改革管理制度，促进生产力发展的思想。具体来说，要正确执行国家方针政策、改革管理制度、分配制度，遵守财经纪律，坚持社会主义精神文明，反对各种不正之风；要采用以搞活企业为中心的经营责任制度，完善企业内部运行机制；要采取各种措施，激发广大职工的智慧、主动性和创造力，充分调动人力资源的积极性，促进企业生产力的发展。

第二，不断改善服务态度、服务方式，提高服务质量，牢固树立企业的一切活动都是为了满足广大消费者需要的思想。

第三，坚持以提高经济效益为中心，正确处理国家、企业、职工和消费者相互关系的思想。

第四，坚持市场经济原则，讲信誉，讲质量，正确开展竞争，以优质服务在竞争中直接接受广大消费者的评判和检验的思想。

第五，从长远利益出发，不断创新，坚持勇于进取、勇于开拓的精神，社会效益和经济效益一起抓，促进企业和国民经济共同发展的思想。

三、餐饮管理的经营方针

微课—餐饮管理的经营方针和经营策略

(一)行业经营方针

行业经营方针是指导全行业开展餐饮经营活动的指南。

(二)企业经营方针

企业经营方针是在行业经营方针的指导下，以企业经营目标为宗旨所制定的具体方针。

四、餐饮管理的经营策略

（一）单一产品策略

单一产品策略以一种类型的餐饮产品为主，创出特色，占领市场，形成竞争优势。采用这种策略，必须占有技术优势，保持技术秘密。

（二）传统风味策略

传统风味策略以具有民族特点的传统风味产品为主，在占有技术力量的基础上，坚持继承和创新相结合，发扬优良传统特色，形成竞争优势。

（三）地方风味策略

地方风味策略以具有某一地方特色的菜系为主，如鲁菜、粤菜、川菜等。采用地方风味策略，关键是尽量突出某一菜系的特点，办出经营特色，同时提供与菜系特点相适应的就餐环境和服务方式，才能广泛地吸引顾客。

（四）乡土风味策略

乡土风味策略是以当地土特产品为原材料，突出乡土风味。

（五）大众产品策略

大众产品策略以提供大众餐饮产品为主，坚持薄利多销。

（六）民族风味策略

民族风味策略以提供少数民族餐饮风味为主，适应少数民族的生活习惯，如穆斯林餐厅、新疆餐厅、朝鲜餐厅等。采用这种策略，既要突出少数民族餐饮产品的风味特点，研究产品种类和花色品种，又要注意原材料、加工方式的选择，安排好与少数民族生活习惯相适应的就餐环境，提供优质服务。

（七）外国风味策略

采用外国风味策略的关键是必须突出所选国家的餐饮风味和服务方式，突出当地经营特色，才能形成竞争优势。就餐环境、服务方式必须与所经营的外国风味及客人的生活习惯相适应。

（八）多种经营策略

多种经营策略是上述各种策略的综合运用，主要适用于饭店、宾馆餐饮部。

（九）差别市场策略

根据不同目标市场的需求而进行不同的产品与服务设计，这样才能够做到迎合顾客的需求。

（十）灵活经营策略

灵活经营策略是在运用其他策略的基础上，破除一日三餐的传统经营格局，采用灵活多样的经营方式，广泛吸引客人，扩大产品销售。其具体的经营方式有很多，如美食节、食品节、啤酒节、烧烤会、食品展销会或花园及池边美食品尝会等。

3.3 餐饮管理的工作要领

一、餐饮管理的社会责任

微课—餐饮管理的工作要领

简单来说，餐饮管理的社会责任是“取之于社会，用之于社会”。

第一，取之于社会，繁荣经济，活跃市场。

第二，用之于社会，增加社会积累，促进经济发展。

第三，提供社会生活服务，满足职工就业需求，促进自身繁荣。

二、餐饮管理的工作要领

管理要领是指管理人员为开展业务经营活动而实施的纲要性工作。它形成了管理工作的基本程序和日常事务。

(一)分析经营环境，设定管理目标

分析经营环境的重点是大力开展市场调查，掌握市场动向、特点和发展趋势，了解客人需求变化，掌握市场竞争动态，同时掌握国家方针政策和对餐饮经营的有关法规和规定。然后对这些调查资料进行认真分析，并和企业自身条件结合起来，最终达到确定经营方针、选择经营策略、确定经营风味，以及筹划餐饮产品供、产、销活动的目的。

设定管理目标是分析经营环境的继续和深入。餐饮管理的目标按时间划分有长期目标、中期目标、短期目标；按内容划分有市场目标、销售目标、质量目标和效益目标；按层次划分有企业目标等。设定管理目标要坚持以提高经济效益为中心，以企业目标和部门目标为主，整体与局部相结合。

(二)发挥规划功能，合理分配资源

餐饮管理发挥规划功能的重点是做好三个方面的工作：一是人力规划；二是服务项目规划；三是业务活动规划。

人力资源分配要以管理目标和任务为基础，根据定额、定员来确定；财务资源分配以资金消耗为主，要确定采购成本、生产成本、各种费用消耗和资金占用、资金周转等指标；物资资源分配是资金分配的转化形式，要确定库房定额、产品消耗定额。

(三)督导次级经理，组织业务经营

督导次级经理要坚持垂直领导的原则，逐级进行，以控制计划进度，纠正偏差，同时要将定性管理和定量分析结合起来。凡属服务质量、服务态度等方面的问题，要深入实际去督导和检查；凡属收入、成本、费用、库存量、周转量等方面的问题，要运用财务信息反馈去督导和检查，以便和实际结果比较，发现各级、各部门的问题，有针对性地提出改进措施。

督导次级经理和组织业务经营是同时进行的。其重点是督导各级管理人员去做好客源组织、采购储藏业务组织、厨房生产组织和餐厅服务组织等各项管理工作，它是一个复杂

的过程，管理人员要深入实际，制定管理制度，安排工作流程，充分发挥现场管理的作用。

（四）协调内部关系，创造团结气氛

只有正确地处理好这些关系，才能使各级管理人员和职工心情舒畅，形成向心力和凝聚力，发挥餐饮管理的集体效应。

协调内部关系的目的是创造团体气氛。餐饮管理要创造团体气氛，必须有一个团结奋斗、开拓前进、办事公道、不谋私利的领导班子，它是形成企业和部门团体氛围的核心；必须把广大职工的注意力引导到餐饮管理目标上来，共同为完成管理目标而奋斗，它是形成餐饮管理团体气氛的纽带；必须保证广大职工在企业中的主人翁姿态，人人关心企业经营，人人关心服务质量，人人关心经济效益，由此形成团体气氛。

（五）控制工作进展，检查完成结果

控制工作进展就要建立原始记录制度，逐日、逐月、逐季做好统计分析，采用信息报表，及时发现问题，纠正偏差，保证管理任务的顺利完成。

一般说来，检查和控制是同时进行的。在餐饮管理中，各项管理任务都要通过检查来确定各级管理工作的好坏，检查完成结果要以计划目标为标准，利用信息反馈资料，将完成结果和计划标准做比较。

三、餐饮管理的基本要求

（一）掌握客源，以销定产

餐饮管理过程就是客人的消费过程。

（二）注重食品卫生，确保客人安全

餐饮卫生好坏，直接关系到客人的身心健康。

（三）正确掌握毛利，维护供求双方利益

餐饮经营的毛利率高低，直接影响企业的经济效益和消费者的利益。

（四）适应多种需求，提供优质服务

宴会服务更以享受成分为主。

模块二　技能篇

项目四　餐厅服务基本技能

4.1　托　盘

微课—托盘

一、托盘的种类及用途

按照其质地可分为木制托盘、塑料托盘、胶木托盘、金属托盘(如镀银托盘、铝制托盘、不锈钢托盘等)。根据规格大小可分为大、中、小号三种规格的托盘；按照形状可分为正方形托盘、长方形托盘、圆形托盘、异形托盘。

(1)大、中号长方形托盘一般用于运送菜点、酒水和盘碟等较重物品。

(2)大、中号圆形托盘一般用于斟酒、展示饮品、送菜、分菜等。

(3)小号圆形托盘和正方形托盘则用于递送账单、收款、递送信件等。

(4)异形托盘主要用于特殊的鸡尾酒会或其他庆典活动。

二、托盘的使用方法

托盘的使用方法按照托盘的大小以及所盛装的物品的重量不同可以分为轻托和重托，在实际的餐饮服务工作中，以轻托为主，较大或较重的物品一般为了安全起见多用餐车运送。

(一)轻托

轻托又叫胸前托，通常使用中、小号圆形托盘或小正方形托盘上酒、上菜。因为盘中运送的物品质量较轻，一般在 5 千克以内，所以我们称这种使用方法为“轻托”。又因盘子平托于胸前，所以又称为“平托”或“胸前托”。

1. 轻托的操作程序与方法

(1)理盘。

选择合适的托盘，将托盘洗净擦干，在盘内垫上餐巾，铺平拉直，餐巾的四边与盘底对齐，力求美观整洁。为避免盘内的物品滑动，也可将餐巾适当蘸些水，使餐巾半干半湿。

(2)装盘。

根据所盛物品的形状、体积、重量以及使用的先后顺序合理安排，注意所有物品平均而且要重量平衡摆在托盘上，以便安全稳妥，便于运输。一般应将重物、高物放于身体的内侧，这样易于掌握托盘重心。随后将轻物、低物或先派用的物品装在盘的外侧，使盘内物品分布得体，方便自己的服务工作。这样既稳妥又能避免盘面过多的转动或右手在交叉取物时可能造成的自身碰撞。用圆托盘时，码放物品应呈圆形，用方托盘时应横竖成行。但两者的重心应在托盘的中心部分，摆匀放均。

(3)起托。

完成装盘后，开始托起行走。托盘从桌面起托时应注意正确的姿势，注意手、脚、身体的配合动作。先将左脚向前一步，站立成弓步形。上身向左、向前倾斜，左手与托盘持平，用右手将托盘拉出桌面的1/3，然后按轻托要领将左手伸进盘底，左手托起托盘，右手可帮助一下，待左手掌握重心后应将右手放开。同时左脚收回一步，使身体成站立姿势。

(4)行走。

指服务员托起托盘走动时的行走动作。头正肩平，上身挺直，注视前方，脚步轻缓，动作敏捷，步伐稳健，行走自如，使托盘随走动的步伐自然摆动。还应特别注意在为客人服务的过程中使持托盘的左手离上身有一定的间距，千万不能紧贴上身。因为人体在走动时会有轻微的摇动，如果托盘随步伐左右摇动就会使托盘中的物品产生滑动或使菜汁、汤水外溢，而且会让人对托盘姿势产生不优美感。

微课一
托盘行走的练习

托盘行走时有以下五种步伐。

①常步：步履均匀而平缓，快慢适当。适用于餐厅日常服务工作。

②快步(疾行步)：较之常步，步速要快一些，步距要大一些，但应保持适宜的速度，不能奔跑，否则会影响菜形或使菜肴发生意外的泼洒。端送火候菜或急需物品时，在保证菜不变形、汤不洒的前提下，以最快的速度走路。

③碎步(小快步)：步距小而快地中速行走。运用碎步，可以使上身保持平稳，使汤汁避免溢出。适用于端送汤汁多的菜肴及重托物品。

④跑楼梯步：身体向前倾，重心前移，用较大的步距，一步跨两个台阶，一步紧跟一步，上升速度快而均匀，巧妙地借用身体和托盘运动的惯性，既快又节省体力。适用于托送菜品上楼。

⑤垫步(辅助步)：需要侧身通过时，右脚侧一步，左脚跟一步。当餐厅员工在狭窄的过道中间穿行时或欲将所端物品放于餐台上时应采用垫步。

(5)落托。

当物品送到餐厅时，要小心地放在一个选择好的位置，双手将托盘端至桌前，放稳后再取物品，再从托盘两边交替拿下。在落托盘时，一要慢，二要稳，三要平。左手转掌落托盘时，要用右手协助。待盘面与台面平等时，再用左臂或左手将盘向前推进，落托动作结束后，应及时将盘内物品整理好。

①如果所托物品较轻，可以用右手将物品从托盘中取下来递给客人。物品取走部分之后，餐厅员工应及时用右手对托盘位置或盘中物品进行调整，使托盘保持平衡。

②如果托送的物品较为沉重，餐厅员工可以将托盘放在邻近的桌面或菜台上，然后将所托物品依次递给客人。

2. 轻托的操作要领

(1)左手托盘，左臂弯曲呈90°角，掌心向上，五指分开。

(2)用手指和掌底托住盘底，掌心不与盘底接触，手掌自然形成凹形，重心压在拇指根部，使重心点和左手五个指端成为六个着力点，利用五个手指的弹性掌握盘面的平衡。切忌用拇指从上方按住盘边，四个手指托住盘底，这种方法既不符合操作要求，也不礼貌。

(3)平托于胸前，略低于胸部，基本保持在第二和第三枚衣扣之间。盘面与左臂呈直角状，利用左手手腕灵活转向。

(4)托盘行走时，头要正，上身保持直立，肩膀放松，不要紧张，集中精神，步伐稳健。

(5)手臂不要贴近身体，也不要过度僵硬。行进时，应该与前方人员保持适当的距离，并注意左右两侧，切忌突然变换行进路线或突然停止。

(6)托盘不要越过宾客头顶，随时注意数量、重量、重心的变化，手指做出相应的移动。

(二)重托

重托，因为以上肩的方式来托送物品，所以也叫肩上托，主要用于运送较重的菜点、酒水、盘碟等。重托通常使用大型托盘，运送的物品一般在10千克左右。

1. 重托的操作程序与方法

重托与轻托的操作程序大致相同，在具体方法上略有差别。

(1)理盘。

重托常用于送菜、送汤和收拾碗碟，一般油腻较大，使用前必须清洁盘面并消毒，铺上洁净的专用餐巾，以起到防油、防滑的作用。

(2)装盘。

托盘内的物品应分类码放均匀得体，使物品的重量在盘中分布均匀，并注重把物品按高矮、大小摆放协调，切忌将物品无层次地混合摆放，造成餐具破损。装盘时还要使物与物之间留有适当的间隔，以免端托行走时使它们发生碰撞而产生声响。重托装汤锅一般能装三只汤锅，在装盘时应将两只汤锅装在近身的一边，另一只汤锅则可装在外框处，成斜“品”字形，这种方法比较安全。在收拾台面餐具时，最好能将物品分门别类地装盘，切忌将所有物品不分大小、形状、种类混装在一个盘内，这样容易使物品滑动，甚至落地打碎。

(3)起托。

起托时，应先将托盘用右手相助拉出1/3，右手扶托盘将托盘托平，双脚分开呈八字形，双腿下蹲，略成骑马蹲裆势，腰部略向前弯曲。左手五指分开，用整个手掌托住托盘的底部，手掌移动找到托盘的重心。掌握好重心后，用右手协助左手向上用力将托盘慢慢托起，在托起的同时，左手和托盘向上向左旋转过程中送至左肩外上方。做到盘底不搁肩、盘前不靠嘴、盘后不靠发。

(4)行走。

行走时，表情轻松自然，步伐不宜过大、过急，盘面应始终保持平稳，防止汤水外溢。右手自然摆动，或扶住托盘前角，并随时准备避免他人的碰撞。

(5)落托。

落托时，左脚向前迈一步，用右手扶住托盘边缘，左手向右转动手腕，同时托盘向右旋转，待盘面从左肩移至与台面平行时，再用左臂和右手向前推进。

2. 重托的操作要领

重托操作时要求“平、稳、松”。“平”就是在托盘的各个操作环节中都要掌握好中心，保持平稳，不使汤汁外溢，行走时盘要平，肩要平，两眼要平视前方。"稳"就是装盘合理稳妥，托盘稳而不晃动，行走时步稳不摇摆。"松"就是动作表情要轻松自然，上身挺直，行走自如。

课后练习：托盘练习与测试标准

托盘服务标准
1. 理盘 将要用的托盘先洗净擦干，以避免托盘内的物品滑动。 2. 装盘 根据物品的形状、重量、体积和使用的先后顺序合理装盘，一般是重物、高物放在身体的内侧，先用的物品放在盘的外侧，后用的物品放在内侧。 3. 托送 (1)轻托：左臂自然弯曲呈90°角，掌心向上，五指分开，用手指和掌底托住盘底，掌心不与盘底接触，平托于胸前；行走时，要头正肩平，注视前方，脚步轻捷，托盘的手腕要轻松灵活，使托盘在胸前随着走路的节奏自然摆动，但托盘上下摆的幅度不宜过大。 (2)重托：五指分开，用手掌托住盘底，掌握好重心；用另一只手护持，将托盘托起到胸前，向上转动手腕，使托盘稳托于肩上；托送时，要平稳轻松，要保护盘平、肩平、头正、身直，保证托盘不晃动，身体不摇摆。

托盘使用规程
1. 托盘的选用 托盘依形状有长方形、正方形、圆形等。 长方形、正方形托盘，是把较有重量的菜肴从厨房搬运到餐厅，或把脏的餐具撤回厨房清洗，由于物品较重可以双手端着托盘行动。如果物品过多，可考虑使用托盘架及手推车，作为辅助。圆形托盘，直径在30～45厘米，通常用它向客人提供食物、饮料杯等。火柴等物品的供应与撤回时，使用小圆托盘盛装，以示慎重。 2. 托盘的操作 托盘以左手托取，手掌平伸，拇指向左，四指分开向前平托，用右手握住托盘的右缘，并保持平衡；运行时持较重的托盘，左手手指可转向后把盘缘托在肩膀上以保持平稳。走动时以左行为原则，耳眼反应要灵敏，脚步要稳健；用左手托盘，右手护着，其原因：①大多数的门皆朝右开启，需用右手推或以脚踢开，因此通常用左手托盘。门被开启后可能会很快地反弹回来，若是以左手托盘便于发现门被反弹回来且右手可以阻拦，当抵达服务台时，在必要时可用右手清除服务台，以便放下食具盘。②搬运托盘需高于宾客头顶，在不妨碍视野的情况下，以左手平行于肩部位置，离开头发，并用右手保持其角边。③练习搬运托盘的正确方法。不正确的持法会令肩部肌肉及臂部肌肉抽筋。因此服务人员学会了用手托盘的正确方法，在餐厅工作起来才能运用自如。 3. 供餐使用托盘 (1)从厨房搬出菜肴时，注意托盘的清洁，可在托盘上铺一层干净的餐巾，以防止餐具滑移，且有美化功用。 (2)较大及较重的盘碗置于中央部位，较小物件可靠边放置。所有物件需均衡摆置，以免携带时滑落或颠落。 (3)当盛有液体的餐盘装于托盘时，切不可置于托盘边，应放置于中央位置。 (4)汁液盘或盛肉汁及酱油碟须平稳置于食具盘上。冷热食盘不可使其触碰。

续表

托盘使用规程
(5)茶壶及咖啡壶不可注装过满，以免溢出，其壶嘴须朝内，然而须不朝向装食物的盘碟。 (6)食盘底不可触及装于其他食盘中的食物。 (7)离厨房之前，检查托盘，是否所有食物及必需的服务配备皆在其中。食物的放置依服务顺序摆放。 (8)托盘绝对不可置于客人桌上，应先置于其边台或托盘架，再由此上菜。 (9)放置任何食盘在餐桌上时，以四个指头托在盘缘底部，拇指夹在盘缘上部。 (10)回厨房时应将不必要的物件带回。 4. 撤移盘碟 (1)服务中除了饮料服务须从客人右方撤下外，任何菜品、盘碟应从左方撤下。 (2)客人未离席，不得清理桌面。清理餐桌时，先把剩菜拨到一个盘中，再收拾大型盘，将盘及大碟置于食具盘当中，再将小件置于其上。 (3)银器的捡取应持其把柄，所有的把柄以及筷匙应朝向同一方向，放置在托盘一边。如此方可避免沾污你的手，且于洗碗机处较容易处理。 (4)杯子须持其把柄，再行堆置，玻璃器盘应持其底部，置于有空位的地方，其法须能使托盘平衡。 (5)勿将盘碟堆叠过高，勿将托盘堆过量。 (6)用上菜时相同的方法端运托盘，平稳持盘，并且保持靠左边行走。 (7)将托盘运到洗碗机旁，按所定规矩处理盘碟。 (8)利用回程时，携带从厨房带回餐厅的任何物品。

4.2　铺台布

微课—
铺台布(一)

一、台布的种类和规格

(一)台布的种类

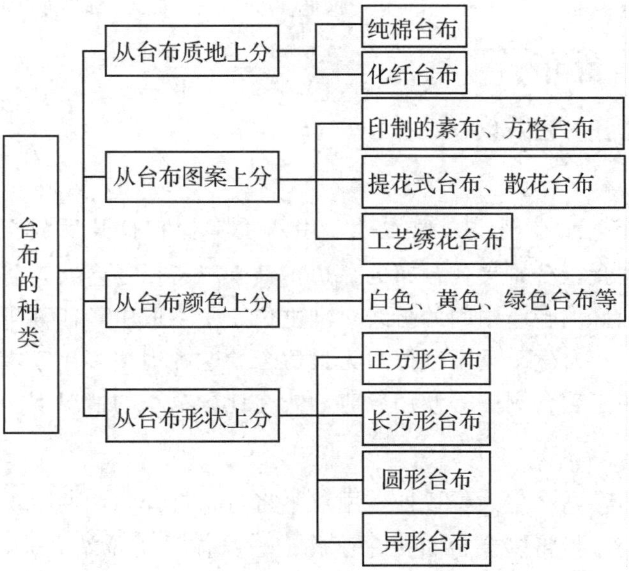

第一，大多数餐厅均使用纯棉提花式台布、印花台布、绣花台布、织锦台布、visa(维莎)台布和布质台布。

第二，台布的图案有团花、散花、工艺绣花等。

第三，台布的颜色有白色、黄色、粉色、红色、绿色等，选择台布的颜色，要与餐厅的风格、装饰、环境相协调。

第四，台布的形状主要有四种：正方形、长方形、圆形以及异形。正方形常用于方台或圆台，长方形则多用于西餐的各种餐台，圆形主要用于中餐圆台。高档的宴会则采用多层两种形状以上的台布。

(二)台布的规格

台布规格	适用餐台
140 厘米×140 厘米	90 厘米×90 厘米
160 厘米×160 厘米	100 厘米×100 厘米和 110 厘米×110 厘米
180 厘米×180 厘米	150 厘米(直径)和 160 厘米(直径)
200 厘米×200 厘米	170 厘米(直径)
220 厘米×220 厘米	180 厘米(直径)
240 厘米×240 厘米	200 厘米(直径)
260 厘米×260 厘米	220 厘米(直径)

除了正方形台布外还有长方形台布，有 160 厘米×200 厘米、180 厘米×300 厘米等不同的规格。这类台布用于长方台及西餐的各种餐台，可根据餐台的大小、形状选用不同数量的台布，一块不够用时可随意拼接。在拼接时注意将接口处接压整齐。

圆形台布的规格各有不同，一般的圆形台布多见于定型特制，即根据餐台的大小将台布制成大于餐台直径 60 厘米的圆形台布，使台布铺于餐台上，圆周下垂 30 厘米为宜。

二、中餐铺台布

微课—
铺台布(二)

中餐铺台布的常用方法有以下三种。

(一)推拉式

服务员选好台布，站在副主人位置处，用双手将台布打开后放至餐台上，用两手的拇指和食指分别夹住台布的一边，其余三指抓住台布，将台布贴着餐台平行推出去再拉回来。铺好的台布中间的折线对准主位，十字取中，四面下垂部分对称并且遮住台脚的大部分，台布自然下垂至餐椅边为最适合。这种铺法多用于零点餐厅或较小的餐厅，或因有客人就座于餐台周围等候用餐时，或在地方窄小的情况下。

(二)抖铺式

服务员选好台布，站在主人位置处，用双手将台布打开，用两手的拇指和食指分别夹住台布的一边，其余三指将多余台布提拿于胸前，身体呈正位站立式，利用双腕的力量，将台布向前一次性抖开并平铺于餐台上。这种铺台方法适合于较宽敞的餐厅或在周围没有客人就座的情况下。

（三）撒网式

服务员选好台布，站在主人位置处，呈右脚在前、左脚在后的站立姿势，将台布正面朝上打开，用两手的拇指和食指分别夹住台布的一边，其余三指将多余台布提拿至左肩后方，上身向左转体，下肢不动并在右臂与身体回转时，台布斜着向前撒出去，将台布抛至前方时，上身转体回位并恢复至正位站立，这时台布应平铺于餐台上。这种铺台方法多用于宽大场地或技术比赛场合。

微课—中餐铺台布的操作要求

技能测试评分表：

餐饮服务技能铺台布评分表

班级：　　　　　　姓名：　　　　　　学号：　　　　　　日期：

项目	分数/分	要求和标准	配分/分	得分/分
准备工作	2	1. 仪容仪表	1	
		2. 操作卫生	1	
铺台布	6	1. 站在主人位右侧，将椅子拉开，三种铺法任选一种，5 秒内一次到位，每超过 1 秒扣 1 分，重复一次扣 1 分，用手大面积接触台布扣 1 分	3	
		2. 正面朝上、中线居中，对准正、副主人	2	
		3. 台布下摆均匀	1	
总体印象	2	操作规范、动作娴熟、优雅	2	

4.3　餐巾折花

微课—餐巾折花基本知识

一、餐巾的作用与种类

（一）餐巾的作用

餐巾又名口布，是餐厅中常备的一种卫生用品，又是一种装饰美化餐台的艺术品。餐巾的主要作用有以下几个方面。

1. 餐巾是餐饮服务中的一种卫生用品

宾客用餐时，餐厅服务员将餐巾放在宾客的膝上或胸前，餐巾可用来擦嘴或防止汤汁、酒水弄脏衣物。

2. 餐巾可以装饰美化餐台

不同的餐巾花形，蕴含着不同的宴会主题。形状各异的餐巾花摆放在餐台上，既美化了餐台，又增添了不同的气氛，给人以美的享受。

3. 餐巾花形可以烘托就餐气氛

例如，用餐巾折成喜鹊、和平鸽的花形表示欢快、和平、友好，给人以诚悦之感；折出比翼齐飞、心心相印的花形送给一对新人，可以表示出永结同心、百年好合的美好祝愿。

4. 餐巾花形的摆放可标出主宾的席位

在折餐巾花时应选择好主宾的花形，主人花形高度应高于其他人的花形高度以示尊贵。

(二)餐巾的种类

1. 按质地分

餐巾可分为棉织品和化纤织品。棉织品餐巾吸水性较好，去污力强，浆熨后挺括，造型效果好，但折叠一次，效果才最佳。化纤织品餐巾色泽艳丽，透明感强，富有弹性，如一次造型不成，可以二次造型，但其吸水性差，去污力不如棉织品餐巾。

2. 按颜色分

餐巾的颜色有白色与彩色两种。白色餐巾给人以清洁卫生、恬静优雅之感。它可以调节人的视觉平衡，可以安定人的情绪。彩色餐巾可以渲染就餐气氛，如大红、粉红色餐巾给人以庄重、热烈的感觉；橘黄、鹅黄色餐巾给人以高贵、典雅的感觉；湖蓝色餐巾在夏天能给人以凉爽、舒适之感。

二、餐巾折花造型的种类及选择

餐巾折花造型的种类很多，技法也各不相同。餐厅服务员要掌握餐巾折花的基本造型和折叠技法。

(一)餐巾折花造型的种类

1. 按摆放方式，可分为杯花和盘花两种

杯花属于中式花形，需插入杯中才能完成造型，出杯后花形即散。杯花在使用时其平整性较差，也容易造成污染，所以目前杯花已较少被使用，但作为一种技能，它仍在餐厅服务中存在。

盘花属于西式花形，造型完整，成型后不会自行散开，可放于盘中或其他盛器及桌面上。因盘花简洁大方，美观适用，所以盘花呈现出发展的趋势。

2. 按餐巾花外观造型，可分为植物类、动物类、实物类三种

植物类花形是根据植物的花形造型的，如荷花、水仙等，也有根据植物的叶、茎、果实造型的，如竹笋、玉米等。

动物类花形包括鱼、虫、鸟、兽，其中以飞禽为主，如白鹤、孔雀。动物类造型有的取其整体，有的取其特征，其形态逼真，生动活泼。

实物类花形是指模仿日常生活用品中各种实物形态折叠而成的，如帽子、折扇、花篮等。

(二)餐巾折花造型的选择

1. 根据宴会的规模选择花形

大型宴会可选择简洁、挺括的花形。每桌可以选两种花形，使每个台面花形不同，台

面显得多姿多彩。如果是 1～2 桌的小型宴会，可以在一桌上使用各种不同的花形，也可以 2～3 种花形相间搭配，形成既多样又协调的布局。

2. 根据宴会的主题选择花形

主题宴会因主题各异，形式不同，所以选择的花形也不同。

3. 根据季节选择花形

可以选择富有时令的花形以突出季节的特色，也可以有意地选择象征一个美好季节的一套花形。

4. 根据宗教信仰选择花形

例如，信仰佛教的，勿叠动物造型，宜叠植物、实物造型。

5. 根据宾客的风俗习惯选择花形

例如，日本人喜樱花，美国人喜山茶花，法国人喜百合花，英国人喜蔷薇花等。

案例回放

某日，一个英国 VIP 团抵达一饭店，餐厅服务员为了表示对客人的欢迎、尊重，选用孔雀开屏花形，殊不知客人不但不领情，反而跑到大堂副经理处去投诉。经了解，事情原来是这样的，在英国，人们认为孔雀是祸，是淫妇的代称，孔雀开屏被认为是自我吹嘘的表现，所以英国客人认为这个饭店是在侮辱他们。想不到服务员的一番好意，招来的不是感谢而是批评投诉，怪谁?

6. 根据宾主席位选择花形

宴会主宾、主人席位上的花称为主花。主花一般选用品种名贵、折叠细致、美观醒目的花，以突出主人，显示对主宾的尊敬。例如，在接待国际友人宴会上，叠和平鸽表示和平，叠花篮表示欢迎，为女宾叠孔雀表示美丽，为儿童叠小鸟表示活泼可爱，这些均使宾主感到亲切。

总之，要根据宴会主题设计折叠不同的餐巾花，要灵活掌握折叠手法，力求简便、快捷、整齐、美观大方。

三、餐巾折花的基本技法

餐巾具有实用及装饰美化的作用，在摆台上是餐桌的重要装饰。餐巾折花的基本技法有叠、折、卷、穿、翻、拉、捏、掰等。餐厅服务员应反复练习，做到技艺娴熟，运用自如，从而增加摆台的工作效率和艺术性。

微课—
餐巾折花的技巧

(一)叠

叠是最基本的餐巾折花手法，几乎所有的造型都要使用。叠就是将餐巾一折为二，二折为四，或折成三角形、长方形、菱形、梯形、锯齿形等形状。叠有折叠、分叠两种。叠时，要熟悉造型，看准角度一次性叠成。如有反复，就会在餐巾上留下痕迹，影响挺括的效果。叠的基本要领是找好角度一次性叠成。

(二)折

折是打褶时运用的一种手法。折就是将餐巾叠面折成褶皱的形状，使花形层次丰富、紧凑、美观。打褶时，用双手的拇指和食指分别捏住餐巾两头的第一个褶皱，两个拇指相对成一线，食指面向外。再用两手中指接住餐巾，并控制好下一个褶皱的距离。拇指、食指的指面握紧餐巾向前推折至中指外，用食指将褶皱挡住。中指腾出去控制下一个褶皱的距离，三个手指如此互相配合。折可分为直线折和斜线折两种方法，两头一样大小的用直线折，一头大一头小的或折半圆形、圆弧形的用斜线折。折的要领是折出的褶皱要均匀、整齐。

(三)卷

卷是用拇指、食指、中指三个手指相互配合，将餐巾卷成圆筒状。卷分为直卷和螺旋卷两种。直卷有单头卷、双头卷、平头卷。直卷要求餐巾两头一定要卷平。螺旋卷分为两种：一种是先将餐巾叠成三角形，餐巾边参差不齐；另一种是将餐巾一头固定，另一头卷起，或一头多卷，另一头少卷，使卷筒一头大，一头小。不管是直卷还是螺旋卷，都要卷得紧凑、挺括，否则餐巾会因松软无力、弯曲变形而影响造型。卷的要领是要卷紧、卷挺。

(四)穿

将餐巾先折好后攥在左手掌心内，用筷子一头穿进餐巾的褶缝里，然后用右手的拇指和食指将筷子上的餐巾一点一点向后拨，直至把筷子穿出餐巾为止。穿好后先把餐巾花插入杯子内，然后再把筷子抽掉，否则餐巾花容易松散。根据需要，一般只穿 1～2 根筷子。穿的要领是穿好的褶皱要平、直、细小、均匀。

(五)翻

翻大都用于折花鸟造型。操作时，一手拿餐巾，一手将下垂的餐巾翻起一角，翻成花卉或鸟的头颈、翅膀、尾等形状。翻花叶时，要注意叶子对称，大小一致，距离相等。翻鸟的翅膀、尾巴或头颈时，一定要翻挺，不要软折。翻的要领注意大小适宜，自然美观。

(六)拉

拉一般是在餐巾花半成形时进行。把半成形的餐巾花攥在左手中，用右手拉出一只角或几只角来。拉的要领是大小比例适当，造型挺括。

(七)捏

捏主要用于折鸟的头部造型。操作时先将餐巾的一角拉挺做颈部，然后用一只手的拇指、食指、中指三个指头捏住鸟颈的顶端，食指向下，将餐巾角尖端向里压下，用中指与拇指将压下的餐巾角捏出尖嘴状，作为鸟头。捏的要领是棱角分明，头顶角、嘴尖角到位。

(八)掰

将餐巾做好的褶用左手一层一层掰出层次，呈花蕾状。掰时不要用力过大，以免松散。掰的要领是层次分明，间距均匀。

四、杯花教学

(一)动物

孔雀开屏	小孔雀	花枝蝴蝶	大鹏展翅
黄鹂欢悦	四尾金鱼	雪地松鸡	圣诞火鸡

微课—20种餐巾杯花折叠(动物)

小鸟春歌　长尾鸟　仙鹤　翘尾扇鸟

微课—20种餐巾杯花折叠(植物)

(二)植物

太阳花　马蹄花开　双荷花　单叶花
鸡冠花　仙人掌　枫叶飒爽　双叶
月季花　双生花　曲院风荷　丰收玉米
凌波仙子　富贵竹

五、盘花教学

微课—盘花教学

皇冠　水仙盆景　三明治　领带折巾
托玉披肩　扇形花　迎宾花　春池浮荷
出水芙蓉　公主桂冠　祝寿蜡烛　千年寿龟
玩具胖娃　刀叉摆　一帆风顺　盘花海狮
玫瑰花　热带幼鱼

这些花都是餐厅常用的花形。通过老师现场示范教学或视频教学，学生可以课上学习或课后通过网络视频进行学习，并且可以自创简单、美观的花形。因为是客人使用的餐巾，所以折痕越少越好。

技能测试：折叠10种盘花。

(1)10种盘花。

(2)突出正、副主人位置。

(3)形象逼真、款式新颖、巾花挺拔。

(4)折叠动作规范、优美，将叠好的餐巾花放入骨碟中。

(5)不许用牙叼咬、下巴按和用其他辅助用品。

考核注意事项：

满分20分，考试时间5分钟，时间到就停止操作，物品遗漏每件扣1分，提前不加分。

技能测试评分表：

折叠10种盘花评分表

序号	主要内容	评分标准	配分/分	扣分/分	得分/分
1	种类	10种盘花	5		
2	摆放	突出正、副主人位置	3		
3	造型	形象逼真、款式新颖、巾花挺拔	5		
4	操作手法	折叠动作规范、优美，将叠好的餐巾花放入骨碟中	5		
5	操作卫生	不许用牙叼咬、下巴按和用其他辅助用品	2		
备注	时间5分钟	合计	20		

4.4 斟酒服务

斟酒是餐厅服务员需要掌握的一项基本服务技能，尤其在宴会服务中，对斟酒的技艺要求更高，既要做到不滴不洒、不少不溢，又要做到姿势正确、文雅。因此，餐厅服务员应熟练地掌握正确的斟酒方法，了解相关的酒水知识，并积极进行酒水的推销。

一、酒水准备

微课—斟酒服务前的准备工作

(一)检查酒水

服务员在为客人开瓶斟酒以前，有责任用自己的专业水平和感官来检查酒水的质量。首先检查包装，看包装的新旧程度、有无破损、有效期限、重要防伪标识有无破损、包装封口标志有无破损等，有上面因素之一的就不能开启包装。然后取出酒瓶，再对酒瓶进行以下检查。

步骤	方法	检查细节	处理办法
一	看	看酒瓶是否干净、是否有裂缝、酒瓶上包装的新旧程度、有无破损、重要防伪标识有无破损、包装封口标志有无破损	如果有以上情况，就不要开了。罐装饮料的罐底凹进部分如果凸起，则表示缸内饮料已经过期变质
二	摸	用手摸一下瓶颈附近，试一下有没有湿润的感觉	如果有湿润的感觉，就表示瓶口很可能已经破损，就不要开了
三	闻	拿起酒瓶，放在自己眼前正前方，距离自己25厘米左右，轻轻吸一口气，闻一闻有没有酒味	如果有酒味，就表示瓶口很可能已经破损，就不要开了
四	对光	在第三步操作的同时对光看一下瓶内是否有悬浮物、是否浑浊、是否有沉淀物	如果不透明的酒瓶可用手晃动一下，感觉一下酒的重量

(二)酒水的奉客温度

酒的类别	饮用温度
啤酒	6 ℃
白葡萄酒	6 ℃～8 ℃
红葡萄酒	12 ℃～14 ℃
香槟酒	4 ℃～8 ℃
黄酒	40 ℃～50 ℃

1. 冰镇

许多酒的最佳饮用温度要求低于室温，所以要求对这类酒水进行冰镇处理。冰镇的方法通常分为冰块冰镇及冰箱冷藏冰镇两种。

(1)冰块冰镇。

服务程序	工作步骤
准备	准备好酒品及需要的冰桶，并将冰桶架放在餐桌的一侧。
冰镇	桶中放入冰块，将酒瓶插入冰块中约 10 分钟，即可达到冰镇的效果。如客人有特殊要求，可按客人要求延长或缩短时间。 服务员手持酒杯下部，杯中放入冰块，摇转杯子，以降低杯子的温度，并对其他杯具进行降温处理。

(2)冰箱冷藏冰镇。

服务程序	工作步骤
准备	提前将酒品放入冷藏柜内，使其缓缓降至饮用的温度。
冰杯	服务员手持酒杯下部，杯中放入冰块，摇转杯子，以降低杯子的温度，并对其他杯具进行降温处理。

2. 温酒

有些酒品的饮用温度高于室温，这就要求对酒品进行温烫。温烫有四种常用的方法：水烫、火烤、燃烧和冲泡。水烫，即将酒事先倒入烫酒器，然后置入热水中升温。火烤，即将酒装入耐热器皿，置于火上烧烤升温。燃烧，即将酒盛入杯盏内，点燃以使之升温。冲泡，即将沸滚饮料(水、茶、咖啡等)冲入酒中，或将酒注入热饮料中。其中以水烫最为安全，操作步骤如下。

服务程序	工作步骤
准备	准备暖桶、酒壶和酒品，并用暖桶架架放在餐桌的一侧。
加温	在暖桶中倒入开水，将酒倒入酒壶，然后放在暖桶中升温。 加温操作必须当着客人的面进行。

二、示酒

微课—示酒和试酒

宾客点用的整瓶酒，在开启之前都应让主人先过目一下。示瓶的方法具体如下。

第一，服务者站于主人的右侧，左手托瓶底，右手扶瓶颈，酒标面向客人，让其辨认。

第二，当客人认可后，才可进行下一步的工作。

第三，如果没有得到客人的认同，则去酒窖更换酒品，直到客人满意为止。

另外，餐厅服务员在为客人示酒之前，要将酒瓶瓶身、瓶口擦干净，检查一下酒是否过期、变质，是否是客人所需要的那种酒，酒瓶有没有破裂等。

三、开瓶

微课—如何为客人开酒瓶

(一)开瓶的基本程序

第一，开塞前应避免酒体的晃动，否则会造成汽酒冲冒现象，陈酒沉淀物窜腾现象。

第二，将酒瓶擦拭干净，特别是将塞子屑和瓶口部位擦干净。

第三，检查酒水质量，如发现瓶子破裂或酒水中有悬浮物、浑浊沉淀物等，应及时调换。

第四，开启的酒瓶、酒罐应该留在客人的餐桌上，下面须用衬垫，以免弄脏台布。

第五，开启后的封皮、木塞、盖子等物不要直接放在桌上，应在离开时一并带走。

(二)烈性酒的开瓶方法

烈性酒的封瓶方式及开瓶方法有两种：一是如果酒瓶是塑料盖或外部包有一层塑料膜，开瓶时先用火柴将塑料膜烧融取下，然后旋转开盖即可；二是如果酒瓶是金属盖，瓶盖下部常有一圈断点，开瓶时需用力拧盖，使断点断裂，便可开盖，如遇有断点太坚固，难以拧开的，可先用小刀将断点划裂，然后再旋开盖。

(三)葡萄酒的开瓶方法

第一，切割签封。用酒刀划开瓶口处的封纸。一手握住瓶颈，一手用刀沿瓶盖割下盖子的顶层薄膜，注意拇指在刀锋的另一侧做圆周运动，以免割破自己的手指。将取下的填充纸放在一个干净的骨碟上。注意：划的时候只转酒刀不转酒瓶，商标应朝向客人。

第二，切割完毕后，应用餐巾擦净瓶颈和软木塞。

第三，将螺丝锥的尖端对准瓶塞中心，使螺丝锥完全垂直，然后用力压入软木塞，依顺时针方向向下钻，当钻头钻到软木塞的3/4处停止，一般软木塞长5厘米，钻至4厘米即可。切勿钻透或斜钻。

第四，将拔塞杠搁到酒瓶沿口，再用一手按住酒瓶，另一手轻轻向上提起刀柄，在瓶塞即将被拉出瓶口时，要用拇指和食指按住，轻轻提起。

第五，取出瓶塞并将软木塞放在一个小碟上，让客人过目。

第六，用餐巾的内侧从瓶口擦去木屑，以免木屑落入客人酒杯，并将酒瓶放置在酒篮内。

(四)香槟酒的开瓶方法

第一，首先将瓶口的锡纸剥除。因香槟酒瓶内有较大的气压，故软木塞的外面套有铁丝帽以防软木塞被弹出。

第二，用右手握住瓶身，以45°的倾斜角拿着酒瓶并用拇指紧压软木塞，右手将瓶颈外面的铁丝圈扭弯，一直到铁丝圈裂开为止，然后将其取掉。同时，用左手紧握软木塞，并转动瓶身，使瓶内的气压逐渐地将软木塞弹挤出来。

第三，转动瓶身时，动作要既轻又慢。开瓶时要转动瓶身而不可直接扭转软木塞，以防将其扭断而难以拔出。

第四，注意开瓶时瓶口不要朝向宾客，以防在手不能控制的情况下，软木塞爆出。

第五，如已溢出酒沫，应将酒瓶呈45°角斜握。

(五)花雕酒的开启过程

第一，将花雕酒从盒中取出，先除去瓶口签封，然后把酒钻对准酒塞中心处用力钻入，利用杠杆原理把酒塞起出。

第二，将酒塞和签封放在一个干净的骨碟上，用干净的餐巾擦拭瓶口。

第三，花雕酒的加热。把花雕酒倒入花雕酒壶中，放进盛有热水的酒桶里。用卡式炉加热，也可将酒直接在酒瓶中加热，再倒进酒壶中。

(六)带气体的酒水的开瓶方法

第一，开启带气体的酒水时，绝对不可朝向客人开启，以免酒水喷出洒到客人身上，带气体的酒水可在工作台打开后放入托盘中，托盘倒酒。

第二，开饮料时，不要一下都打开，先开几瓶要征询客人的意见。

四、试酒

第一，用餐巾把酒包好，露出牌子，用右手为点酒的客人斟 1/5 杯，请其首先品酒。

第二，倒酒时酒瓶的瓶颈不可触及酒杯口缘。

五、斟酒水

微课—如何为客人斟酒水

(一)斟酒方法

斟酒方法分为托盘斟酒和徒手斟酒两种。

1. 托盘斟酒

服务员站在主宾的右后侧，右脚在前，左脚在后。插进两椅之间，侧身而立，左脚微微踮起，左手托盘，保持平稳，右手拿瓶身的 1/3 处，手势自然，商标朝向顾客，瓶口与杯口间距为 1～2 厘米，手法灵活，自然大方。斟完一杯酒后，握瓶的右手要顺时针放置一个角度，同时收回酒瓶，使酒滴留在瓶口上，然后再给下一位客人斟酒。注意托盘不要越过客人的肩、头顶，手臂横越客人也是不礼貌的行为。

2. 徒手斟酒

如果一桌客人一次用同一瓶酒，可采取徒手斟酒。徒手斟酒的姿势要领同上，只是服务员要左手持酒，餐巾背于身后，斟完一杯酒后，用餐巾擦去瓶口的酒水。它与托盘斟酒基本相同。徒手斟酒又分为桌斟和捧斟。

(1)桌斟：桌斟是将酒杯放在桌上为宾客斟酒，左手托盘，右手拿酒瓶(方法同托盘斟酒)。

(2)捧斟：捧斟多适用于酒会和酒吧服务，其方法是右手握瓶，左手将酒杯捧在手中，站在宾客的左后侧，向杯内斟酒，然后将酒杯放在宾客的左手边，然后将斟上酒的酒杯用左手放在客人的右侧。捧斟一般适用于非冰镇的酒。捧斟时，服务员要做到准确、大方、优雅，并处处体现出对客人的尊重。

(二)斟酒流程

第一，当酒质得到客人的认可后，服务员从客人右边开始斟酒。

第二，斟倒前，左手拿一条干净的餐巾将瓶口擦干净，右手握住酒瓶的下半部，将酒瓶上的商标朝外显示给客人确认。

第三，从客人右侧斟酒，从主宾开始，按顺时针方向斟倒，但是要注意：对于夫妇或成对的异性先给女士斟酒；对于宴会团体，先给坐在主人右边的客人斟酒，再给坐在主人左边的客人倒酒，然后按顺时针方向进行，最后给主人倒酒。

第四，酒要直接倒进餐桌上的杯里，不要用手端起杯子，以免手温导入杯体，影响酒的效果。

第五，斟倒量：白酒、啤酒 4/5 满，白葡萄酒 2/3 满，红葡萄酒 1/2 满，白兰地、威士忌倒 1 盎司[①]。

第六，在客人开席前要注意杯中是否有酒，当客人起立干杯敬酒时，应帮助客人拉椅，然后拿起酒瓶准备添酒。

第七，如有两个服务员同时服务时，则从正、副主宾开始按顺时针方向进行。

第八，斟倒完毕，将瓶口稍稍抬高，顺时针 45°放置提瓶，再用左手的餐巾将残留在瓶口的酒液拭去。

(三)斟酒要求

第一，拿酒瓶的中下部，露出商标，斟酒时商标朝向客人。

第二，斟酒时，瓶口距杯 1～2 厘米，不可将瓶口搭在杯口上。

第三，倒完时，提起瓶口同时由外向内转动手腕 45°，使最后一滴酒均匀地分布在瓶口上。

第四，眼注视酒杯，同时用余光注意其他情况。

第五，倒完后，在大厅就餐或自助餐可将酒放在客人桌上，但不妨碍用餐的位置或放在服务台上，在宴会厅就餐不能将酒放在客人桌上。

(四)注意事项

第一，斟酒时，商标朝向客人，给每位客人斟酒之前，先向客人示意，注意避免酒水滴落在台布或客人身上。

第二，斟酒时，要站直，身微侧，右脚在前，左脚在后。不可用手拿起杯子为客人斟酒，特殊情况除外。

第三，斟酒时，不能站在客人左侧，不准左右开弓，不准隔位斟，禁止反手斟。

第四，当客人注视到你的面部时一定要微笑。

第五，斟酒时，瓶口不可搭在酒杯口上，距 1～2 厘米为宜，太近则不卫生，太高则易溅出杯外。

第六，不能滴酒。斟酒时，应做到“旋瓶收口”，使最后一滴酒均匀分布在瓶口的边沿上，避免酒水滴在顾客身上及台布上。旋瓶收口，即向右转动瓶身 45°并顺势抬起瓶口。

第七，要徐徐倒入杯中，当斟酒量适度时稍停一下，并旋转瓶口 45°之后再抬起瓶口，使最后一滴酒随瓶身的转动均匀分布在瓶口的边缘上。

第八，席间：主客向各宾客敬酒时，服务员要端着酒水跟随，随时准备为其加酒水。

第九，斟酒、倒饮料时速度不可过快，要让客人觉得你动作协调优美。

第十，斟酒时，要注意瓶内的酒量变化，以适当的倾斜角度控制酒液流出的速度，因为瓶内的酒量越少，酒液流速越快，越容易冲出杯外。

---

① 液体盎司：容量计量单位，符号为 oz。1 英制液体盎司约合 28.41 毫升，1 美制液体盎司约合 29.57 毫升。

第十一，斟倒啤酒时，因为泡沫较多，极易沿杯壁溢出杯外，所以倒啤酒应速度慢些，也可以分为两次斟或使啤酒沿着杯的内壁慢慢流入杯内，要求啤酒靠杯内壁斟，但不可碰杯口，斟 8 分满，带泡沫平杯口。

第十二，斟红酒时，要问清楚客人是否要加雪碧、柠檬或冰，标准为 1/3。

第十三，斟洋酒时，应将酒瓶倒转摇两下再斟，以一盎司为标准，斟酒时还要将酒瓶口向右转 45°，以免有酒水滴落。

第十四，斟花雕酒时，要问清楚客人是否需要加热，是否需要加话梅或姜丝。

第十五，用冰夹放冰时，不要连夹子深入杯内，应靠杯边滑下。

第十六，由于操作不慎而将酒杯碰翻时，应向宾客表示歉意，同时给顾客另换新杯，并将桌面擦拭干净。

第十七，有客人举行宴会时，一般主宾都要讲话，讲话结束后，双方都要举杯祝酒，因此在讲话开始前应将所有的酒水倒满，当客人祝酒讲话时，服务员要停止一切服务(特殊情况或客人特别要求时除外)，站在适当的位置，一般站在主宾的后侧以示对宾客的尊重，端正站立，不可交头接耳。要注意保证每位客人杯中都有酒水，讲话即将结束时，要向讲话者送上一杯酒，供祝酒用。

第十八，讲话结束时，服务员应将讲话者的酒水送上供祝酒之用，有时讲话都要走下台向宾客敬酒，这时服务员要托着酒瓶跟在讲话者后面，随时准备为其添加酒水。如使用托盘斟酒，服务员应站在宾客的右后侧，右脚向前，侧身而立，左手托盘保持平衡，将托盘中的酒水展示给顾客，在客人选定后，服务员将托盘移到宾客的后面，托移时左臂要将托盘向外托送，以避免托盘碰到顾客。然后，用右手从托盘上取下宾客的酒水进行斟倒。

技能测试：为客斟倒红葡萄酒 10 杯。

(1)每杯分量五成满。

(2)先斟主宾，再斟主人，然后按顺时针方向依次斟酒。

(3)不滴洒、不溢出。每滴扣 1 分，每小滩扣 3 分。

考核注意事项：

满分 20 分，考试时间 5 分钟，时间到就停止操作，物品遗漏每件扣 1 分，提前不加分。

技能测试评分表：

为客斟倒红葡萄酒 10 杯评分表

序号	主要内容	评分标准	配分/分	扣分/分	得分/分
1	每杯分量	每杯分量五成满	5		
2	操作次序	先斟主宾，再斟主人，然后按顺时针方向依次斟酒	5		
3	酒滴情况	不滴洒、不溢出。每滴扣 1 分，每小滩扣 3 分	10		
备注	时间 3 分钟	合计	20		
		考评员签字：	年	月	日

4.5　上菜与分菜服务

微课——
中餐上菜服务

一、中餐上菜

(一)上菜顺序

中餐上菜，根据不同的菜系，就餐与上菜的顺序会有一点不同，但一般的上菜顺序是先上冷菜便于佐酒，然后视冷菜食用的情况，适时上热菜，最后上汤菜、点心和水果。上菜时应该注意正确的端盘方法，端一个盘子时用拇指紧贴盘边，其余四指扣住盘子下面，拇指不应该碰到盘子边的上部，更不允许留下手印或者使手指进入盘中，这样既不卫生也不礼貌。

(二)上菜方法与要求

第一，上菜时，可以将凉菜先行送上席。当客人落座开始就餐后，服务员即可通知厨房做好出菜准备，待到凉菜剩下1/3左右时，服务员即可送上第一道热菜。当上一道菜快吃完时，服务员就要将下一道菜送上，不能一次送得过多，使宴席上放不下，更不能使桌上出现菜肴空缺的情况，让客人在桌旁干坐，这既容易使客人感到尴尬，也容易在客人饮过酒后，没有菜可供及时下酒，易使客人喝醉。

第二，服务员给客人提供服务时，一般要以主人作为中心，从宴席的左面位置上菜，从宴席的右侧位置撤盘。上菜或撤盘时，都不应当在主人或主宾的身边操作，以免影响主客之间的就餐和交谈。

第三，凡是上带有调味佐料的热菜，如烤鸭、烤乳猪、清蒸蟹等菜肴时要一同上桌，切忌遗漏忘记上桌，并且可以略做说明。

第四，几种特殊菜肴上桌的方法。上锅巴虾仁时，应该尽快上桌，将虾仁连同汤汁马上倒入盘中锅巴上，保持热度和吱吱的声响；上清汤燕窝这类名贵的汤菜时，应该将燕窝用精致盘子上桌后，由服务员当着客人的面下入清汤中；上泥包、纸包、荷叶包的菜时，服务员应先将菜拿给客人观赏，然后再送到操作台上，在客人的注视下打开或打破，然后用餐具分到每一位客人的餐盘中。如果先行打开或打破，再拿到客人面前来，则会使这些菜失去它们的特色，并使这类菜不能保持其原有的温度和香味。

上热菜时，应坚持“左上右撤”的原则。“左上”即侧身站立在座席左侧用左手上菜；“右撤”即侧身站立于座席右侧用右手撤盘。

第五，菜肴上有孔雀、凤凰图案的拼盘应当将其正面放在主人和主宾的面前，以方便主人与主宾欣赏。

第六，第一道热菜应放在主人和主宾的前面，没有吃完的菜则移向副主人一边，后面的菜可遵循同样的原则。

第七，遵循“鸡不献头，鸭不献尾，鱼不献脊”的传统礼貌习惯，即在给客人送上鸡、鸭、鱼一类的菜时，不要将鸡头、鸭尾、鱼脊对着主宾。而应当将鸡头与鸭头朝右边放置。上整鱼时，由于鱼腹的刺较少，肉味鲜美腴嫩，所以应将鱼腹对着主宾，以表示对主宾的尊重。

(三)摆菜

第一，摆菜时不宜随意乱放，而要根据菜的颜色、形状、菜种、盛具、原材料等因素，讲究一定的艺术造型。

第二，中餐宴席中，一般将大菜、重头菜放在餐桌的中间位置，通常将砂锅、炖盆之类的汤菜也摆放到餐桌的中间位置。散座中，可以将主菜或高档菜放到餐桌的中心位置。

第三，摆菜时，要使菜与客人的距离保持适中。散座中，摆菜时，应当将菜摆放在靠近小件餐具的位置上。两批客人同坐于一个餐桌上就餐时，摆菜时要注意分开，不同批次客人的菜要向各自方向靠拢，不能随意摆放，否则容易造成误解。

第四，注意菜点最适宜观赏一面位置的摆放。要将这一面摆在适当的位置，一般宴席中的头菜，其观赏面要朝向主人位置，其他菜的观赏面则对向其他客人。

第五，当为客人送上宴席中的头菜或一些较有风味特色的菜时，应首先考虑将这些菜放到主宾与主人的前面，然后在上下一道菜时再将其移放至餐桌的其他地方。

二、分菜服务

微课—分菜服务

分菜服务常见于西餐的分餐制服务中，现在随着影响的加大，在一些中餐的高级宴会上也会出现。分菜服务就是在客人观赏后由服务人员主动均匀地为客人分菜分汤，也叫派菜或让菜。西餐中的美式服务不要求服务员掌握分菜技术，俄式服务要求服务员有较高的分菜技术，法式服务要求服务员有分切技术。分菜服务可以有效体现餐饮服务的品质，因此服务人员必须熟练掌握的服务技巧。

(一)分菜的工具

中餐分菜的工具：分菜叉(服务叉)、分菜勺(服务勺)、公用勺、公用筷、长把汤勺等。

俄式服务的分菜工具：叉和勺。

法式服务的切分工具：服务车，分割切板、刀、叉，分调味汁的叉和勺。

(二)分菜工具的使用方法

1. 中餐分菜工具的使用方法

服务叉、勺的使用方法：服务员右手握住叉的后部，勺心向上，叉的底部向勺心；在夹菜肴和点心时，主要依靠手指来控制；右手食指插在叉和勺把之间与拇指酌情合捏住叉把，中指控制勺把，无名指和小指起稳定作用；分带汁菜肴时用服务勺盛汁。

服务叉、勺的握法有如下几种。

(1)指握法。将一对服务叉、勺握于右手，正面向上，叉子在上方，勺在下方，横过中指、无名指与小指，将叉、勺的底部与小指的底部对齐并且轻握住叉、勺的后部，将食指伸进叉、勺之间，用食指和拇指尖握住叉、勺。

(2)指夹法。将一对叉、勺握于右手，正面向上，叉子在上，勺在下方，使中指及小指在下方而无名指在上方夹住勺。将食指伸进叉、勺之间，用食指与拇指尖握住叉子，使之固定。此种方法使用起来比较灵活。

(3)右勺左叉法。右手握住服务勺，左手握住叉，左右来回移动叉、勺，适用于体积较大的食物派送。

公用勺和公用筷的用法：服务员站在与主人位置呈90°角的位置上，右手握公用筷，左手持公用勺，相互配合将菜肴分到宾客餐碟之中。

长把汤勺的用法：分汤菜，汤中有菜肴时需用公用筷配合操作。

2. 俄式分菜工具的使用方法

一般是匙在下，叉在上。右手的中指、无名指和小指夹持，拇指和食指控制叉，五指并拢，完美配合。这是俄式服务最基本的技巧。

3. 法式切分工具的使用方法

(1)分让主料。将要切分的菜肴取放到分割切板上，再把净切板放在餐车上。分切时左手拿叉压住菜肴的一侧，右手用刀分切。

(2)分让配料、配汁。用叉、勺分让，勺心向上，叉的底部向勺心，即叉、勺扣放。

(三)分菜的方法

第一，桌上分让式。服务员站在客人的左侧，左手托盘，右手拿叉、勺，将菜在客人的左边分派给客人。一般适用于分热炒菜和点心。

第二，二人合作式。由两名服务员配合操作，一名服务员右手持公用筷，左手持长把公用勺准备从客人左侧为这客人分派菜品，另一名服务员将每一位客人的餐碟移到分菜服务员近处，由分菜服务员分派。

第三，旁桌分让式。先将菜在转台向客人展示，由服务员端至备餐台，将菜分派到客人的餐盘中，并将各个餐盘放入托盘中，托送至桌边，再用右手从客位的右侧放到客人的面前。一般用于宴会。

(四)分菜的基本要求

第一，将菜点向客人展示，并介绍名称和特色后，方可分让。大型宴会，每一桌服务员的派菜方法应一致。

第二，分菜时留意菜的质量和菜内有无异物，及时将不合标准的菜送回厨房更换。客人表示不要此菜，则不必勉强。此外，应将有骨头的菜肴，如鱼、鸡等的大骨头剔除。

第三，分菜时要胆大心细，掌握好菜的份数与总量，做到分派均匀。

第四，凡配有佐料的菜，在分派时要先沾上佐料再分到餐碟里。

(五)特殊情况的分菜方法

1. 特殊宴会的分菜方法

(1)客人只顾谈话而冷淡菜肴。遇到这种情况时，服务员应抓住客人谈话出现的短暂的停顿间隙时机，向客人介绍菜肴并以最快的速度将菜肴分给客人。

(2)主要客人带有儿童赴宴。此时分菜先分给儿童，然后按常规顺序分菜。

(3)老年人多的宴会。采取快分慢撤的方法进行服务。分菜步骤可分为两步，即先少分，再添分。

2. 特殊菜肴的分让方法

(1)汤类菜肴的分让方法。先将盛器内的汤分进客人的碗内，然后再将汤中的原料均匀地分入客人的汤碗中。

(2)造型菜肴的分让方法。将造型菜肴均匀地分给每位客人。如果造型较大，可先分一半，处理完上半部分造型物后再分其余的一半。也可将食用的造型物均匀地分给客人，不可食用的，分完菜后撤下。

(3)卷食菜肴的分让方法。一般情况是由客人自己取拿卷食。例如，老人或儿童多的情况，则需要分菜服务。方法是：服务员将吃碟摆放于菜肴的周围；放好铺卷的外层，然后逐一将被卷物放于铺卷的外层上；最后逐一卷上送到每位客人面前。

(4)拔丝类菜肴的分让方法。由一位服务员取菜分类，另一位服务员快速递给客人。

(六)中餐分鱼服务

服务程序	工作步骤
1. 报菜名	上鱼时先报菜名，向客人展示后，撤至服务桌，鱼尾向右。
2. 剔鱼脊骨	服务员左手持叉，右手持刀，用叉轻压鱼背，以避免鱼在盘中滑动，叉不能叉进鱼肉中，用刀在鱼头下端切一刀，在鱼尾切一刀，将鱼骨刺切断。 用刀从鱼头刀口处沿鱼身中线，向右将鱼肉切开至鱼尾刀口处。 将刀、叉同时插入鱼中线刀口处，用叉轻压鱼身，用餐巾沿中线将鱼肉两边剔开，让整条骨刺露出来。 左手轻压脊骨，右手用刀从鱼尾刀口处向左将鱼骨整条剔出，放在一旁的餐碟上。
3. 整理成形	用刀、叉将鱼肉合上，整理成鱼原型，再将鱼身上的佐料稍为整理，保持鱼形美观，然后端上餐桌。

(七)中餐带骨、带壳和块状菜品的分菜服务

服务程序	工作步骤
1. 上刀、叉	当客人点了体积较大的块状食物时，在上菜之前须为客人摆上刀、叉。 将刀、叉整齐地放在铺上餐巾的托盘上，然后逐位摆在餐碟的两侧；左叉右刀，刀叉平行，叉齿向上，刀叉向左，刀叉柄指向桌边。
2. 上洗手盅	当客人点了虾、蟹或鸡翅等带壳、骨的菜品时，服务员须送上温度适中的柠檬水洗手盅。使用托盘送给每位客人一份，摆在餐位的右上方，同时要礼貌地向客人说明用途。
3. 上毛巾	递送小毛巾并敬送茶水。
4. 撤餐具	当客人用完该道菜并洗手后，将洗手盅、茶具和小毛巾撤下。 当客人吃完该道菜后，及时将刀、叉撤下。

技能测试：为客分汤、派汤(10 人位)。

(1)报菜名，并进行简单介绍。

(2)每碗分量九成满。

(3)汤、料均匀。

(4)操作手法干净、不滴洒、不溢出。每滴扣 1 分，每小滩扣 3 分。

(5)从客人的右边上汤，按主宾、副主宾、主人的顺序，顺时针方向依次上汤。

考核注意事项：

满分 20 分，考试时间 5 分钟，时间到就停止操作，提前不加分。

技能测试评分表：

为客分汤、派汤(10 人位)评分表

序号	主要内容	评分标准	配分/分	扣分/分	得分/分
1	报菜名	吐字清楚、音量适中、示意动作得体，并进行简单介绍	3		
2	每碗分量	每碗分量九成满	5		
3	操作次序	从客人的右边上汤，按主宾、副主宾、主人的顺序，顺时针方向依次上汤	6		
4	操作手法	操作手法干净、不滴洒、不溢出。每滴扣 1 分，每小滩扣 3 分	5		
备注	时间 5 分钟	合计	20		
		考评员签字：	年	月	日

项目五　中餐摆台技能

摆台是将各种进餐用具按照一定的要求摆放在餐桌上。

摆台的基本要求：餐位安排有序，台面设计合理，餐具距离均匀，位置准确，成形美观，图案对正，使用方便。

微课—
早餐摆台

5.1　早餐摆台

早餐摆台比较简单，一般是将骨碟摆在座位正中，距桌边约 1 厘米。汤碗或小饭碗摆在骨碟左侧。筷子装在筷套内，摆在骨碟的右侧。汤勺摆在汤碗内，勺把朝向同一方向。餐具一律使用托盘。左手托盘，右手拿餐具摆放。

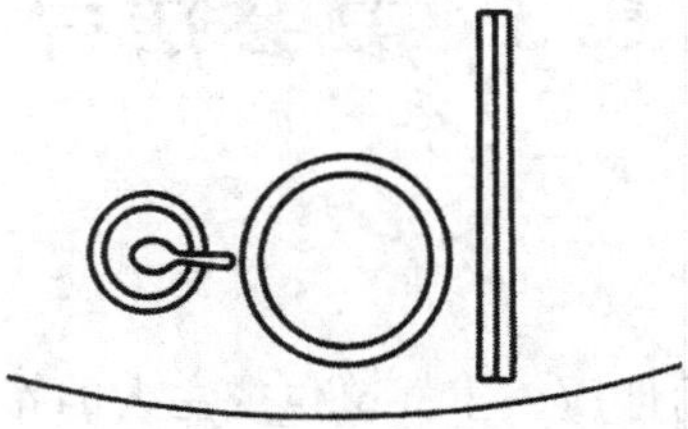

早餐摆台

微课—
正餐摆台

5.2　正餐摆台

午、晚餐摆台与早餐摆台基本相同，只是在骨碟前面加放一个水杯，将叠好的餐巾花摆在骨碟内或插放在水杯中。摆放时，要求桌面上各种餐具、用具摆放有条理、整齐、一致、美观大方。

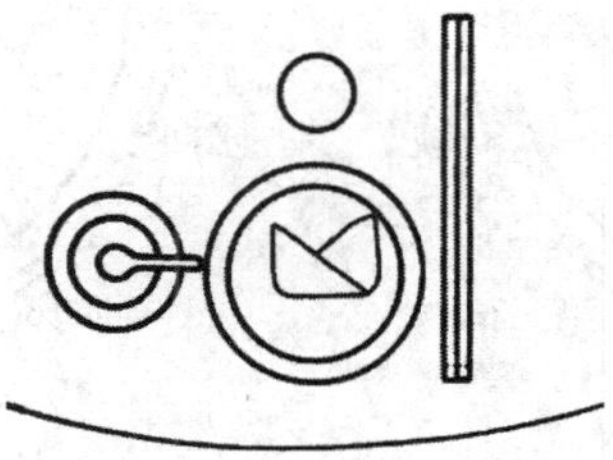

午、晚餐摆台

粤菜零点摆台。粤菜是我国八大菜系之一，全国各大城市的粤菜酒楼比比皆是。粤菜零点摆台与一般午、晚餐摆台有所不同，其摆台方法是：骨碟摆放在座位正中，距桌边约1厘米。筷子装在筷套内，摆在骨碟右侧。骨碟左前方摆放小汤碗，小汤勺摆放其中，勺柄朝向左。骨碟右前方摆放味碟。味碟与汤碗的上方，同时也是骨碟与转盘中心点连线上摆放水杯。筷子右边放茶盘和茶杯，杯柄朝右。餐巾花放在骨碟中。

粤菜零点摆台

虽然不同菜系的摆台习惯不同，不同企业的服务规范要求也不一样，但从总体上看，基本摆法是大同小异的。

5.3 宴会摆台

微课—
宴会摆台

一、座次安排

宴会座次安排即根据宴会的性质、主办单位或主人的特殊要求，根据出席宴会的宾客身份确定其相应的座位。座次安排必须符合礼仪规格，尊重风俗习惯，便于席间服务。

宴会座次安排的原则是主人坐在厅堂正面，对面坐副主人，主人右侧坐第一宾，左侧坐第二宾。副主人右侧坐第三宾，左侧坐第四宾，其他座位坐翻译和陪同人员。

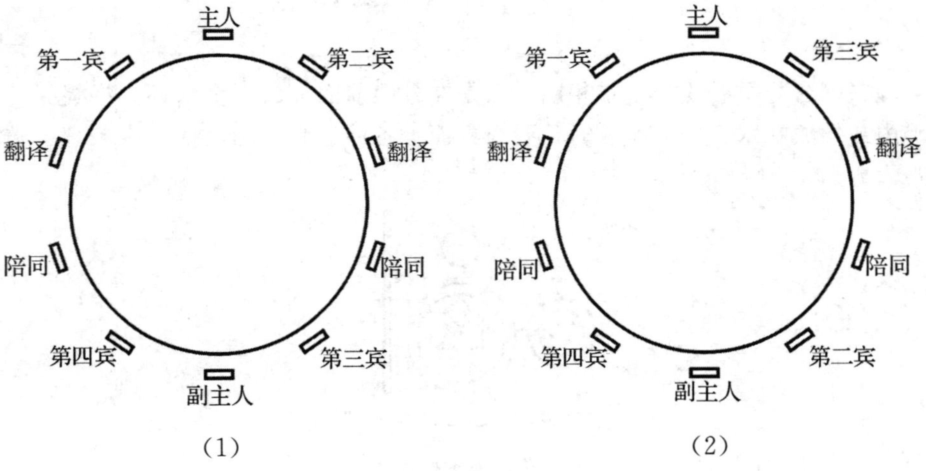

中餐宴会座次安排

二、摆台

（一）摆台要求与标准

(1)摆台操作前，应将双手进行清洗消毒，对所需的餐饮用具进行完好的检查，不得使用残破的餐饮用具。

(2)摆台标准餐、酒用具的摆放要相对集中，各种餐、酒用具要配套齐全；摆放时距离相等，图案、花纹要对正，做到整齐划一，符合规范标准；做到既清洁卫生，又有艺术性；既方便宾客使用，又便于服务人员服务。

（二）摆台需要的餐、酒用具及摆台的顺序

以 10 人座位为例，宴会台面所需物品比较多，可以用托盘分 5 次托摆。

托次	物品及其数量
第一托	装饰盘 10 个、骨碟 10 个
第二托	味碟 10 个、汤碗 10 个、汤勺 10 把、长柄勺 10 把、筷子架 10 个、筷子 10 双、牙签 10 个
第三托	红酒杯、白酒杯各 10 个
第四托	已插好餐巾花的水杯 10 个
第五托	中心花瓶 1 个、公用筷架 2 个、公勺 2 把、筷子 2 双、菜单 2 本、桌牌号 1 个

（三）餐、酒用具摆放的标准和要求

(1)摆骨碟，将餐具码好放在托盘内，左手端托盘，右手摆放。从正主人位开始按照顺时针方向依次摆放。碟与碟之间距离相等，碟距桌边 1.5 厘米。正、副主人位的骨碟应摆放于台布凸线的中心位置。

(2)摆味碟、汤碗、汤勺、筷架、长柄勺、筷尾、牙签。味碟位于餐碟正上方，相距 1 厘米；汤碗摆放在味碟左侧 1 厘米处，与味碟在一条直线上；汤勺放置于汤碗中，勺把朝左，与餐碟平行；筷架摆在餐碟右边，与味碟在一条直线上，筷子、长柄勺搁摆在筷架上，长柄勺距餐碟 3 厘米，筷尾距餐桌沿 1.5 厘米，筷套正面朝上；牙签位于长柄勺和筷子之间，牙签套正面朝上，底部与长柄勺齐平。

(3)摆酒具。葡萄酒杯在味碟正上方 2 厘米，白酒杯摆在葡萄酒杯右侧，水杯位于葡萄酒杯左侧，杯肚间隔 1 厘米，三杯成斜直线，向右与水平线呈 30°角。如果折的是杯花，水杯待餐巾花折好后一起摆上桌，摆杯手法正确(手拿杯柄或中下部)、卫生，不能触碰杯口部位。

(4)摆公用筷架、公用勺、公用筷。公用餐具摆放在正、副主人的正上方，按先筷后勺顺序将筷、勺搁在公用筷架上(设两套)，公用筷架与正、副主人位水杯间距 1 厘米，筷子末端及勺柄向右。

(5)摆花瓶和桌号牌。花瓶(花篮或其他装饰物)摆在台面正中，造型精美，符合主题要求，菜单摆放在筷子架右侧，位置一致(两个菜单则分别摆放在正、副主人的筷子架右侧)，桌号牌摆放在花瓶正前方，面对副主人位。

技能测试：

中餐宴会摆台评分表

项目	操作程序及标准	配分/分	扣分/分	得分/分
仪容仪表/10分	参照《服务仪容仪表标准评分表》	10		
外语水平测试/10分	参照《外语水平测试评分表》	10		
台布/4分	可采用抖铺式、推拉式或撒网式铺设，要求一次完成，两次扣0.5分，三次及以上不得分	2		
	台布定位准确，十字居中，凸缝朝向正、副主人位，下垂均等，台面平整	2		
桌裙或装饰布/3分	桌裙长短合适，围折平整或装饰布平整，四角下垂均等(装饰布平铺在台布下面)	3		
餐椅定位/5分	从主宾位开始拉椅定位，座位中心与餐碟中心对齐，餐椅之间距离均等，餐椅座面边缘距台布下垂部分1.5厘米(以台布下垂的凸出部分为间距)	5		
餐碟定位/10分	一次性定位、碟间距离均等，餐碟标志对正，相对餐碟与餐桌中心点三点一线	6		
	距桌沿约1.5厘米	2		
	拿碟手法正确(手拿餐碟边缘部分)、卫生	2		
味碟、汤碗、汤勺/5分	味碟位于餐碟正上方，相距1厘米	2		
	汤碗摆放在味碟左侧1厘米处，与味碟在一条直线上，汤勺放置于汤碗中，勺把朝左，与餐碟平行	3		
筷架、筷子、长柄勺、牙签/9分	筷架摆在餐碟右边，与味碟在一条直线上	2		
	筷子、长柄勺搁摆在筷架上，长柄勺距餐碟3厘米，筷尾距餐桌沿1.5厘米	5		
	筷套正面朝上	1		
	牙签位于长柄勺和筷子之间，牙签套正面朝上，底部与长柄勺齐平	1		
葡萄酒杯、白酒杯、水杯/9分	葡萄酒杯在味碟正上方2厘米	2		
	白酒杯摆在葡萄酒杯的右侧，水杯位于葡萄酒杯的左侧，杯肚间隔1厘米，三杯成斜直线，向右与水平线呈30°角。如果折的是杯花，水杯待餐巾花折好后一起摆上桌	5		
	摆杯手法正确(手拿杯柄或中下部)、卫生	2		

续表

项目	操作程序及标准	配分/分	扣分/分	得分/分
餐巾折花/10 分	花形突出主位，符合主题，整体协调	4		
	折叠手法正确、卫生，一次成形、花形逼真、美观大方	6		
公用餐具/4 分	公用餐具摆放在正、副主人的正上方	2		
	按先筷后勺的顺序将筷、勺搁在公用筷架上(设两套)，公用筷架与正、副主人位水杯间距 1 厘米，筷子末端及勺柄向右	2		
菜单、花瓶(花篮或其他装饰物)和桌号牌/4 分	花瓶(花篮或其他装饰物)摆在台面正中，造型精美，符合主题要求	1		
	菜单摆放在筷子架右侧，位置一致(两份菜单则分别摆放在正、副主人的筷子架右侧)	2		
	桌号牌摆放在花瓶(花篮或其他装饰物)正前方，面对副主人位	1		
托盘/3 分	用左手胸前托法将托盘托起，托盘位置高于服务员腰部	3		
综合印象/14 分	台面设计主题明确，布置符合主题要求	5		
	餐具颜色、规格协调统一，便于使用	2		
	整体美观，具有强烈的艺术美感	4		
	操作过程中动作规范、娴熟、敏捷、声轻，姿态优美，能体现岗位气质	3		
合计		100		
操作时间：　　分　　秒　　超时：　　秒　　扣分：　　分				
物品落地、物品碰倒、物品遗漏：　　件　　扣分：　　分				
其他违规操作：　　扣分：　　分				
实际得分				

5.4 主题宴会摆台

微课—
主题宴会摆台

天涯恋情

和谐发展迎接宴

技能测试：

中餐主题宴会设计评分标准

摆台标准/共 25 分				
项目	操作程序及标准	分值/分	扣分/分	得分/分
台布/1 分	台布定位准确，十字居中，凸缝朝向正、副主人位	0.5		
	下垂均等，台面平整	0.5		

续表

桌裙或装饰布/1分	桌裙长短合适，围折平整或装饰布平整	0.5		
	四周下垂均等	0.5		
餐椅定位/2.5分	从主人位开始拉椅定位	0.5		
	座位中心与餐碟中心对齐	0.5		
	餐椅之间距离均等	0.5		
	餐椅座面边缘距台布下垂部分距离1.5厘米	1		
餐碟(或装饰盘)定位/2.5分	餐碟定位，标志对正	0.5		
	碟间距离均等，相对餐碟与餐桌中心点三点一线	1		
	距桌沿1.5厘米	0.5		
	拿碟手法正确(手拿餐碟边缘部分)、卫生	0.5		
味碟、汤碗、汤勺/2分	味碟位于餐碟正上方，相距1厘米	0.5		
	汤碗摆放在味碟左侧1厘米处	0.5		
	汤碗、味碟的中心点在一条水平直线上	0.5		
	汤勺放置于汤碗中，勺把朝左，与餐碟平行	0.5		
筷架、筷子、长柄勺、牙签/2.5分	筷架摆在餐碟右边，位于筷子上部1/3处	0.5		
	筷子、长柄勺搁摆在筷架上，长柄勺距餐碟3厘米	1		
	筷尾距餐桌沿1.5厘米，筷套正面朝上	0.5		
	牙签位于长柄勺和筷子之间，牙签套正面朝上，底部与长柄勺齐平	0.5		
葡萄酒杯、白酒杯、水杯/3.5分	葡萄酒杯在味碟正上方2厘米	1		
	白酒杯摆在葡萄酒杯的右侧，水杯位于葡萄酒杯左侧，杯肚间隔1厘米	1		
	三杯成斜直线，与水平线呈30°角。如果折的是杯花，水杯待餐巾花折好后一起摆上桌	1		
	摆杯手法正确(手拿杯柄或中下部)、卫生	0.5		
餐巾折花/3分	花形突出主位，符合主题，整体协调	1.5		
	折叠手法正确、卫生，一次成形、花形逼真、美观大方	1.5		
菜单、主题名称牌/1分	菜单摆放在筷子架右侧，位置一致(两个菜单则分别摆放在正副、主人的筷子架右侧)	0.5		
	主题名称牌摆放在花瓶(花篮或其他装饰物)正前方、面对副主人位	0.5		

续表

酒水斟倒/4分	从主宾位开始，顺时针为邻近的5位客人斟倒酒水	0.5		
	将红、白酒瓶放在托盘内，端托斟酒姿势规范	0.5		
	斟倒酒水时，酒标朝向客人，在客人右侧服务	0.5		
	斟倒酒水的量：白酒8分满；红葡萄酒5分满	2.5		
	斟倒酒水时每滴一滴扣1分，每溢一滩扣3分(本项扣分最多4分)			
总体印象/2分	操作过程中动作规范、娴熟、敏捷、声轻	1		
	操作过程中注意卫生，姿态优美	1		
主题设计/共25分				
主题创意/10分	台面设计主题明确，创意新颖独特，具有时代感	3		
	主题设计能紧密围绕主题	2		
	主题设计外形美观，具有较强的观赏性，主题设计规格与餐桌比例恰当，不影响就餐客人餐中交流	2		
	现场制作中心艺术品	3		
台面用品/5分	台面用品颜色、规格统一，整体美观，具有强烈的艺术美感	3		
	布草色彩、图案与主题相呼应	1		
	台面用品、布草(含台布、餐巾、椅套等)的质地环保，选择符合酒店经营实际	1		
菜单设计/4分	菜单设计的各要素(如颜色、背景图案、字体、字号等)合理，与主题一致，菜单整体设计与餐台主题相统一，外形有一定的艺术性	1		
	菜品设计(菜品搭配、数量及名称)合理，与主题一致	1.5		
	菜品设计能充分考虑成本等因素，符合酒店经营实际	1.5		
服装/2分	选手服装及装饰符合酒店工作要求	1		
	服装设计与主题呼应	1		
总体印象/4分	操作规范，表现出良好的职业素养	2		
	主题设计具有可推广性	2		
合计				
物品落地、物品碰倒、物品遗漏：　　件　　扣分：　　分				
操作时间：30分钟(30分钟停止操作，提前完成不加分)				
实际得分				

项目六　餐饮部的岗位设置和工作内容

6.1　餐饮部的岗位设置

一、酒店餐饮部的组织结构

微课—餐饮部的岗位设置

（一）小型酒店餐饮部的组织结构

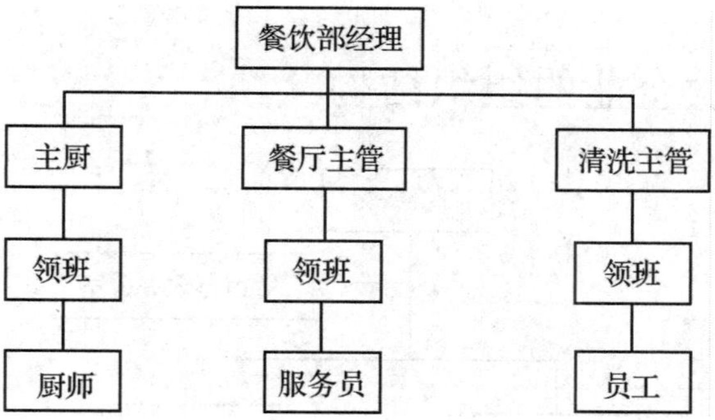

（二）中型酒店餐饮部的组织结构

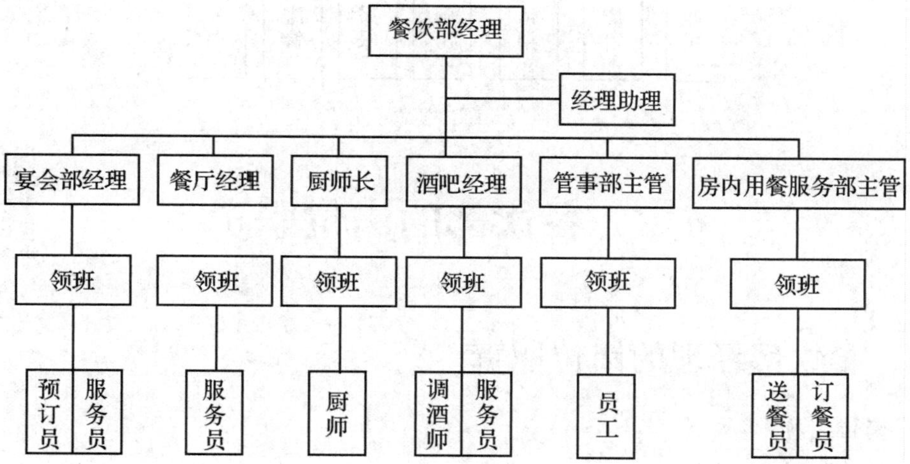

(三)大型酒店餐饮部的组织结构

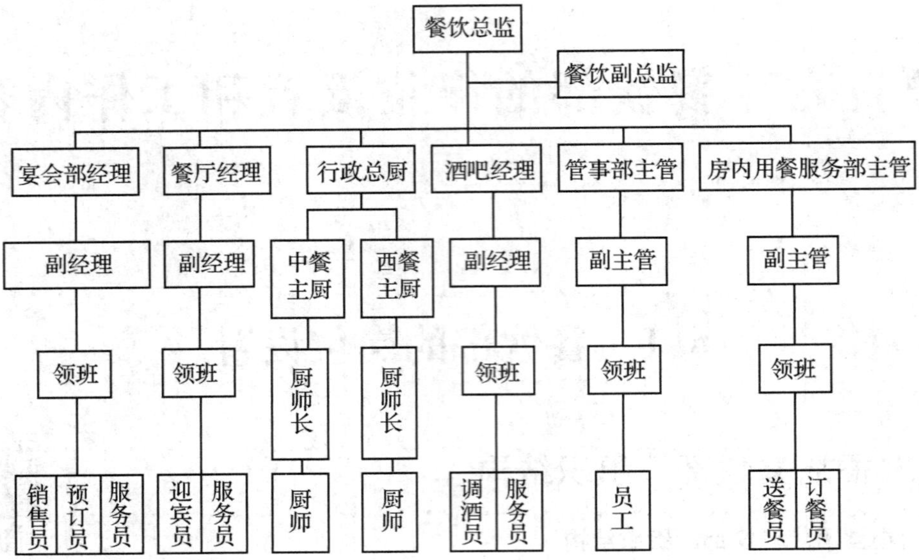

二、社会餐饮企业的组织结构

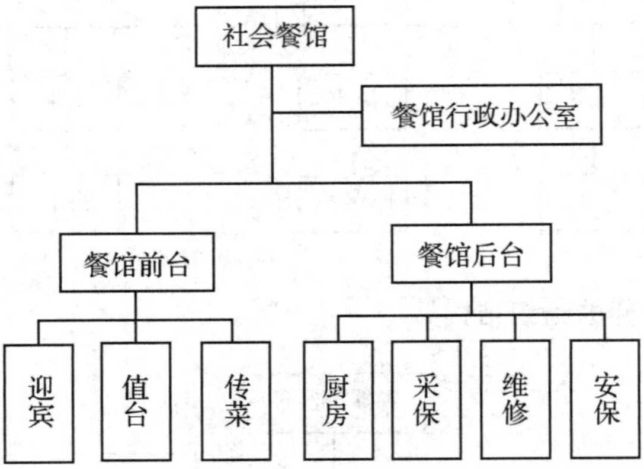

6.2 餐饮部的岗位职责

微课—
餐饮部岗位职责

一、餐饮部经理的岗位职责

(一)岗位名称

餐饮部经理。

（二）直接上司

总经理、副总经理。

（三）管理对象

餐饮部经理助理，总厨师长，中餐厅、酒吧、咖啡厅主管及餐饮部全体员工。

（四）岗位要求

负责餐饮部的经营与运转管理，研究餐饮市场趋势，分析餐饮经营情况，通过提供优质的餐饮服务和具有特色的餐饮产品，获得最佳的经济效益和社会效益。

（五）具体职责

(1)负责制订餐饮部年度和月度预算、经营指标及年度和月度的营业计划，领导全体员工积极完成各项接待任务及经营指标。

(2)负责制定餐饮部的规章制度，各级人员的岗位职责、服务规范、质量标准和操作程序，并组织实施。

(3)组织召开本部门工作例会，了解情况，听取汇报，布置工作并解决工作中存在的问题。

(4)亲自组织安排大型团队和重要宴会的准备工作和接待工作。

(5)负责本部门的安全管理工作，督促各部门严格执行食品卫生制度和各项制度。

(6)正确分析和报告餐饮部年度和月度经营情况，严格控制食品饮料的标准成本和本部门的各项费用，加强管理，降低成本，增加盈利。

(7)制订服务技术和烹饪技术的培训计划，负责员工培训，并建立培训考核制度，加强对员工培训的评估和奖惩。

(8)根据市场情况制订促销计划，举办有特色的食品节，推销特色菜肴和时令菜肴，加强餐饮推销，提高经济效益。

(9)加强设备日常管理，督促员工正确使用各种设备，并做好设备的维护和保养工作。

(10)建立良好的对客关系，主动征求客人对餐饮的意见和建议，妥善处理客人的投诉。

(11)加强现场巡视督导，为客人提供及时的补台服务。

(12)负责餐饮部和其他部门的沟通和协调。

(13)审核本部门所需餐具和设备的更新和订货计划。

(14)抓好员工队伍建设，做好思想政治工作，关心员工生活，调动员工的积极性。

(15)完成总经理布置的其他工作。

（六）任职条件

(1)有较强的事业心和责任感，工作踏实、认真，为人处世公正、严明。

(2)掌握餐饮管理知识、成本核算，熟悉食品卫生法、价格、税收等法规。

(3)具有较强的组织管理能力，能制订各种餐饮服务规范和服务程序，并组织员工认真贯彻执行，具有妥善处理客人投诉及其他突发事件的能力。

(4)具有大专学历或同等文化程度，有3年以上餐饮管理工作经历。

(5)身体健康，精力充沛。

(七)权力

(1)对本部门员工有选用、奖惩和调配的权力。

(2)有签署下属上报的申购、领用、加班、休假的权力。

(3)处理客人投诉时，有免费打折的权力。

二、餐饮部经理助理的岗位职责

(一)岗位名称

餐饮部经理助理。

(二)直接上司

餐饮部经理。

(三)管理对象

中餐厅、咖啡厅、酒吧主管及全体员工。

(四)岗位要求

协助餐饮部经理负责餐饮部的运转与管理，确保各营业点提供优质服务和优质产品。

(五)具体职责

(1)协助餐饮部经理制订各项业务计划、服务规范、工作程序。

(2)协助餐饮部经理制订并监督餐饮部的各项培训计划。

(3)协助餐饮部经理做好人员调配工作。

(4)协助餐饮部经理研究制订新菜牌和推销计划，并组织实施。

(5)与餐饮部经理共同分析营业成本，采取有效措施，加强成本控制。

(6)协调好前台服务和厨房生产的关系。

(7)经常巡视各营业点营业运转情况，及时解决运转中的问题。

(8)协助餐饮部经理做好重要宴会、酒会、冷餐会等大型团体活动的组织安排活动，保证工作任务的圆满完成。

(9)协助餐饮部经理处理宾客对服务质量、菜肴质量和服务设施的建议、意见和投诉。

(10)加强现场巡视督导，为客人提供及时的补台服务。

(11)在餐饮部经理不在或休假的情况下，全面负责餐饮部工作，保证工作顺利进行。

(12)完成餐饮部经理布置的其他任务。

(六)任职条件

(1)有较强的事业心和责任感，工作踏实、认真，为人处世公正、严明。

(2)掌握餐饮管理知识、成本核算，熟悉食品卫生法及价格、税收等法规。

(3)具有较强的组织管理能力，能制订各种餐饮服务规范和服务程序，并组织员工认真贯彻执行，具有妥善处理客人投诉及其他突发事件的能力。

(4)具有大专学历或同等文化程度，有3年以上餐饮管理工作经历。

(5)身体健康，精力充沛。

(七)权力

(1)对本部门员工有选用、奖惩和调配的建议权。

(2)有签署下属上报的申购、领用、加班、休假的权力。

(3)处理客人投诉时有打折的权力。

三、餐饮部经理秘书的岗位职责

(一)岗位名称

餐饮部经理秘书。

(二)直接上司

餐饮部经理。

(三)岗位提要

负责餐饮部行政、经营的一切文件文字的处理，保存各种文件及合同，负责餐饮部的宴会预订，负责所有餐厅的菜单的制作与保管，起到沟通和协调的作用。

(四)具体职责

(1)负责起草、整理、打印有关餐饮部的通知、报告及存档、分发、呈送工作。

(2)负责部门召开会议的会议记录，编写会议纪要。

(3)负责接待来访的客人，处理各种电话、电传、传真及复印等。

(4)负责餐饮部的宴会预订，确保客情准确及时地传递。

(5)礼貌地接待每一位预订的客人，并详细填写宴会预订单，遇到重要的宴会活动，要向餐饮部经理汇报，或请餐饮部经理一起参加洽谈。

(6)根据宴会预订的详细记录和要求，编制客情通知单及宴会通知单，并分发至有关部门。

(7)做好客史档案的整理和管理工作。

(8)制订本部门所需办公用品的计划，做好领取、发放和登记工作。

(9)协助餐饮部经理做好与酒店其他部门的协调和联系工作。

(10)负责部门员工的考勤汇总，各种奖金的领取、发放工作。

(11)负责宴会菜单的打印。

(12)收集和整理餐饮方面的信息和资料。

(13)负责办公设备的清洁工作和工作环境的清洁卫生。

(14)完成餐饮部经理交办的其他工作。

(五)任职条件

(1)热爱本职工作，工作踏实、认真。

(2)有一定的写作基础，会中英文打字和速记。

(3)平等待人，善于沟通、协调，纪律性和保密观念强。

(4)具有高中学历或同等文化程度，有1年以上餐厅服务工作经历。

(5)身体健康，精力充沛，仪表端庄。

四、咖啡厅主管的岗位职责

(一)岗位名称

咖啡厅主管。

(二)直接上司

餐饮部经理助理。

(三)管理对象

咖啡厅、茶座领班及全体员工。

(四)岗位要求

具体负责咖啡厅、茶座及房内用膳的日常运转和管理工作，组织下属员工向客人提供高效、快捷的餐饮服务，提高餐饮收入。

(五)具体职责

(1)负责拟定咖啡厅、茶座及房内用膳服务标准和工作程序，并负责实施。

(2)负责制订本部门的年度、月、周工作计划，报餐饮部经理助理批准后组织实施。

(3)出席餐饮部例会和工作指令会。

(4)召开餐前会，布置传达餐饮部例会内容。

(5)每月定期组织一次全餐厅员工会议并报告经营管理情况和下月工作计划。

(6)负责餐厅人员安排及绩效评估，按奖惩制度实施奖惩。

(7)安排领班班次，督导领班日常工作，并对其工作进行考核。

(8)按西餐特点适时提出食品推销建议，制订食品促销计划及餐厅装饰计划并组织实施。

(9)与客人建立良好的关系，妥善处理客人的投诉，并将客人对食品的意见转告总厨师长，以改进工作。

(10)加强现场巡视督导，为客人提供及时的补台服务。

(11)严格管理本部门的设备、物资、用具等，做到账物相符，以达到经营的要求。

(12)对下属员工进行定期业务培训，不断提高员工的业务素质和服务技巧。

(13)签署“次日物品领用单”。

(14)填写“餐厅营业状况日报表”。

(15)完成餐饮部经理助理安排的其他任务。

(六)任职条件

(1)热爱服务工作，工作踏实、认真，有较强的事业心和责任感。

(2)懂得餐厅管理和服务方面的知识，具有熟练的服务技能，有一定的外语会话能力。

(3)具有中专学历或同等文化程度，有 3 年以上餐厅服务工作经历。

(4)身体健康，精力充沛。

(七)权力

(1)有对下属员工考核奖惩的权力。

(2)有对下属员工晋级、提升等的建议权。

(3)有签署咖啡厅物资领用单的权力。

五、酒吧主管的岗位职责

(一)岗位名称

酒吧主管。

(二)直接上司

餐饮部经理助理。

(三)管理对象

酒吧调酒员、服务员。

(四)岗位要求

制订和实施酒吧优质服务标准和程序，保持高水准服务，做好酒水促销工作，控制饮料成本，以获得最佳的经济效益和社会效益。

(五)具体职责

(1)负责拟定酒吧服务标准和工作程序，并负责实施。

(2)负责制订本部门的年度、月、周工作计划，报餐饮部经理助理批准后组织实施。

(3)出席餐饮部例会和工作指令会。

(4)召开餐前会，布置传达餐饮部例会内容。

(5)每月定期组织一次酒吧员工会议并报告经营管理情况和下月工作计划。

(6)负责酒吧人员安排及绩效评估，按奖惩制度实施奖惩。

(7)负责建立并实施酒水质量控制制度，杜绝酒水浪费。

(8)掌握每天的销售情况，积极组织酒吧服务人员做好各种酒水、点心的推销工作，提高营业指标。

(9)搞好成本核算，保证酒水、点心的质量，督促调酒员按质按量配制各类鸡尾酒，并根据客人的需求，不断开发鸡尾酒新品种。

(10)做好服务现场管理，督导员工执行服务规范，做好营业前准备、营业间服务、营业结束后工作，确保服务工作安全、优质、高效。

(11)加强酒吧设备和用具的管理。

(12)与客人保持良好的关系，亲自参与重要宾客的接待工作，妥善处理客人的投诉。

(13)加强现场巡视督导，为客人提供及时的补台服务。

(14)负责检查结账情况，协助成本会计搞好成本控制。

(15)设计和组织各种促销活动，增加营业收入。

(16)抓好员工的业务培训，提高员工的业务技能，并对员工进行考核、评估。

(17)完成餐饮部经理助理布置的其他各项任务。

(六)任职条件

(1)热爱服务工作，工作踏实、认真，有较强的事业心和责任感。

(2)懂得酒吧管理和酒水服务方面的知识，具有熟练的服务技能。

(3)有一定的外语会话能力。

(4)具有中专学历或同等文化程度，有3年以上酒吧服务工作经历。

(5)身体健康，精力充沛。

(七)权力

(1)有对下属员工考核、奖惩的权力。

(2)有对下属员工晋级、提升等的建议权。

(3)有签署酒吧物资领用单的权力。

六、中餐厅主管的岗位职责

(一)岗位名称

中餐厅主管。

(二)直接上司

餐饮部经理助理。

(三)管理对象

中餐厅、宴会厅、管事部领班及全体员工。

(四)岗位要求

具体负责中餐厅、宴会厅、管事部的日常运转和管理工作，保证以舒适的就餐环境、优质的食品和良好的服务来吸引客源，通过向客人提供优质的服务，来获取最佳的经济效益和社会效益。

(五)具体职责

(1)负责拟订中餐厅、宴会厅服务标准和工作程序，并负责实施。

(2)负责拟订中餐厅的年度、月、周工作计划，报餐饮部经理助理批准后组织实施。

(3)出席餐饮部例会和工作指令会。

(4)召开餐前会，布置传达餐饮部例会内容。

(5)每月定期组织一次全餐厅员工大会并报告经营管理情况和下月工作计划。

(6)负责餐厅人员安排及绩效评估，按奖惩制度实施奖惩。

(7)安排各领班班次，督导领班日常工作，并负责领班的考核。

(8)按中餐特点适时提出食品推销建议，制订食品促销计划及餐厅装饰计划并组织实施。

(9)与客人建立良好的关系，妥善处理客人的投诉，并将客人对食品的意见转告总厨师长，以改进工作。

(10)加强现场巡视督导，为客人提供及时的补台服务。

(11)严格管理中餐厅的设备、物资、用具等，做到账物相符，以达到经营的要求。

(12)对下属员工进行定期业务培训，不断提高员工的业务素质和服务技巧。

(13)签署“次日物品领用单”。

(14)负责检查管事部餐具管理和控制措施，加强餐具的管理和控制，减少餐具损耗，降低经营费用。

(15)负责填写“餐厅营业状况日报表”。

(16)完成餐饮部经理助理安排的其他任务。

(六)任职条件

(1)热爱服务工作，工作踏实、认真，有较强的事业心和责任感。

(2)懂得餐厅管理和服务方面的知识。

(3)具有熟练的服务技能，有一定的外语会话能力。

(4)具有中专学历或同等文化程度，有3年以上餐厅服务工作经历。

(5)身体健康，精力充沛。

(七)权力

(1)有对下属员工考核、奖惩的权力。

(2)有对员工晋级、提升等的建议权。

(3)有签署中餐厅物资领用单的权力。

七、咖啡厅、茶座领班的岗位职责

(一)岗位名称

咖啡厅、茶座领班。

(二)直接上司

咖啡厅主管。

(三)管理对象

咖啡厅、茶座全体员工。

(四)岗位要求

负责咖啡厅、茶座、房内用膳的服务与管理，保证以高效、快捷的餐饮服务来吸引客源，提高餐饮收入。

(五)具体职责

(1)协助咖啡厅主管拟订咖啡厅、茶座、房内用膳的服务标准和工作程序。

(2)督导员工严格执行服务规范和操作程序，加强服务现场管理。

(3)根据客情，负责咖啡厅员工的工作安排和调配。

(4)开餐前检查餐厅摆台、清洁卫生、餐厅用品供应及设备、设施完好情况。

(5)协助咖啡厅主管召开餐前会。

(6)负责餐厅、厨房之间的协调及沟通工作，确保为宾客提供及时、准确的服务。

(7)妥善处理餐厅内发生的问题和客人的投诉，并及时向咖啡厅主管汇报。

(8)加强现场巡视督导，为客人提供及时的补台服务。

(9)负责检查结账情况。

(10)餐后检查餐厅、工作台清洁情况，做好收尾工作。

(11)负责房内用膳的预订工作，详细填写房内用膳预订记录，迅速填写好订单传至厨房，并安排好送餐工作。

(12)加强对咖啡厅财产管理，掌握和控制好物品使用情况。
(13)配合咖啡厅主管对下属员工进行业务培训，不断提高员工的专业知识和服务技能。
(14)填写“次日物品申购单、领用单”。
(15)填写“员工考核表”，定期对员工进行绩效评估。
(16)协助咖啡厅主管填写“餐厅营业状况日报表”。
(17)填写“交班记录”，交代有关事项。
(18)完成咖啡厅主管交办的其他工作。

(六)任职条件

(1)工作认真负责，具有较强的事业心和责任感。
(2)掌握一定的食品、酒水等方面的知识。
(3)有一定的组织和管理能力，具有熟练的服务技能，能用一门外语进行对客服务。
(4)具有高中学历或同等文化程度，有两年以上餐厅服务工作经历。
(5)身体健康，精力充沛。

(七)权力

(1)有调配下属员工工作的权力。
(2)有审批员工调班的权力。
(3)有对下属员工奖惩的建议权。

八、中餐厅领班的岗位职责

(一)岗位名称

中餐厅领班。

(二)直接上司

中餐厅主管。

(三)管理对象

中餐厅全体员工。

(四)岗位要求

负责中餐厅的服务与管理，保证以舒适的就餐环境、良好的服务来吸引客源，提高经济效益和社会效益。

(五)具体职责

(1)协助中餐厅主管拟订中餐厅的服务标准和工作程序。
(2)督导员工严格执行服务规范和操作程序，加强服务现场管理。
(3)根据客情，负责中餐厅员工的工作安排和调配。
(4)开餐前检查餐厅摆台、清洁卫生、餐厅用品供应及设备、设施完好情况。
(5)协助中餐厅主管召开餐前会。
(6)在引座员不在的情况下，负责客人的引领工作。

(7)负责餐厅、厨房之间的协调、沟通工作。

(8)妥善处理餐厅内发生的问题和客人的投诉，并及时向中餐厅主管汇报。

(9)加强现场巡视督导，为客人提供及时的补台服务。

(10)负责检查结账情况。

(11)负责餐后检查餐厅摆台、工作台清洁及收尾工作。

(12)加强对中餐厅财产管理，掌握和控制好物品使用情况。

(13)配合中餐厅主管对下属员工进行业务培训，不断提高员工的专业知识和服务技能。

(14)填写“次日物品申购单、领用单”。

(15)填写“员工考核表”，定期对员工进行绩效评估。

(16)协助中餐厅主管填写“餐厅营业状况日报表”。

(17)填写“交班记录”，交代有关事项。

(18)完成中餐厅主管交办的其他工作。

(六)任职条件

(1)工作认真负责，具有较强的事业心和责任感。

(2)掌握一定的食品、酒水等方面的知识，

(3)有一定的组织和管理能力，具有熟练的服务技能，能用一门外语进行对客服务。

(4)具有高中学历或同等文化程度，有两年以上餐厅服务工作经历。

(5)身体健康，精力充沛。

(七)权力

(1)有调配下属员工工作的权力。

(2)有审批员工调班的权力。

(3)有对下属员工奖惩的建议权。

九、宴会厅领班的岗位职责

(一)岗位名称

宴会厅领班。

(二)直接上司

中餐厅主管。

(三)管理对象

宴会厅全体员工。

(四)岗位要求

负责宴会厅的服务与管理，保证以舒适的就餐环境、良好的服务来吸引客源，提高经济效益和社会效益。

(五)具体职责

(1)协助中餐厅主管拟定宴会厅的服务标准和工作程序。

(2)督导员工严格执行服务规范和操作程序，加强服务现场管理。

(3)根据客情，负责宴会厅员工的工作安排和调配。

(4)开餐前检查餐厅摆台、清洁卫生、餐厅用品供应及设备、设施完好情况。

(5)协助中餐厅主管召开餐前会。

(6)负责餐厅、厨房之间的协调、沟通工作。

(7)妥善处理餐厅内发生的问题和客人的投诉，并及时向中餐厅主管汇报。

(8)加强现场巡视督导，为客人提供及时的补台服务。

(9)负责检查结账情况。

(10)负责餐后检查餐厅摆台、工作台清洁及收尾工作。

(11)加强对宴会厅财产管理，掌握和控制好物品使用情况。

(12)配合中餐厅主管对下属员工进行业务培训，不断提高员工的专业知识和服务技能。

(13)填写“次日物品申购单、领用单”。

(14)填写“员工考核表”、定期对员工进行绩效评估。

(15)协助中餐厅主管填写“餐厅营业状况日报表”。

(16)填写“交班记录”，交代有关事项。

(17)完成中餐厅主管交办的其他工作。

(六)任职条件

(1)工作认真负责，具有较强的事业心和责任感。

(2)掌握一定的食品、酒水等方面的知识。

(3)有一定的组织和管理能力，具有熟练的服务技能，能用一门外语进行对客服务。

(4)具有高中或同等文化程度，具有两年以上餐厅服务工作经历。

(5)身体健康，精力充沛。

(七)权力

(1)有调配下属员工工作的权力。

(2)有审批员工调班的权力。

(3)有对下属员工奖惩的建议权。

十、管事部领班的岗位职责

(一)岗位名称

管事部领班。

(二)直接上司

中餐厅主管。

(三)管理对象

管事部全体员工。

(四)岗位要求

做好前后台对客服务的保障工作，抓好餐具、用具的保管工作，努力降低餐具的损耗，提高经济效益。

(五)具体职责

(1)负责管事部的日常管理工作。

(2)负责制订本部门的年度、月、周工作计划，报中餐厅主管批准后组织实施。

(3)每月定期组织一次管事部员工大会并报告经营管理情况和下月工作计划。

(4)负责餐饮部所需餐具、用具的年度预算。

(5)负责制定本部门的工作流程并组织实施。

(6)协同财务部餐饮成本组对餐具进行月盘点，并及时加以补充。

(7)每月向餐饮部、各餐厅上报上月餐具、用具的损耗情况。

(8)负责安排管事部员工的工作班次。

(9)负责对各岗位的工作进行检查、督导。

(10)制订培训计划，加强员工培训，不断提高员工的业务素质。

(11)掌握每天的用餐和宴请情况，密切加强与厨房、餐厅的联系，配合厨房、餐厅做好各项工作。

(12)督导员工严格执行食品卫生法和各项卫生制度，做好管辖范围内的清洁卫生和餐具、厨具的清洗、消毒、保管，确保餐具、厨具卫生、安全。

(13)加强对物料使用的成本控制。

(14)制订设备的维护保养计划。

(15)填写“员工考核表”。

(16)签署“领料单”“维修单”。

(17)完成中餐厅主管交办的其他工作。

(六)任职条件

(1)工作认真负责，具有较强的事业心和责任感。

(2)熟悉酒店各类餐具、用具、设备的牌号、产地、性能、价格、使用方法和保养知识。

(3)熟悉各种洗涤剂和清洁用品的特性和使用方法，熟悉常用的餐具洗涤设备及其操作方法，了解它们的维修保养方法。

(4)具有高中学历或同等文化程度，有两年以上餐厅服务工作经历。

(5)身体健康、精力充沛。

(七)权力

(1)有调配属下员工工作的权力。

(2)有签署领料单、维修单的权力。

(3)有审批员工调班的权力。

(4)有对员工进行奖惩的建议权。

十一、咖啡厅、茶座服务员岗位职责

(一)岗位名称

咖啡厅、茶座服务员。

(二)直接上司

咖啡厅领班。

(三)岗位要求

在咖啡厅领班的领导下，负责咖啡厅、茶座、房内用膳的服务工作，向客人提供高效、快捷的餐饮服务。

(四)具体职责

(1)服从领班的安排，负责本区域的卫生工作。

(2)负责餐前准备工作，按照规格、水准布置餐厅和餐桌，及时补充各种物品。

(3)负责茶座对客服务用品及茶点的准备工作和房内用膳餐具、用具的准备。

(4)按服务标准和程序为客人提供优质服务。

(5)主动征求客人对菜肴和服务的意见，接受客人投诉并及时向领班汇报。

(6)按程序结账。

(7)负责用餐结束后的清洁整理工作。

(8)熟悉本餐厅提供的各种菜肴、酒水，做好推销工作。

(9)按标准和要求向宾客提供及时、快捷的房内用膳服务。

(10)搞好员工之间的团结协作，积极参加业务培训，不断提高业务水平。

(11)完成领班布置的其他工作。

(五)任职条件

(1)工作主动、热情、认真，责任心较强。

(2)掌握一定的食品、酒水等方面的知识。

(3)掌握一定的服务技能，能用一门外语进行对客服务。

(4)具有高中学历或同等文化程度，经过餐饮服务培训。

(5)身体健康，精力充沛，仪表端庄。

十二、酒吧调酒员的岗位职责

(一)岗位名称

酒吧调酒员。

(二)直接上司

酒吧主管。

(三)岗位要求

负责酒吧酒水的申领、保管、调配工作，以高标准、高质量的服务水准对客服务，树立酒店的优质服务形象。

(四)具体职责

(1)按正确程序和方法为客人提供各类酒水服务。

(2)按正确配方负责酒水调制工作，确保酒水质量。

(3)负责酒吧酒水的申领、补充和保管工作。
(4)负责酒吧日常盘点工作并填写每日销售盘点表。
(5)负责酒吧日用品和设备的清洁、保养工作。
(6)做好酒吧日常清洁卫生工作。
(7)虚心学习新的鸡尾酒配方，并不断创新，推出新的鸡尾酒品种。
(8)完成酒吧主管布置的其他任务。

(五)任职条件

(1)工作主动、热情、认真，责任心较强。
(2)熟悉酒水的性质、产地、生产过程。
(3)掌握各类酒水的调制技能和技巧。
(4)具有高中学历，经过专业调酒培训。
(5)身体健康，精力充沛。

十三、酒吧服务员的岗位职责

(一)岗位名称

酒吧服务员。

(二)直接上司

酒吧主管。

(三)岗位要求

负责酒吧酒水服务工作，并以高标准的服务水准对客服务。

(四)具体职责

(1)接受客人订单，并按工作标准和服务程序向客人提供酒水服务。
(2)协助调酒员准备酒吧服务用品，保证酒吧正常运转。
(3)负责酒吧用具和设施的清洁保养工作。
(4)保持酒吧区域的环境卫生。
(5)与客人保持良好的关系，妥善处理客人投诉。
(6)掌握酒品知识，积极推销酒水。
(7)经常巡视台面，加强台面服务。
(8)积极参加培训，提高专业知识和操作技能。
(9)完成酒吧主管布置的其他工作。

(五)任职条件

(1)工作主动、热情、认真，责任心较强。
(2)熟悉酒水的性质、产地、生产过程和调制方法。
(3)掌握各类酒水的服务技能和技巧，能用英语进行酒水服务。
(4)具有高中学历。
(5)身体健康，精力充沛。

十四、中餐厅服务员的岗位职责

(一)岗位名称

中餐厅服务员。

(二)直接上司

中餐厅领班。

(三)岗位要求

在中餐厅领班的领导下，负责中餐厅的卫生工作，向宾客提供良好的就餐环境，按规格和程序对宾客提供中餐服务，保证优质的服务质量。

(四)具体职责

(1)按照规格、水准布置餐厅和餐桌，做好餐前准备。

(2)负责餐厅的清洁卫生工作，以满足宾客对就餐环境的需求。

(3)按程序和标准为客人提供优质服务。

(4)按程序结账，主动征询客人对菜肴和服务的意见，接受客人的投诉，并及时向餐厅领班汇报。

(5)负责用餐结束后的工作。

(6)做好员工之间的团结协作，积极参加业务培训，不断提高业务水平。

(7)完成领班布置的其他工作。

(五)任职条件

(1)工作主动、热情、认真，责任心较强。

(2)掌握一定的食品、酒水等方面的知识。

(3)掌握一定的服务技能，能用一门外语进行对客服务。

(4)具有高中学历或同等文化程度，经过餐饮服务培训。

(5)身体健康，精力充沛，仪表端庄。

十五、餐厅引座员的岗位职责

(一)岗位名称

餐厅引座员。

(二)直接上司

中餐厅领班、宴会厅领班。

(三)岗位要求

热情周到地迎送客人，安排客人就座，接受客人的预订，确保客情准确完整的传递，树立餐饮部优质的服务形象。

(四)具体职责

(1)掌握客情，接受客人的预订，安排留台。

(2)热情主动地迎送宾客，安排客人就座，呈送菜单。

(3)准备餐厅的花卉装饰，检查背景音乐和照明设备。

(4)保存菜单，保持菜单的清洁、完整和数量充足。

(5)参加餐前准备工作和餐后结束工作，并保持餐厅大门展示台、领位台和门口区域的清洁卫生。

(6)回答客人的各种询问，收集客人的意见和投诉，并及时向领班汇报。

(7)在餐厅客满时，礼貌地向客人解释并建议客人等候或推荐客人到酒店其他餐厅就餐。

(8)开餐时婉言谢绝非用餐客人进入餐厅参观和衣冠不整的客人进餐厅就餐。

(9)做好就餐人数、营业收入的统计工作。

(10)做好交接班工作。

(11)完成领班布置的其他工作。

(五)任职条件

(1)工作主动、热情、认真，责任心较强。

(2)熟悉餐厅特色，了解酒店餐饮服务设施，具有一定的公关和社交知识。

(3)反应灵敏，有较强的沟通技巧，讲话口齿清楚，语言表达能力强。

(4)具有高中学历或同等文化程度，并能用一门以上外语对客服务。

(5)身体健康，仪表端庄。

十六、宴会厅服务员的岗位职责

(一)岗位名称

宴会厅服务员。

(二)直接上司

宴会厅领班。

(三)岗位要求

在宴会厅领班的领导下，负责宴会厅的卫生工作，向宾客提供良好的就餐环境，按规格和程序对宾客提供宴会服务，保证宴会服务质量。

(四)具体职责

(1)负责餐前准备工作，按照规格、标准布置餐厅和餐桌，及时补充各种物品。

(2)负责餐厅的清洁卫生工作，以满足宾客对就餐环境的需求。

(3)按餐厅规定的标准和程序为客人提供宴会服务，并密切注视客人的各种需求，努力使客人满意。

(4)主动询问客人对菜肴和服务的意见，接受客人投诉，并及时向领班汇报。

(5)按程序迅速、准确地为客人结账。

(6)负责宴会结束后的工作。

(7)搞好员工之间的团结协作，积极参加业务培训，不断提高业务水平。

(8)完成领班布置的其他工作。

(五)任职条件

(1)工作主动、热情、认真，责任心较强。

(2)掌握一定的食品、酒水等方面的知识。

(3)掌握一定的服务技能，能用一门外语进行对客服务。

(4)具有高中学历或同等文化程度，经过餐饮服务培训。

(5)身体健康，精力充沛，仪表端庄。

十七、传菜员的岗位职责

(一)岗位名称

传菜员。

(二)直接上司

中餐厅领班、宴会厅领班。

(三)岗位要求

按照餐厅服务规格和质量要求，做好送单、传菜工作。

(四)具体职责

(1)配合餐厅做好餐前准备工作，做好托盘、各种调味用品、餐前小吃的准备，打开热水器开关，准备小毛巾。

(2)负责工作期间菜单、菜肴、酒水的传递。

(3)做好厨房与餐厅之间的信息传递工作。

(4)掌握当日的菜单和菜点供应情况，熟悉台位布置，熟记台号，传递菜单准确迅速，按点菜的先后顺序准确无误地上菜、走菜。

(5)妥善保管订单以便事后复核审查。

(6)每日下班前，关闭热水器、毛巾箱电源开关，送还米饭，收回各种用具，与下一班做好交接工作。

(7)积极参加培训，提高专业技能。

(8)完成领班布置的其他工作。

(五)任职条件

(1)勤快踏实，能吃苦耐劳。

(2)熟悉菜肴的品种、特点及简单的烹饪方法。

(3)了解餐厅的服务程序和服务规格。

(4)具有初中以上文化程度。

(5)身体健康。

十八、管事部保管员的岗位职责

(一)岗位名称

管事部保管员。

（二）直接上司

管事部领班。

（三）岗位要求

负责餐饮部所有餐具、厨具、用具的保管、整理、供应工作。

（四）具体职责

(1)负责对各类餐具、用具、设备进行分类造册，按月汇总报管事部领班，做到库存数量和日常流通数量相符。

(2)定期提出餐具采购意见报管事部领班，确保库房最低库存量。

(3)汇总登记每天各点餐具的领用单和借用单。

(4)每天检查一次库房，保持物品的整齐、清洁、卫生。

(5)按照客情单和特殊要求分发各点所需的餐具和用具。

(6)对银餐具和其他贵重器皿每天一检查，每周一对账，做到账物相符，领借手续齐全。

(7)根据宴会、自助餐等大型活动客情通知，及时配备餐具和用具。

(8)负责管事部库房餐具、用具的统计、造册工作。

(9)完成管事领班布置的其他工作。

（五）任职条件

(1)有较强的事业心和责任感，工作认真负责，勤俭节约。

(2)掌握各类餐具、用具、设备的牌号、产地、性能、价格、使用方法和保养知识。

(3)了解餐饮服务的规格和程序。

(4)具有高中学历或同等文化程度。

(5)身体健康，精力充沛。

十九、洗碗工的岗位职责

（一）岗位名称

洗碗工。

（二）直接上司

管事部领班。

（三）岗位要求

负责餐具、厨具、用具的洗涤和所用设备的清洁保养工作。

（四）具体职责

(1)服从领班的安排，自觉遵守各项规章制度。

(2)负责餐具、厨具、用具的洗涤、消毒、整理工作。

(3)协助领班收集和储存各种餐具、用具等，将其整齐地摆放在指定地点，并保持存放点的整洁、卫生。

(4)熟练掌握、正确使用各种洗碗设备、消毒设施和各种用具，及时做好保管、保养、报修工作。

(5)熟悉各种消毒剂、清洁剂的性能和使用方法，做到投量准确。

(6)按银器的保养程序擦洗、抛光银器。

(7)协助领班做好餐具、用具的盘点工作。

(8)负责破损餐具的拣剔和餐具的补充工作。

(9)搞好员工之间的团结工作，参加业务培训，提高自身素质。

(10)完成管事领班布置的其他工作。

(五)任职条件

(1)工作主动、热情、认真，责任心较强。

(2)能够正确使用各种洗涤设备。

(3)能够正确使用各种洗涤剂。

(4)具有初中以上文化程度。

(5)身体健康。

二十、清洁工的岗位职责

(一)岗位名称

清洁工。

(二)直接上司

管事部领班。

(三)岗位要求

负责垃圾的处理和后台区域的卫生工作。

(四)具体职责

(1)服从领班安排，遵守各项规章制度。

(2)严格执行清洁操作规程的要求，按规定时间、顺序清扫指定区域，保证质量。

(3)熟悉各种清洁机械和清洁剂的性能，正确掌握操作方法，做好清洁工具的保养工作。

(4)做好垃圾桶和泔脚桶的清洁工作，负责回收各种纸箱和空瓶罐。

(5)负责除害灭虫工作，负责药物喷洒和放置工作。

(6)搞好员工之间的团结工作，参加业务培训，提高自身素质。

(7)完成管事领班布置的其他工作。

(五)任职条件

(1)工作主动、热情、认真，责任心较强。

(2)能够正确使用各种洗涤设备。

(3)能够正确使用各种洗涤剂。

(4)具有初中以上文化程度。

(5)身体健康。

某酒店餐饮部各岗位的招聘要求如下。

岗位	知识要求	能力要求	经历要求
餐饮部经理	1. 大专以上学历或具有同等学力。 2. 掌握餐饮管理基本理论，熟悉烹饪、酒水、成本核算、预算控制、市场调研，制订价格等专业知识和餐饮服务接待礼仪。 3. 熟悉外事纪律、旅游法规、食品卫生法以及国家有关价格政策。 4. 了解市场营销、服务心理学以及营养卫生知识和国内外各地区、各民族的风俗习惯和口味特点。	1. 有指挥控制和组织实施本部门工作、全面完成预算管理目标和成本核算经济分析的能力。 2. 有与其他部门协调工作、坚持以市场为导向，以成本为中心，参与市场竞争，扩大营收、提高质量、创新品种、控制成本、增创效益、领导组织接待各种大型宴会与会议的能力。 4. 有较好的语言表达能力。 5. 爱护和关心员工，有激励和调动员工积极性的能力。 6. 掌握酒店日常英语，能用流利的英语口语与外宾沟通，通过酒店A级英语考核。	1. 曾任餐饮部副经理一年以上。 2. 担任本部门管理干部两年以上。
中西餐厅经理	1. 大专以上学历或具有同等学力。 2. 掌握中西餐厅管理的基本理论，熟悉各岗服务程序和质量标准以及烹饪知识、酒水、菜单、成本核算、市场调研等专业知识。 3. 掌握外事纪律、旅游法规、食品卫生法以及治安消防法规。 4. 掌握国内外各地区、各民族的风俗习惯和口味特点。	1. 有指挥控制和组织实施本部门工作，全面完成预算目标及成本核算的能力。 2. 能搞好本部门餐厅和厨房的沟通协作，提高服务质量，创新菜品，控制成本的能力。 3. 有组织领导接待VIP和大型宴会与会议的能力。 4. 爱护和关心员工，有激励和调动员工积极性的能力。 5. 掌握酒店日常英语，通过酒店A级英语考核。	从事餐厅或厨房管理工作3年以上且有突出表现。
饼房厨师长	1. 中等职业学校毕业或具有同等学力。 2. 熟悉中西点心的制作方法及质量标准，懂得食品原料知识、成本核算方法及厨房各类机械器具的使用和保养知识。 3. 熟悉外事纪律、食品卫生法、国家有关价格政策以及服务心理学、安全消防知识。 4. 了解市场营销学、食品营养原理、各国、各民族饮食风俗习惯。	1. 有指挥控制和组织实施饼房全面管理工作和成本核算的能力，严把质量关和食品卫生关，有创新菜品的能力。 2. 有与其他部门协调沟通的能力。 3. 爱护和关心员工，有激励和调动员工积极性的能力。 4. 能提供优质的对客外卖食品服务，有完成预算目标及成本核算的能力。 5. 掌握酒店日常英语，通过酒店A级英语考核。	任厨房厨师长3年以上，专业技术达到特一级水平。

续表

岗位	知识要求	能力要求	经历要求
西餐厅主管	1. 大专毕业或具有同等学力。 2. 掌握餐厅管理的一般理论知识，熟悉本餐厅各岗位的职责和工作程序，懂得接待礼仪。 3. 熟悉外事纪律和食品卫生法，掌握治安消防知识。	1. 组织指挥本餐厅员工按服务工作规范完成各项接待任务。 2. 语言表达能力强，有较强的推销意识。 3. 掌握员工的思想状况，做好员工的思想工作。 4. 掌握大型宴会和各种会议的接待程序，保证接待工作万无一失。 5. 熟练掌握酒店日常英语，能用流利的英语口语与外宾沟通，通过酒店 A 级英语考核。	曾任餐厅领班 1 年以上或从事餐厅工作 3 年以上且有突出表现。
管事部领班	1. 中等职业学校或高中毕业。 2. 熟悉管事部领班的工作程序和要求，掌握厨具、餐具的清洁保养工作，懂得各种清洁机械和清洁剂的使用知识。 3. 熟悉冷库、干库库房管理知识及食品卫生法，了解治安消防条例。	1. 有独立工作和督导员工按照工作规范和质量要求做好部门工作的能力。 2. 控制成本，做好库存管理，严格保证各种领用制度及进货制度。 3. 掌握员工的思想状况，做好思想工作。 4. 外语熟练，通过酒店 A 级考核。	同上。
中西厨房领班	1. 中等职业学校或高中毕业。 2. 掌握厨房管理基础理论，熟悉中西菜点的烹饪知识和要求及其操作特点，懂得食品原料知识、成本核算方法以及厨房仓储知识，了解厨房各类机械器具的使用规范和保养方法。 3. 熟悉食品卫生法、外事纪律和国家有关价格政策。 4. 了解市场营销、食品营养原理、各国各民族的饮食习惯及安全消防知识。	1. 有指挥控制和组织实施厨房全面管理工作和成本核算、经济分析、严把质量关和食品卫生关、创新菜品的能力。 2. 有与餐厅做好沟通，收集客人反馈意见，改进菜品的能力。 3. 语言表达能力强，有与其他部门协调工作的能力。 4. 有大型宴会及会议的接待能力，能较好地编写菜单。 5. 通过酒店英语 B 级考核。	任厨房领班 5 年以上，专业技术水平达到特一级。
点心外卖领班	1. 中等职业学校或高中毕业。 2. 熟悉各种中西点心的制作工艺和口味特点，掌握外卖工作的程序和服务标准。 3. 熟悉食品卫生法及国家有关价格政策。	1. 有对本班组实施全面管理工作的能力和成本核算、合理定价的能力。 2. 有与饼房制作间及时沟通以及与其他部门协调工作的能力。 3. 语言表达能力强，有较强的推销技巧。 4. 通过酒店英语 B 级考核。	

续表

岗位	知识要求	能力要求	经历要求
中西餐厅领班	1. 中等职业学校或高中毕业。 2. 熟知菜肴、酒水知识，熟知餐厅服务的工作程序及质量标准，熟知接待服务中的礼节礼仪。	1. 有独立工作和协助经理按照服务工作程序和质量要求，做好餐厅的管理和服务工作的能力。 2. 有较强的语言表达能力及推销能力。 3. 基本掌握酒店日常英语，能用英语为宾客提供服务，通过酒店 B 级英语考核。	从事餐厅工作两年以上。
中西餐厅迎宾员	1. 中等职业学校或高中毕业。 2. 掌握餐厅服务知识，掌握餐厅格局和排位情况，熟悉餐厅服务工作程序及质量标准。 3. 熟知接待礼仪及外事纪律。	1. 能按工作规程和质量标准要求独立工作。 2. 有较强的语言表达能力，语言表达清晰得体。 3. 通过酒店英语 B 级考核。	身高 165 厘米以上，从事餐厅工作 1 年以上。
中西餐厅服务员	1. 中等职业学校或高中毕业。 2. 掌握餐厅服务工作的程序及要求标准，了解菜肴烹调知识，掌握餐厅设施设备及各种餐具、酒具、布件的使用和保养知识。 3. 熟知菜单上菜品的价格及口味特点，懂得接待礼仪。	1. 能按工作规程和质量标准要求独立工作。 2. 有较强的推销能力，语言表达礼貌得体。 3. 有良好的人际关系处理能力，尊重领导，团结同事。 4. 通过酒店英语 B 级考核。	
中西餐厅传菜员	1. 中等职业学校或高中毕业。 2. 了解餐厅服务知识和菜肴烹饪基础知识。 3. 掌握上菜顺序和托盘技术。 4. 熟悉餐厅服务工作程序和要求，懂得接待礼仪。	1. 能按工作规程和质量标准要求独立工作。 2. 具有一般语言表达能力。 3. 通过酒店英语 C 级考核。	
酒吧咖啡厅服务员	1. 中等职业学校或高中毕业。 2. 熟悉酒吧、咖啡厅服务规程和质量标准，掌握酒水、饮料等知识。 3. 掌握接待礼仪。 4. 掌握酒水、菜单的内容及各种价格，酒水产地等。	1. 能按工作规程和质量标准要求独立工作。 2. 有较强的推销能力，语言表达礼貌得体。 3. 熟练掌握酒店常用英语，能与外宾进行沟通，通过酒店英语 A 级考核。	
中西餐炉灶厨师	1. 中等职业学校或高中毕业。 2. 熟悉中西炉灶工作程序及质量要求，掌握主要菜肴的烹饪知识和操作方法，了解食品原料、调料知识。 3. 熟悉中西厨房炉灶设备的使用和维护知识。	1. 能按工作规程和质量标准要求独立工作。 2. 具有相应的技术等级。 3. 具有一般语言表达能力。 4. 通过酒店英语 C 级考核。	从事厨师工作 3 年以上。

续表

岗位	知识要求	能力要求	经历要求
中西切配厨师	1. 中等职业学校或高中毕业。 2. 熟悉中西切配操作规程和质量要求，掌握菜肴基础知识及切配操作技能，了解食品原料知识和各种切配机械器具的使用和保养知识。	1. 能按工作程序和质量标准要求独立工作并具有相应的技术等级。 2. 通过酒店英语C级考核。	
中西打荷厨师	1. 中等职业学校或高中毕业。 2. 熟悉打荷工作程序及要求，掌握配菜的各种操作技术的质量要求。 3. 了解食品卫生法。	1. 能按工作程序和质量标准要求独立工作，并具有相应的技术等级。 2. 具有一般的语言表达能力。 3. 通过酒店英语C级考核。	
中西蒸灶厨师	1. 中等职业学校或高中毕业。 2. 熟悉笼锅工作程序及要求，掌握烧饭及蒸制菜点的操作技术和质量要求。 3. 掌握蒸汽设备的使用和维护保养知识。	1. 能按工作程序和质量标准要求独立工作，并具有相应的技术等级。 2. 具有一般的语言表达能力。 3. 通过酒店英语C级考核。	
中西冷盆厨师	1. 中等职业学校或高中毕业。 2. 熟悉中西冷盆、烤鸭工作程序及要求，掌握中西冷盘及烤鸭烹制方法和操作方法。 3. 了解有关食品原料知识及食品卫生、消毒知识。	同上。	
中西划菜围边厨师	1. 中等职业学校或高中毕业。 2. 熟悉划菜围边工作程序及要求，掌握菜肴烹饪基础知识和上菜顺序。 3. 了解围边装饰艺术和餐具的合理使用。	同上。	
饼房外卖服务员	1. 中等职业学校或高中毕业。 2. 掌握各种中西点心的口味特点及制作方法，掌握各种外卖设备的使用和保养知识。 3. 懂得接待礼仪。	1. 能按工作规程和质量标准要求独立工作。 2. 有较强的推销能力，语言表达礼貌得体。 3. 掌握酒店常用英语，能与外宾用英语进行沟通，通过酒店英语B级考核。	
保管员	1. 初中毕业或具有同等学力。 2. 熟悉岗位工作规程和要求，掌握保管知识及各种物资进出库。	1. 具有按工作规范和质量要求独立工作的能力。 2. 具有一般的语言文字能力。 3. 通过酒店英语C级考核。	

续表

岗位	知识要求	能力要求	经历要求
成本核算员	1. 中等职业学校或高中毕业。 2. 掌握酒店餐饮基本业务知识，了解菜单定价原则。 3. 懂得菜肴烹饪和食品原料知识。 4. 掌握食品成本核算和预算控制的理论和方法。	1. 具有熟练进行食品成品核算和预算控制的能力。 2. 能依据食品的原、辅料制订菜肴的价格，掌握毛利率、成本率的知识。 3. 有书写一般工作报告的能力。 4. 通过酒店英语B级考核。 5. 熟练操作电脑。	
洗碗工	1. 初中毕业或具有同等学力。 2. 熟悉各岗位工作规程和要求，掌握厨具、餐具的洗涤知识，懂得清洁剂和清洁机械的使用和维护、保养知识。	1. 能按工作程序和质量要求独立进行工作。 2. 敬岗爱业，配合好餐厅和厨房的工作。 3. 具有一般的语言文字能力。	

项目七　中餐服务知识

7.1　中餐概述

微课—中餐厅概述(一)　微课—中餐厅概述(二)

一、中餐的定义

中餐，即指中国风味的餐食菜肴。其中有川菜、粤菜、鲁菜、苏菜、浙菜、徽菜、湘菜、闽菜“八大菜系”。

中餐厅就是经营以中国式烹调方法烹饪的风味餐食为主的餐厅，是向国内外宾客宣传中国饮食文化的经营服务场所。我国各大饭店都拥有一个或几个中餐厅。

二、中餐的特点

中餐的菜肴以色艳、香浓、味鲜、形美而著称于世。其形美，尤以花式冷拼盘最为突出。它造型别致、五彩缤纷、栩栩如生，呈现出富有意境的景色和图案。山川树木、亭台楼阁、花鸟鱼虫、珍禽异兽，尽收盘中，仿佛是一幅幅美丽的图画，给人以美的享受。而且中餐每套都以双数为单位，四、六、八、十……成为一般的规则。俗话说：“两个盘子待客，三个盘子待鳖。”追求双数恰恰表现出中国文化注重“十全十美”，讲求偶数为利的心理习惯。

中餐的菜肴名称也别具特色，它们富有中国传统文化特色，给人以美好的回味，如游龙戏珠、阳春白雪、银珠牡丹、金玉围翠、玉手摘桃、宫门献鱼等。这些名称充满了诗情画意，有时就是一种立体的诗配画。

在中国，真可以说走到哪里就吃到哪里。全国各地的饭店、酒店、餐馆、食摊比比皆是。尤其是在各大中城市，仅在一地，就可以品尝到南北各地的饮食风味，荤素名菜，点心面粥，应时小吃，应有尽有。即使在国外，中式餐馆也有很多，几乎遍布世界各地。并且这些中餐馆常常是宾客满座，生意十分兴隆。在美国，中餐馆的数量更是多得惊人，仅在纽约一个城市，就有5000多家。

(一)选料讲究

在选料上，我国多数人由于在饮食上受宗教的禁忌约束较少，而人们在饮食上又喜欢猎奇，讲究物以稀为贵，所以中餐的选料非常广泛。

(二)刀工精细

原料加工上，中餐厨师非常讲究刀工，我们可以把原料加工成细小的丝、丁、片、末等。

(三)烹调方法多样

烹调上，中餐厨师做菜一般使用圆底锅、明火灶，非常适宜做炒菜。中餐的烹调方法非常多，如炸、熘、爆、炒、烹、炖、焖、烩、熏、炝等。

(四)口味丰富

口味上，中餐菜肴大都有明显的咸味，并富于变化。多数菜肴都是完全熟后再食用。

(五)主食明确

主食上，中餐有明确的主、副食概念，如主食有米、面等多种制品。

三、中餐的主要菜系

中国幅员辽阔，是世界上最重视“吃”的国家之一。经过几千年的发展，我国形成了博大精深的“食文化”。长期以来，我国各地由于选用不同的原料，不同的配料，采用不同的烹调方法，因而形成了不同的菜系和它们各自独特的风味。其中，较为著名的八大菜系是指川菜、粤菜、鲁菜、苏菜、浙菜、徽菜、湘菜、闽菜。

(一)川菜

四川号称“天府之国”，物产丰饶。四川菜肴，即川菜，历史悠久，源远流长，其烹调技法博大精深，调味品纷繁而富有特色，故菜肴的口味丰富而独特，素有“一菜一格，百菜百味”之美誉。

四川气候潮湿，重庆更是中国有名的“雾都”，所以，四川人吃辣椒是出了名的，因为吃辣椒能祛寒除湿。所有的川菜，无论是炒菜、凉菜，还是做汤都要放辣椒。著名的重庆火锅，其最大的特点就是味浓香辣。四川人吃辣的方式多种多样，有单用辣椒的吃法，但更多的是辣椒与花椒并用的麻辣吃法。川菜善于因时因地制宜，灵活掌握味道的浓与淡、麻与辣，使味道浓淡有别、清鲜醇浓。

川菜的用料比较大众化，但烹调方式十分多样，且精工细做，对刀工切配、色味火候都有独特的要求。川菜是由地道的四川人居家吃的家常菜发展而成的，虽然川菜中也有名贵的燕窝鱼翅做成的豪华菜式，但其令人回味至深的却是麻婆豆腐、鱼香肉丝、水煮牛肉、河水豆花、花肚火锅一类的家常菜。由此可见，川菜具有典型的大众性，是中国民间食文化的基础，深受广大民众的欢迎。

(二)粤菜

广东人以吃闻名，是中国食文化的开拓者和实践者。广东地处亚热带，地形多变，物产丰饶，同时，又是中外交流的枢纽，天南海北的游客、商人云集于此，使广东的食文化丰富多彩。“食在广东”已名扬海内外。

广东菜，即粤菜，包括广州菜、潮州菜、东江菜等。粤菜风味独特，用料广泛。“野味香”之名，令人回味。这些可食用的野生动物，大多其貌不扬，然而经过广东高明厨师加工烹调后，便成了味道鲜美、营养丰富的桌上佳馔，口中奇珍。

丰富多彩、营养上乘的粤菜、广东小吃等使广东人大饱口福，广东人对“吃”的要求越来越高，广东人的食文化吃出了情调，吃出了享受。

(三)鲁菜

山东地处我国胶东半岛，依山傍海，物产丰富。山东历史悠久，是我国古代齐鲁文化的发源地。鲁菜，是起源于山东的齐鲁风味，早在春秋时期已负盛名，是我国北方菜的代表。到了元朝，鲁菜的风格更加鲜明，制作更加精湛，在华北、东北等地广为流传。当时，鲁菜还被传进宫廷，成为御膳的主体。

传统鲁菜擅长烹调海鲜与禽兽，讲究清鲜。鲁菜自进入京城后，久为官场享用，所以选料十分精细，多选用具有当地特色的原料和新鲜的海产品，采用多种烹调方法，精心制作。其特点是清香、鲜嫩、味纯，既讲究真材实料，又讲究丰满实惠。鲁菜至今仍有大鱼大肉、大盘大碗的特点，请客宴会以丰满实惠著称。鲁菜的代表菜，如葱烧海参、糖醋鲤鱼、德州扒鸡、清汤燕菜等，皆给人留下了清香鲜美、酥脆质嫩的美好回味。

鲁菜在发展过程中，广泛地吸收了全国各地菜系之所长，成为我国影响较大的菜系之一。

(四)苏菜

江苏位于我国东南沿海，长江的下游。这里气候温和，土地肥沃，盛产稻、麦、棉、蚕、鱼等，素有“鱼米之乡”的美誉。“春有刀鲚夏有鲥，秋有肥鸭冬有蔬。”一年四季，各种禽蛋、瓜果蔬菜、水产、土产不断上市，这为苏菜的形成与发展提供了有利条件。经过长期的演变与发展，江苏的食文化积累了丰富的烹饪经验，烹调技术日臻完善，逐步形成了以淮扬菜、南京菜、苏锡菜三种地方菜为主体的江苏菜系，即苏菜。

苏菜历史悠久，品种繁多。据《史记》《吴越春秋》等书记载，早在2400年前就已有炙鱼、蒸鱼、鱼片等不同的烹调方法。用鸭子做菜，起源也较早。早在1400年前鸭子已是金陵民间喜爱的食品。

苏菜的主要特点是选料以鲜活、鲜嫩为佳，制作精细，注重刀工火候，四季有别。例如，“淮扬狮子头”这一名菜随季节变化用不同原料烹制，春秋宜清炖，冬季宜烩焖，春季做河鲜芽笋狮子头，秋季做蟹粉狮子头，冬季做芽菜凤鸡狮子头等因时而异。苏菜在调味上讲究清淡入味，追求清香四溢、淡香扑鼻，注重色泽鲜艳、清爽悦目。

苏菜是我国主要的传统菜系之一，在国外享有较高的声誉。

(五)浙菜

浙江气候温和，土地肥沃，境内有平原，有山区，丘陵绵延，河流纵横，湖泊水库，星罗棋布，自然条件非常优越。浙江人心灵手巧，善于动脑，加上浙江文化发达，历史悠久，因此浙菜有其独到之处。

经过长时期的演变发展，以杭州、宁波、绍兴三个地区为代表的浙菜以其独特的风味誉满中外。杭州菜注重原料的鲜、活、嫩，以鱼、虾、时令蔬菜为主，讲究刀工，口味清鲜，突出本味。宁波菜咸鲜合一，以烹制海鲜见长，讲究鲜嫩软滑，重原味，强调入味。绍兴菜擅长烹制河鲜家禽，菜品入口香绵酥糯，汤浓味重，富有乡村风味。

浙菜的特点是选料时鲜，制作精细，色彩鲜艳，味道鲜美。浙菜魅力巨大，正如陈璨所赞“清明土步鱼初美，重九团脐蟹正肥，莫怪白公抛不得，便论食品亦忘归”。浙菜具有色彩鲜明，味美滑嫩，脆软清爽，菜式小巧玲珑、清俊秀丽的特点。它以炖、炸、焗、蒸见长，重原汁原味。浙江点心中的团子、糕、羹、面点品种多，口味佳。

浙菜的名菜名点有龙井虾仁、西湖药菜汤、西湖醋鱼、炸响铃、炝蟹、咸菜大汤黄鱼、冰糖甲鱼、牡顺跑蛋、蜜汁灌藕、嘉兴粽子、宁波汤团、湖州千张包子等。

（六）徽菜

徽菜是徽州菜的简称，不等同于安徽菜，是中国八大菜系之一。

徽菜主要流行于徽州地区和浙江西部。和浙菜、苏菜中的苏南菜较相近。

徽州风味的主要特点：擅长烧、炖，讲究火功，并附以火腿佐味，冰糖是鲜，善于保持原汁原味。不少菜肴都是用木炭火单炖、单火靠，原锅上桌，不仅体现了徽州古朴典雅的风格，而且香气四溢，诱人食欲。其代表菜有清炖马蹄、黄山炖鸽、腌鲜鳜鱼、红烧果子狸、徽州毛豆腐、徽州桃脂烧肉等。

据《徽州府志》记载，早在南宋年间，用皖南山区特产“沙地马蹄鳖，雪天牛尾狸”做菜已闻名各地。徽菜的主要特点：烹调方法上擅长烧、炖、蒸，而爆、炒菜少，重油，重色，重火功。

徽菜发端于唐宋，兴盛于明清，民国年间继续发展，中华人民共和国成立后进一步发扬光大。徽菜具有浓郁的地方特色和深厚的文化底蕴，是中华饮食文化宝库中一颗璀璨的明珠。

徽菜的形成与江南古徽州独特的地理环境、人文环境、饮食习俗密切相关。绿树丛荫、沟壑纵横、气候宜人的徽州自然环境，为徽菜提供了取之不尽、用之不竭的原料。得天独厚的条件成为徽菜发展的有力物质保障，同时徽州名目繁多的风俗礼仪、时节活动，也有力地促进了徽菜的形成和发展。在绩溪，民间宴席中，县城有六大盘、十碗细点四，岭北有吃四盘、一品锅，岭南有九碗六、十碗八等。

（七）湘菜

湖南地处我国长江中游，洞庭湖以南，境内水系纵横，气候潮湿。湖南奇山秀水，物产丰富。

湖南菜，即湘菜由湘江流域、洞庭湖区和湘西地方风味构成，其特点是制作精细，用料广泛，讲究原料的入味。口味偏重咸、辣、酸、香，尤以辣为特色。湖南人食辣成瘾，无论男女老幼皆嗜辣成癖，一顿没有辣椒便会饭菜不香，正所谓“无辣不成味”。

著名的湘菜有剁椒鱼头、麻辣子鸡、红煨鱼翅、火方银鱼、油辣冬笋尖等。

（八）闽菜

福建位于我国东南沿海，境内山岭耸峙，丘陵起伏，河谷与盆地错落，素有“八山一水一分田”之称。这里气候温暖湿润，盛产热带作物，物产丰富，水产众多。福建历史悠久，是“海上丝绸之路”的起始驿站，也是我国海洋文化的发源地。

闽菜起源历史早，由福州、闽南和闽西三路不同风味的地方菜组合而成，擅长烹调海鲜及当地土特产。其特点是色彩绚丽、味鲜而清淡、咸中略带酸甜。驰名的闽菜有佛跳墙、雪花鸡、八宝鲟饭、太极明虾等。

闽菜继承了我国烹饪技艺的优良传统，以其浓厚的地方色彩和独特的福建风味而香飘中外。

除了以上介绍的中国八大菜系之外，我国还有许多地方菜系和品种繁多的地方风味。由于我国的烹饪技术精湛，源远流长，食文化始终贯穿于人类文明发展史中。随着社会的进步，中国的饮食文化定会更加繁荣兴旺。

7.2 中餐餐饮服务

一、中餐早餐服务

微课—中餐早餐服务

(一)早餐服务概述

早餐服务分为零点早餐服务和自助早餐服务。

(二)零点早餐服务

1. 零点早餐服务程序

序号	操作步骤	操作细节
1	迎接客人、引座	(1)客人到达餐厅，迎送员上前热情问候，询问是否有预订座位及用餐人数，然后引领客人到适当的座位，并为客人拉椅，请客人就座。 (2)在点心卡上填写桌号及用餐人数，把卡插在桌号牌上。 (3)通知看台服务员前来服务。
2	上茶水	(1)客人入座后，服务员立即上前问候，送上小毛巾，把反扣着的茶杯翻正，并为客人拆去筷子套。 (2)向客人推荐餐厅供应的茶叶，请客人点茶，然后根据用餐人数为客人斟茶。第一杯礼貌茶七分满为宜。
3	推销点心	(1)推卖点心的服务员把点心保温车推至客人餐桌旁，向客人推销点心。 (2)将客人要的点心送到餐桌上，然后在“点心卡”上记录数量。
4	餐间服务	在客人进餐过程中，服务员须勤为客人添水斟茶，更换茶叶，撤换餐具，更换小毛巾及骨碟，并继续向客人推销点心及提供相应的服务。
5	结账	客人餐毕要求结账，服务员立即根据“结账”服务程序为客人结账并致谢。
6	送客人	当客人起身准备离开时，为客人拉开椅子，将客人送出餐厅门外，道别并欢迎其再次光临。
7	整理桌	迅速撤桌并摆桌，保证餐位足够周转。

2. 早餐点心服务程序

序号	操作步骤	操作细节
1	推销点心	将点心车推至客人餐桌边，打开车盖，礼貌地向客人问好，热情推荐、介绍当餐供应的点心品种。
2	上点心	将客人所点的点心连同点心笼放在托盘上，从客人右侧送上餐桌并配上酱料，右手示意，礼貌地请客人享用。
3	登记	将客人所点的点心如实登记在“点心卡”对应的栏目内，如客人需要其他品种，也要记录在对应栏目上，最后将点心卡插回原处。

3. 早餐茶水服务

序号	操作步骤	操作细节
1	点茶	(1)向客人推荐餐厅提供的茶叶品种，请客人点茶。 (2)确定客人所点的茶叶品种后，立即为客人冲茶，6 位以下客人冲一壶茶，7 位以上客人冲的水须滚烫。
2	斟茶	(1)茶泡好后，要为客人斟茶。斟茶时，注意先宾后主，女士优先。 (2)一手端壶把，一手按壶盖，茶水倒入茶杯 4/5 量为好。 (3)斟茶时，要注意茶杯把偏右，壶嘴朝外，不要对着客人。 (4)礼貌地请客人用茶，然后将茶壶对称摆放在餐桌上。
3	加水	(1)当茶壶内的水只剩 1/3 时，要随时为客人添加开水。 (2)如发现茶水淡了，要主动询问客人是否需要更换茶叶，如客人同意更换，满足客人要求。

(三)自助早餐服务

早餐的食品种类相对固定，变化不大。常见的早餐有果汁、水果类、谷麦类、面包类、粥、蛋类和热饮料(如咖啡、茶、热奶等)。

1. 前一天的准备工作

(1)准备充足的瓷器、玻璃器皿、刀叉等餐具、叠好的餐巾花和后备布草，充足的咖啡豆、茶包、糖包、汁酱等备料，以及充足的纸巾、牙签等备品。

(2)完成基本的餐台摆位工作。凡是食品类的物品，如盐、胡椒瓶和糖盅；贵重和易污染物品，如刀、叉等不摆。只摆放餐巾花、面包碟和咖啡杯、碟，为了防止积灰尘，咖啡杯应倒扣。将所有的盐、胡椒瓶集中起来，放到厨房的热板上，使盐、胡椒瓶保持干爽。

2. 早餐开餐前的准备工作

(1)完成餐台的摆位，将倒扣的咖啡杯翻起，补上刀、叉等餐具，摆上盐、胡椒瓶、糖盅。

(2)为每张餐台(或根据营业量决定餐台数量)预先摆上小奶壶(客人喝咖啡和奶茶用)。

(3)如果餐厅提供早餐自助餐，楼面员工应协助厨房出餐，做好自助餐台的准备工作。

(4)如果餐厅的咖啡机是由楼面控制的，要事先煮好咖啡。

(5)准备好冰水、热水和茶水。

3. 早餐开餐期间的服务工作

(1)客人来到，服务人员应首先询问客人用何种热饮。

(2)应勤巡台，为客人添加咖啡，应在咖啡不少于咖啡杯一半时添加，每次添加前应征询客人意见。

(3)撤掉客人使用完的餐具。

4. 早餐服务的客流量预测

(1)由前台部提供酒店客房入住率、客人类型、房号、客人姓名表；房费含早餐的客人数量和房费不含早餐的客人数量，作为餐厅早餐客流量的参考数目。

(2)由前台部提供酒店旅行团的数量和人数，这部分客人基本能够确定，包括有多少个旅行团来用餐，每个团的人数，每个团的用餐时间都能够较准确地预测。

(3)本餐厅接受的预订客人。

5. 早餐客人的座位编排

(1)早餐客人的座位编排应参照上述途径来完成。

(2)座位编排工作必须在头一天晚上收档前完成，为第二天早餐接待做好准备。

(3)编排的先后顺序是大旅行团→小旅行团→餐厅接订的散客→预留餐位(其他客人)。

(4)在编排旅行团客人餐位时应注意将同一个团的客人尽量集中在一个区域，以方便服务和带团人员的管理，不必过于注意旅行团客人的餐台位置的风景、环境等因素，因为人都有从众心理，且旅行团用餐时间紧，应首先考虑客人用餐和服务的效率问题。

(5)餐厅内部接订客人的餐台安排方式同餐厅常规服务的方法一样，应注重客人预订时的要求。

(6)餐厅应预留相当数量的餐位给其他客人，但不做预订餐台看待。

(7)在编排餐台时应将客人(旅行团)抵达的时间注明。

(8)因为早餐客人用餐速度快，在客流量大的情况下，应考虑“打时间差战”，即用餐时间相隔较长的客人(一般是旅行团客人)，可作翻台的安排。也就是说，同一区域的餐台可以重复使用，根据经验，相隔一小时用餐的两个旅行团符合以上条件。

6. 不同类型客人的控制原则

(1)旅行团客人一般持酒店发的早餐券用餐，早餐券的编号能够显示客人属于哪一个旅行团。迎送员应收取客人上交日期正确的餐券，并迅速为客人带位，在繁忙的时候，迎送员可以礼貌地指引客人入座，不必拘以常规服务中带客人入座的程序规定，迎送员必须将客人上交的餐券收好，分类放置，以便餐后统计。

(2)酒店住客一般持“酒店护照”用餐，护照上注明此类客人是否在房费中含早餐。餐厅应有一份有前台提供的详细名单(房间号和姓名)，迎送员要快速、准确校对“酒店护照”内以下几个内容：是否含早餐、离馆日期。然后迅速将客人带向空置的餐位，并且迎送台在餐台状况分布图上注明。如果客人离馆日期为当天，而且前台名单上没有该客人的信息(有时前台部会漏写)，必须马上打电话向前台确认该客人是否已结账，如果已结账的，迎送员必须及时提醒为该客人服务的区域，服务员不能接受该客人签单。

(3)其他客人的迎送工作参照常规服务相关内容，但不要过于烦琐，早餐客人的服务大多以快捷为主要目的。

(4)迎送台是餐厅早餐服务的一个重要部分，餐厅管理人员应将相当大的精力放在迎送台上面。控制场面，快捷、准确是早餐迎送服务的宗旨。

7. 早餐的结账服务

(1)旅行团客人不需要在餐厅结账，迎送员应收集好客人上交的餐券，同时向该区域服务员讲清客人身份(有些旅行团客人可能会不合群，自己找满意的餐位，或者小的旅行团会穿插在一些散客中用餐)，避免区域服务员在结账问题上骚扰客人。迎送员在餐后根据旅行团人数统计，报收款，请财务部内部划拨费用。

(2)房费含早餐的客人一般也不需要结账，在管理完善的餐厅，为了方便客人，迎送员只需在看过客人“酒店护照”后，在由前台提供的客人名单上做记号，餐后统计，并由收款员报财务部内部划拨。

8. 自助早餐服务程序

程序	标准	要点提示
餐前准备	餐厅服务人员 6：30 到岗签到。 早餐供应时间：7：00—9：00 (冬季可延长至 9：30) 整理好自助早餐台面，摆放好餐具、茶具和保温器皿，摆放好相关的食品、饮料和茶水。 从厨房取出准备好的早餐食品。热菜及保热的食品放入保温器皿中。 冷菜、面包等按照顺序整齐摆放在台面上。 摆放对应菜牌。 餐饮主管或领班/值班经理现场督导和管理。	餐饮服务人员要熟悉餐厅内的设备设施及各式器皿的正确使用方法，注意检查电加热是否安全。 一般至少配备 2 位服务员，接待客人超过 80 人以上，须配备 3 位服务员。 自助餐台上必须摆放餐牌。
迎候客人	主动问候每位客人：“先生/女士，早上好”“请问几位?” 引领或示意座位。 介绍餐区及方式。	餐厅外或前台处须提示早餐的时间和价格，并告示客人：“可在前台购买早餐券”。 前台服务员在入住登记时，主动向客人介绍早餐服务。
收取早餐券	礼貌询问：“先生/女士，请问您用餐券还是挂账?”“谢谢。” 对无早餐券的客人，可以指引到前台购买。 对须挂账的客人，要和前台联系，确认是否可以挂账，并由客人签字确认。	一般在客人进门时，向客人收取早餐券。 按照酒店业自助餐惯例，客人先付账，后就餐。这样可以减轻服务压力。 对没有餐券的客人要礼貌的说明。 对客人签单的点菜单，服务员应及时送至前台，以免漏账。
餐间服务	经常巡视和清理餐台上的食品，并及时与厨房联系填补食品。 及时整理和增补餐台上的餐具。 及时清理餐桌，擦拭干净。 密切注意客人用餐所需，及时提供相应服务。 密切注意进入餐厅的客人，对不满意的客人，向客人致歉，并表示改进。	要注意及时添加食品、饮料的数量，以及食品的保温。及时撤换客人用过的餐具，更换烟灰缸等。 确保用餐环境，满足更多客人的用餐。 收餐前，补充食品时注意节约。

续表

程序	标准	要点提示
与客人道别	"先生/女士，谢谢光临，再见"。 提醒客人带好自己的物品。	
结束工作	按照要求及时整理好餐具和桌面。整理清洁餐厅环境，汇总客人的意见和建议，并报告主管。 整理票据和表单，以及酒水单、点菜单、早餐券、员工餐人数等。填写"餐厅营业日报表"。	

(四)早餐服务流程图

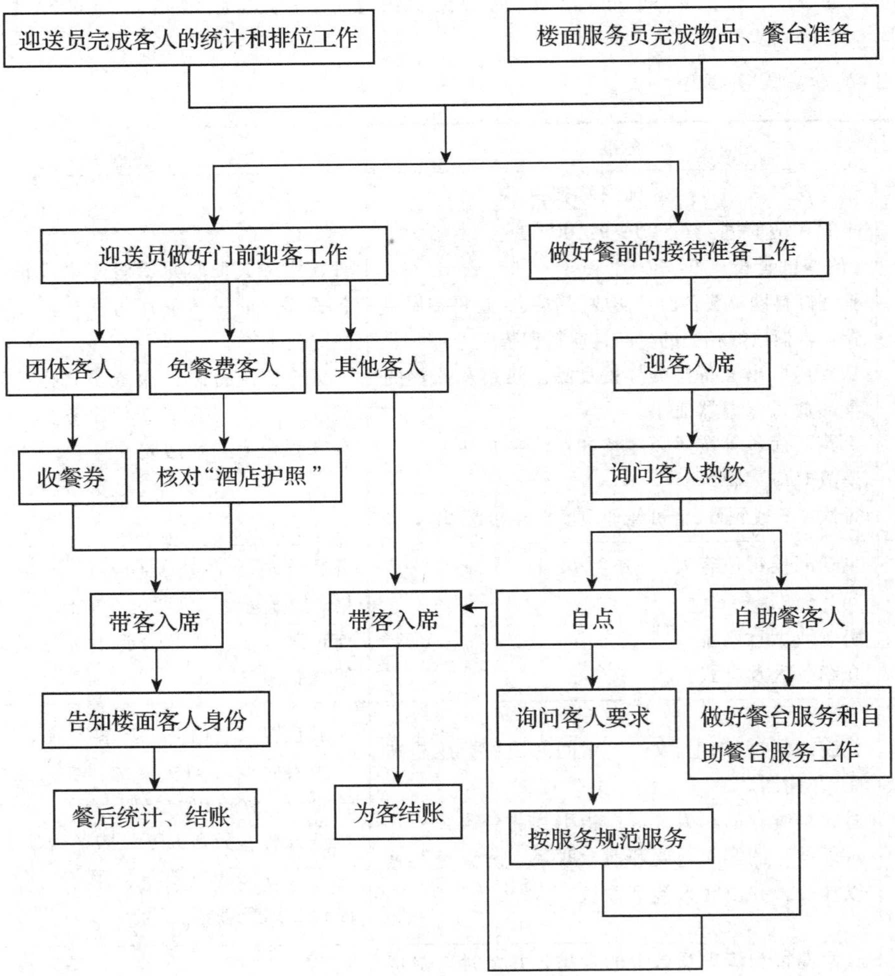

二、中餐零点服务

中餐厅零点服务流程：迎宾→拉椅让座→上迎客茶→上毛巾→点菜→铺餐巾→撤筷套→询问酱醋、上小菜→点酒水饮料→上冷菜→撤花及装饰物→倒酒水→撤空杯、茶水→上热菜→派菜→席间服务→上主食→上水果→上送客茶→

微课—中餐零点服务(一)

结账→送客→整理台面。

(一)迎宾引领

1. 门前迎客应注意的事项

(1)提前做好准备，充分利用和掌握预订记录单和餐位分布图板。

(2)主动招呼客人，殷勤备至。

(3)清楚了解客人的预订情况，态度诚恳，动作麻利。

(4)讲究语言技巧，让客人感到被特别关照。

(5)繁忙季节运用候位卡，保障客人的权益。

(6)为客人安排其他餐厅，一定要做好落实工作。

(7)强调员工之间的分工合作，提高效率。

(8)积极掌握餐厅信息，最大幅度地提高客人接待量。

(9)根据客人的特征，运用服务技巧，让客人高高兴兴地听从餐厅的安排。

2. 门前迎客流程图

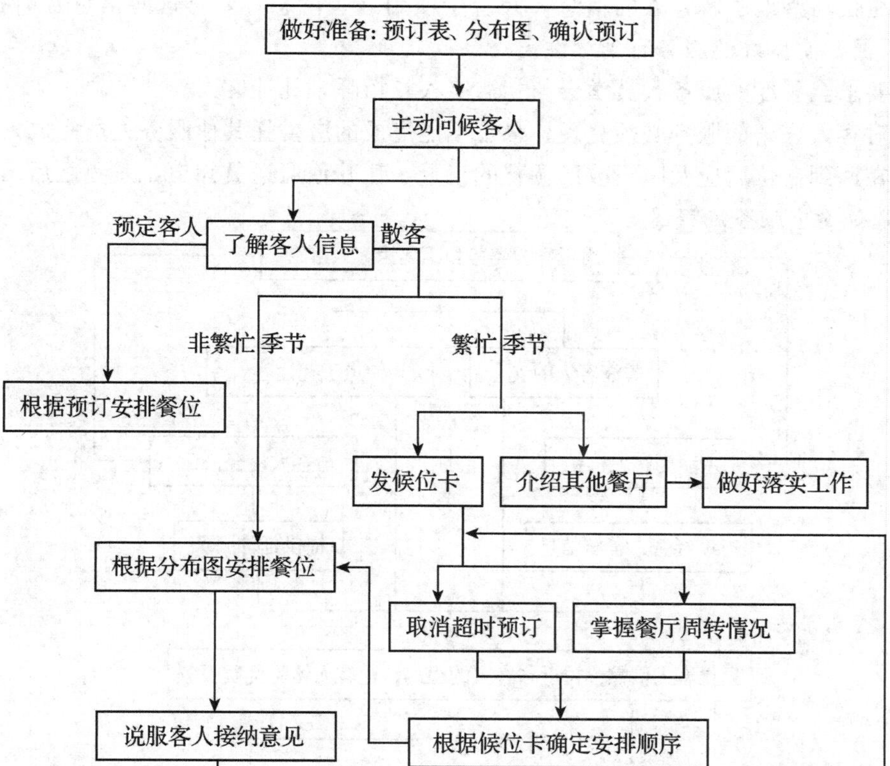

3. 带位途中

这是餐厅服务不可忽视的一个环节。客人在这个环节还是带着一种怀疑的态度来衡量餐厅的服务质量的，在心理上处于敏感期。在带客途中，服务人员有许多需要完成的工作，也有许多需要解决的问题。

服务人员应该要让客人保持进入餐厅时的那种良好心情，同时也要通过特别的技巧加深客人对餐厅的环境安排、服务内容的好感。

4. 带位途中应注意的事项

(1)距客人左前方一步的地方为客人带位。

(2)遇到餐厅特殊地形前应停下为客人指引，关注特殊客人(如儿童、老年人、残疾人)，避免出现事故。

(3)在途中积极主动与客人沟通，进行推销并了解客人的需求。

(4)可以适当与客人谈一些餐厅以外的话题，拉近与客人的距离，发掘为客人提供延伸服务的途径。

(5)在客人不满餐厅关于餐位的安排时，应先说服客人，如果客人的确需要调整，应尽力做内部调整，最大限度地满足客人的需要，但不能以牺牲其他客人利益为前提。

(6)尽快巧妙地了解客人的信息，并善于使用这些信息。要将这些信息及时提供给区域服务人员，使良好的服务有延续性。

(7)要求全餐厅的服务人员学会与相遇客人打招呼，礼让客人。

(8)对客人许诺的服务必须兑现，自己不能完成的应委托其他服务人员完成。

(9)在回到岗位后应及时更改已调整的记录，让其他迎送员知道，避免之后出现失误。

5. 带位途中服务流程图

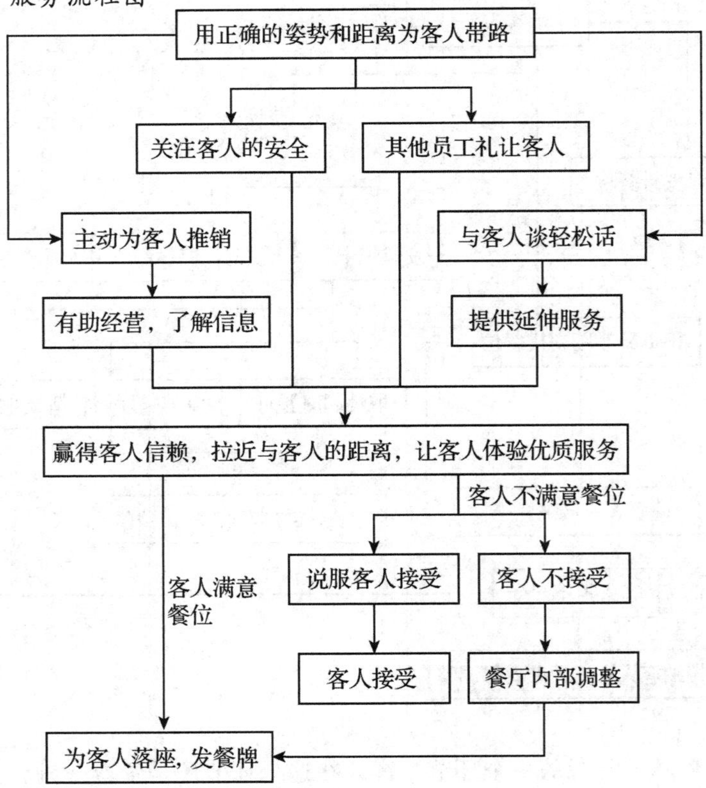

(二)接受客人点菜

客人点菜意味着餐中服务的开始，从点菜到结账的一系列工作是由楼面的服务人员完成的。

1. 拉椅让座

操作步骤	操作细节
拉餐椅	服务人员站在餐椅的椅背后，身体距椅背30厘米，左膝盖向前弯曲顶住椅背，上身顺势前倾，双手握住椅背外侧下部，双臂贴住椅背外侧将餐椅向身体方向拉，使餐椅前端与台布下摆出现30厘米的空隙，然后接近客人一边的手臂离开椅背，五指并拢从客人方向向餐位方向滑动，并示意客人走到餐椅前端与台布下摆的空隙之间。等客人到位后，用双手和左膝盖同时向前用力，使餐椅的前端轻撞客人的膝盖内侧，让客人顺势坐下。
铺餐巾	服务人员用右手从客人的右手边将餐巾的一角提起，使餐巾自然散开，然后铺在客人的大腿上面。
递餐牌	服务员将餐牌翻开至第一页，从客人的右边递给客人，等客人接住后松手。

2. 接受客人点菜服务需要注意的事项

(1)随时留意客人的动态，及时主动地为客人提供帮助。

(2)在上前服务前应做好准备：记住客人称呼、了解客人信息、备好笔、画好台迹纸。

(3)在服务时要以先女后男、先宾后主、先幼后长、先上司后下属、先老后少为原则，其中先女后男、先宾后主为第一、二原则。但要根据国情和地方习俗酌情考虑。

(4)在接近客人餐台，与客人对话时要站在客人的右手边，与客人身体相距30厘米，与客人面部相距50厘米。

(5)在推销前要观察客人的特点，在推销过程中要注意观察客人的反应，抓住客人的心理，特别要找出餐台上的权威人士，就可以控制全局了。

(6)服务人员一定要对餐牌和当天的供应情况了如指掌，倒背如流，迅速地为客人提供多种选择。

(7)服务人员应熟练掌握基本的推销语言的规格和节奏，推销时要一环扣一环，让客人顺着你的思路走。

(8)在客人已经做出自己的选择后，应顺应客人的要求，切忌强行推销。

(9)餐牌中有许多菜式、饮料在之后的制作和服务过程中是需要一些额外信息的，服务人员应熟练掌握，以便在客人点菜时能告知。

(10)任何时候不要忘记重复客人的要求，这是避免出现失误的最有效的手段。

(11)不要忘记在结束服务时向客人道谢，同时祝福客人。

3. 台迹纸格式样板

(1)4 人台台迹样板。

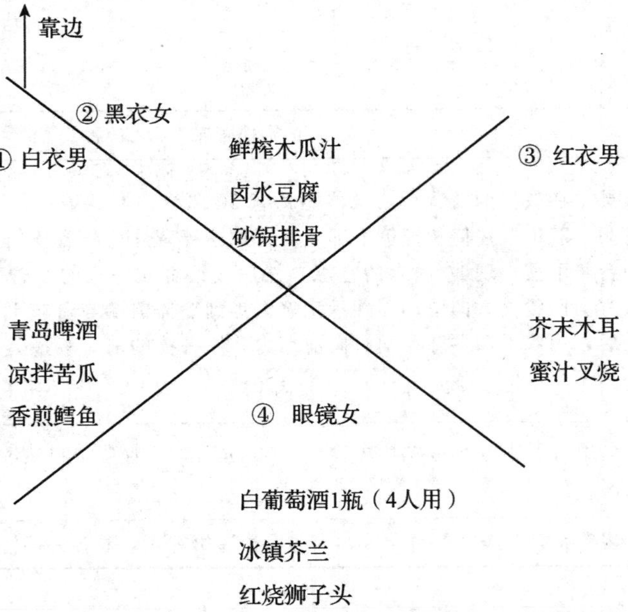

(2)台迹纸使用说明(以 4 人台迹为例)。

——图中的①②③④为确定餐位的序号，要求餐厅对序号的排列顺序和终始点有约定俗成的规定；

——关于客人特征的描述有助于不同的服务人员明确客人的方位；

——在每一位客人的下面都记录了客人所点的饮料、菜式和要求，应按照客人用餐和服务的顺序来记录；

——台迹纸上会用箭头标明方向，便于服务人员更加明确客人的方位。

(3)点菜服务流程图。

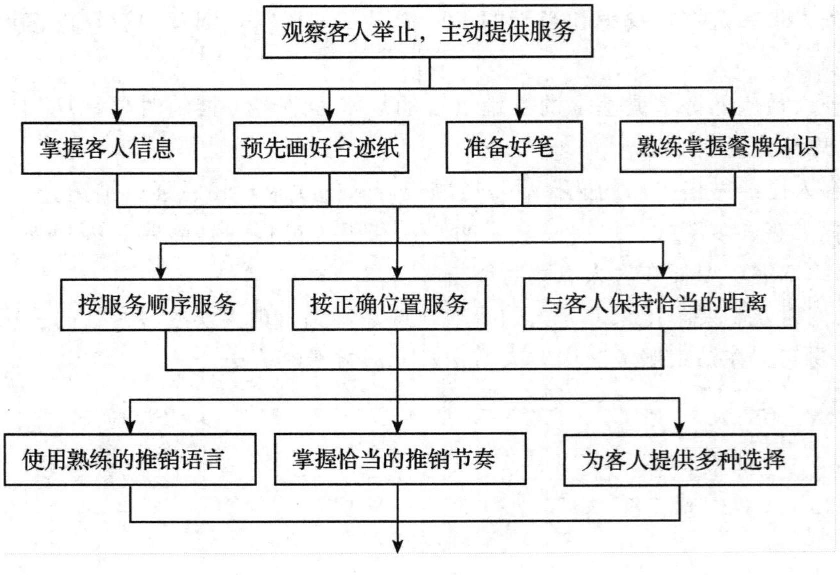

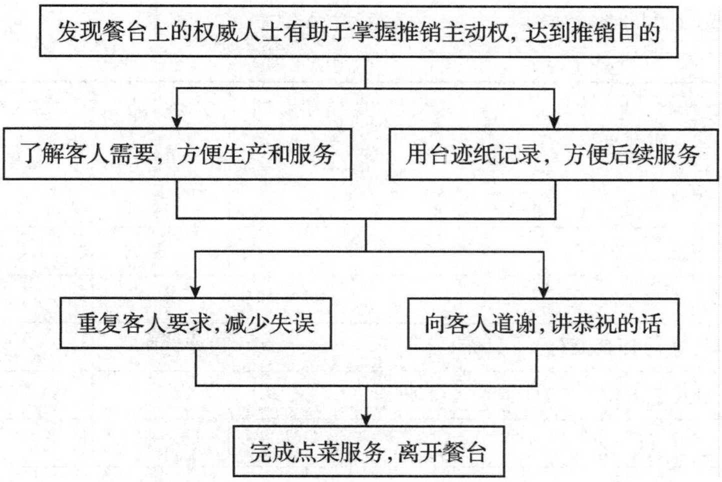

4. 向生产部门落单

在接受客人点菜服务结束后，服务人员应迅速、正确地向生产部门落单。通常涉及的生产部门有厨房和酒吧。因此，应分别向两个部门落两种单，即“酒水单”和“食品单”。落单的方式有手写落单和电脑落单两种。我们这里主要讲述手写落单，其实电脑落单和手写落单在原理上是相通的。只要掌握手写落单的技巧，学习电脑落单时就可以起到事半功倍的效果。

微课—中餐零点服务(二)

落单应一式三份，一份留底，一份交生产部门，一份交收款。

(1)进入厨房的单的基本格式。

单号：0001

台号	5 号	人数	4 人	落单时间	19：15	落单人	李涛
序号	名称				单位	数量	价格/元
1	自助餐				位	1	98.00
— — —	— — — — — — — — — — — —				— — —	— — —	— — —
1	罗宋汤				份	1	12.00
	洋葱汤(不要芝士)				份	1	16.00
	蘑菇忌廉汤				份	1	12.00
— — —	— — — — — — — — — — — —				— — —	— — —	— — —
2	杂青沙律(千岛汁)				份	1	16.00
— — —	— — — — — — — — — — — —				— — —	— — —	— — —
3	西冷牛扒(7 成)				份	1	68.00
	香煎鳕鱼				份	1	48.00
	蒸三文鱼(配黄面)				份	1	43.00

(2)进入酒吧的单的基本格式。

单号：0002

台号	5号	人数	4人	落单时间	19：15	落单人	李涛
序号	名称				单位	数量	价格/元
1	鲜榨木瓜汁				杯	1	18.00
	青岛啤酒				瓶	1	12.00
	黑牌威士忌				盎司	1	18.00
	宾馆特选白葡萄酒(配4只杯)				大瓶	1	68.00
	/						

(3)手写落单的基本格式说明。

——单上的所有项目必须填写齐全、清晰；

——“序号”表示出菜和服务客人的顺序；

——“名称”的内容包括客人所点菜式或饮料的名称和要求；

——应填写“单位”“数量”，避免生产部门出错；

——应填写“价格”，方便收款员核对账单；

——应填写“落单人”，方便生产部门、收款与楼面沟通的需要，管理人员检查的需要；

——应填写“落单时间”，便于生产部门和楼面掌握客人等候时间；

——应填写“台号”，便于出菜员和楼面服务人员出菜和上菜；

——应填写“人数”，便于收款核对账单，便于餐厅统计就餐人数；

——应填写“日期”，便于财务事后核对账单，便于餐厅统计工作；

——单中的“－－－－－－－－－－－－－－－－”表示提醒生产部门和服务部门控制出菜和上菜的节奏和顺序；

——单中的“ / ”表示客人所点项目从此完结；

——在客人点菜后服务人员应非常迅速、清楚地向生产部门落单，避免因落单时间长或出现错误导致客人长时间等待；

——在特殊情况下，楼面服务人员应根据客人的实际需要，同生产部门沟通好，先将客人的点菜通知生产部门，先行制作，然后补落单，以便加快服务效率。

(三)安排上菜(传菜员)

规模大的餐厅会设置专职的传菜员，规模较小的餐厅的传菜工作则由楼面服务员兼任。但无论如何，传菜工作对衔接楼面和生产部门的服务和生产是非常重要的。厨师和酒吧员在接受落单后会准备出品。从这一刻开始，传菜员就要开始履行职责了。

1. 传菜员安排出菜的工作要求

(1)传菜员应该根据落单的先后顺序协助生产部门整理和排列菜单，菜单的排列既要方便生产部门出餐，又要方便自己起菜。

(2)协助生产部门准备合适的空餐具，严格掌握冷菜用温度低的餐碟，热菜用温度高的餐碟，餐碟的准备要与生产部门的操作步骤达到默契。

(3)为了加快出餐的速度，菜式的辅助配料应由传菜员准备。

(4)传菜员应根据客人的需要安排出餐的顺序，提醒生产部门控制出餐的节奏和时间。

(5)在生产部门完成制作后，传菜员应核对菜式与落单上的菜式要求是否统一。

(6)标注已经完成的出餐，避免重复出餐或漏出餐。

(7)传菜员负责将出品运送至服务现场，注意安全，保证出品在运送过程中外形不受影响。

(8)传菜员将出品运达服务现场后，应与楼面服务员一起再次核对菜式。

2. 传菜员的服务流程图

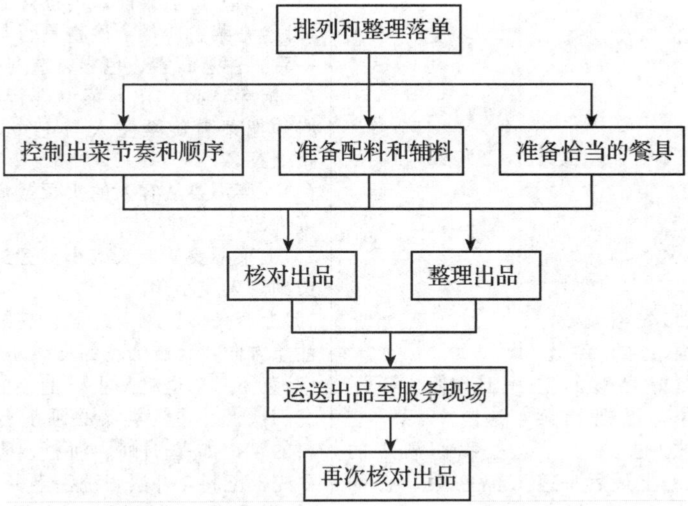

(四)安排上菜(楼面服务员)

将菜肴从服务台上运送到客人的餐桌只需短短几分钟的时间。其中却包含了许多服务要求和技巧，这是展示餐厅优质服务的一个重要环节。

1. 安排上菜服务的注意事项

(1)楼面服务员与出菜员应留意客人的用餐情况，配合生产部门合理掌握出菜的节奏，当客人的用餐速度严重影响出餐时，服务人员应灵活处理。

(2)服务员上菜时应遵守“先女后男，先主后宾，顺时针服务”“同上同撤”和“坚持服务的始、终点一致”的原则。

(3)上菜服务应遵守“从客人右手边上菜肴，左手边上调配料”的原则。

(4)当服务规范与客人实际需要产生矛盾时应以客人的需要为先。

(5)在上菜肴时，应确定客人的台面上足够和正确的上菜位置，没有的应事先进行调整。

(6)在上菜肴时，应确定客人的台面上有没有摆放好相应的餐具。

(7)在上菜肴时应事先调整好餐碟的位置，保证餐碟摆在客人面前时，该菜肴的主要内容在餐碟的下部，配菜或装饰在餐碟的上部。

(8)在上菜肴时，应尽量称呼客人的姓名，同时避免使用“这是你的……”之类的用语，而应用“这是您点的……”的用语。

(9)上菜时应报清菜名，尽量用简短的用语说明客人关心的菜式的特点，以便及时得到客人反馈，发现问题及时纠正。

(10)如果餐碟较烫时，应提醒客人，避免发生意外。

(11)一起完成(如为菜式配调料等)，这时应主动告诉客人，避免产生误会。

(12)在完成上菜后，不要忘记向客人说声“请慢用”。

2. 上热菜程序

项目	规程	语言	标准
有时在一连串服务中，为了提高工作的效率，容许漏下一两个服务内容，等后面服务中上热菜	(1)先整理好台面上的菜盘，留好足够的空位，再把热菜放上去。 (2)上最后一道菜时，要轻声告诉客人，菜已上齐，是否需要点主食。	“让你们久等了，这是××菜，它是我们酒店的特色菜，它的原料有……，请品尝。”	(1)上第一道热菜前，再将桌上鲜花撤走。 (2)检查菜肴质量，检查是否与宾客所点的菜肴一致，注意荤素、色彩、造型的搭配。 (3)上菜，必须在上菜位进行，有转盘的大桌，必须把菜肴旋至主人与主宾之间，退后一步，报上菜名。 (4)上菜不要从客人的头顶或肩上过，避免汤汁等洒出。 (5)上菜不要从老人或小孩旁边过，避免碰到或烫到老人或小孩。 (6)上有头形、象生拼盘、椭圆形的菜碟时，要注意方向，有装饰花的一律朝向转盘中心。 (7)菜要一道道趁热上，上菜前先整理台面，沙窝、铁板、煲汤类菜必须上台后开盖，凡有配料的菜，如基围虾、河蟹、青蟹之类的菜食，要先上配料，并紧跟洗手盅。 (8)派菜时，掌握好菜肴的分量，件数要均匀，尽量避免响声，如有汤水要用碗盛。 (9)上菜摆盘：一中心，二平行，三三角，四四方，五梅花，然后大盘换小盘，注意荤素搭配，颜色搭配，营养搭配，装盘器皿搭配。 (10)上菜顺序：先上凉菜，上头菜即第一道热菜，再上热菜即第二道菜，再上半汤菜即第三道热菜，再上其他热菜即第四至第八道热菜，再上鱼类即第九道热菜，再上甜品(除客人特殊要求)，再上随饭菜即蔬菜类，再上主食，最后上水果。小吃在上完第二道热菜后穿插上。 (11)注间特殊菜品的上菜方法：有配碟的先上配碟，有盖的菜品上桌后托盘取盖，需要点火的菜品先点火再上桌。

续表

项目	规程	语言	标准
上汤羹及各道菜	(1)先将整盘菜上桌，然后匀速转到主人与主宾之间，退后一步报菜名。 (2)征询客人意见后将其撤回落台上，用翅碗或骨碟按人数一一分好，再从主宾位开始每人一份分给客人。	“这是×××菜，我为你们分一下好吗?” “××菜，请慢用。”(用手示意)	(1) 在工作台上派，每份分量要均匀。 (2)分羹时，必须八分满。 (3)上羹必须跟调羹，勺柄方向右侧。

3. 整鱼的服务

项目	规程	标准
整鱼的服务	准备工作： 准备派菜用的刀叉，并根据宾客人数准备足够的餐盘。	量要备足。
	展示与摆放： (1)服务员在打荷位将整条鱼横向摆放在转盘上，鱼头向左，鱼尾向右，鱼肚向外，按顺时针方向转到主人面前，并退后一步报菜名。 (2)征询客人后，将此菜撤下，准备为客人剔鱼骨或分鱼。	鱼脊不能面向客人。
	剔鱼骨： (1)服务员左手持叉，右手持刀，用餐叉轻轻将鱼身上的葱丝等移到菜盘边上。 (2)然后将叉轻轻按在鱼背上，以避免鱼在盘中滑动，但不要叉进鱼肉中，右手的刀在鱼头下面切一刀，在鱼尾上切一刀，切到鱼骨刺为止。 (3)用刀、叉横向削下鱼肉至鱼尾。 (4)将鱼骨轻轻挑起，放在旁边骨盘中，最后把移到菜盘边上的葱丝重新覆盖在鱼肉上，并淋上汤汁。	动作利落，不能将鱼肉弄碎，从而破坏整条鱼的造型。
	分鱼： (1)一般先切下鱼头、鱼尾，然后加上鱼身的一小块肉，摆在一个餐盘内，并淋上汤汁，给最重要的客人，表示一整条完整的鱼。 (2)剩下的鱼，根据宾客人数，均匀分给其余的客人。 (3)将分好的鱼按先宾后主，女士优先的原则从宾客的右侧送上。	鱼背向上，且分量大致均匀。
	换骨碟： 当客人用完鱼后，主动征询客人换上干净的骨碟(避免骨碟内有鱼刺，影响用餐)。	动作利落。

4. 吃蟹的服务

项目	规程	标准
吃蟹的服务	准备工作： 先为每位客人分别上好吃蟹用的“蟹具”、一次性手套、调料，并根据宾客人数准备足够的餐盘。	数量准备充分。
	展示与摆放： (1)服务员在上菜位将整盘蟹摆放在转盘上，按顺时针方向转到主人面前，并退后一步报菜名。征询客人意见后，将此菜撤下，准备为客人分蟹。 (2)服务员在上菜位端上洗手盅，并委婉说明请用洗手盅。	提醒客人是洗手盅，避免客人误解。
	分蟹： (1)根据宾客人数，将蟹均匀分给客人。 (2)按先宾后主，女士优先的原则从宾客的右侧送上。	蟹背向上，且分量大致均匀。
	换骨碟： 当客人用完蟹后，主动征询客人意见后，撤下“蟹具”并换上干净的骨碟(吃蟹后壳比较多，必须换骨碟)。	动作利落。
	上热姜茶： 当客人用完蟹后，立即为每位客人端上热姜茶，并介绍说明这是吃蟹后暖胃的，因为蟹属寒性食品，这样对身体更好。	一定要向客人介绍热姜茶的作用。

5. 安排上菜服务的流程图

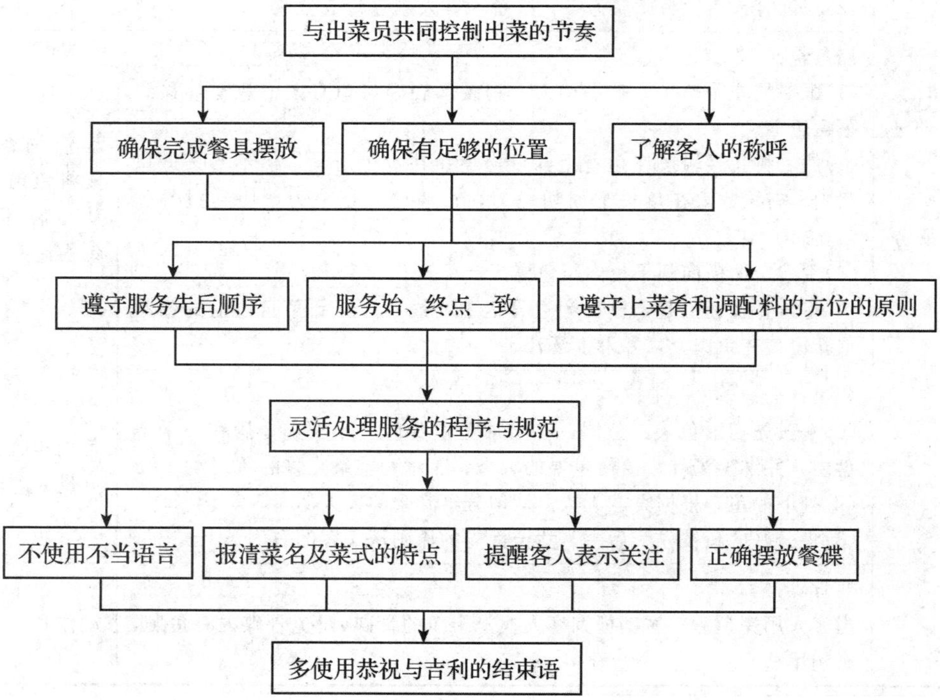

微课—酒水服务

（五）酒水服务

项目	规程	语言	标准
洋酒服务	准备工作： 将客人所点或自带的洋酒放置托盘中央，将洋酒对应的酒杯、公杯、冰桶、冰夹及冰垫摆好。 备注： 白兰地酒（各品牌 XO、VSOP 等）需用白兰地杯（支撑高脚杯）。 威士忌酒、伏特加酒、金酒、龙舌兰酒等需用威士忌酒杯（古典杯、平底玻璃杯）。 若客人点用龙舌兰酒、伏特加酒时，需多附上数片杯垫。 展示、开酒、斟酒： (1)以左手托住洋酒的底部，右手扶住洋酒的瓶颈，洋酒商标对向客人，拿到主位客人的面前。 (2)将洋酒瓶盖上的封条撕开，打开瓶盖。 (3)右手扶住洋酒瓶颈，左手托住瓶底，将酒缓缓倒入公杯中，将公杯内的酒分别倒入酒杯中，每杯约 1 盎司，约 1/6 杯。 (4)询问客人是否需要加冰或苏打水、汤利水、绿茶等。	“先生/小姐，这是您点的×××，请您验酒。” “先生/小姐，若您觉得酒没有问题的话，我将为您开酒。” “先生/小姐，您看酒是否还需要再加一瓶？”	(1)客人点完酒水后，应尽量快速将酒水送上，避免让客人等候太长的时间。 (2)动作利落，商标面对客人。 (3)如主人不再加酒，服务员应观察客人，待其喝完酒，征询客人后，将空杯撤掉。
	准备工作： (1)准备好一块干净的白色擦酒布。 (2)将取回的红葡萄酒放于靠近餐桌的服务台上。		(1)客人点完酒水后，应尽量快速将酒水送上，避免让客人等候太长的时间。 (2)根据客人要求，准备话梅、矿泉水、柠檬片等。
红葡萄酒服务	红葡萄酒的展示： (1)走到主人座位的右侧。 (2)服务员右手持酒瓶颈，左手拇指扣住瓶底，其余四指并拢托住瓶身，呈 45°角倾斜，商标向主人展示。	“先生/小姐，这是您点的×××葡萄酒，请问现在可以打开吗？”	动作利落。
	红葡萄酒的开启： 将酒钻垂直钻入木塞，待酒钻完全钻入木塞后，轻轻拔出木塞。	“请稍等。”	开酒瓶时，注意不要旋转酒瓶。

续表

项目	规程	语言	标准
红葡萄酒服务	红葡萄酒的斟倒： (1)服务员右手持红葡萄酒，商标朝向客人，左手拿干净毛巾，从主宾位开始，按先宾后主、女士优先的原则，依次为客人斟倒，斟倒时站在客人的右侧，倒入杯中1/3即可。 (2)每斟完一杯酒须将酒瓶按顺时针方向轻转45°角，避免瓶口的酒滴落在台面上，并及时用毛巾擦干瓶口。 (3)为所有的客人斟完酒后，将酒瓶轻放至离桌边最近的落台上。 (4)红葡萄酒的饮用温度为5 ℃～24 ℃，最佳为20 ℃。	“先生/小姐，您的×××葡萄酒，请慢用。”	酒的商标须朝向客人。 服务过程中动作要轻缓，避免酒中的沉淀物泛起，影响酒的质量。
	红葡萄酒的添加： (1)随时为客人添加红葡萄酒。 (2)当瓶中的酒只剩下1/3的酒量时，须及时征求主人的意见，是否再加一瓶。 (3)如主人同意再加一瓶，服务程序与标准同上。	“先生/小姐，请问您是否需要再来一瓶红葡萄酒?”	语调适中，声音清晰。
高档红葡萄酒服务	高档红葡萄酒的展示： (1)走到主人座位的右侧。 (2)服务员右手持酒瓶颈，左手拇指扣住瓶底，其余四指并拢托住瓶身，呈45°角倾斜，商标向主人展示	“先生/小姐，这是您点的×××年份的×××葡萄酒，现在可以打开吗?”	(1)高档红葡萄酒的品酒服务，要求动作高雅、大方、轻缓，对客人所点的红葡萄酒要做专业知识介绍，以提升该红葡萄酒的价值。 (2)让客人感觉到“品酒”而非“喝酒”。
	高档红葡萄酒的开启： (1)左手扶住酒瓶，右手用刀具割开铅封，并用一块干净的餐巾将瓶口擦净。 (2)将酒钻垂直钻入木塞，待酒钻完全钻入木塞后，轻轻拔出木塞。 (3)将木塞放在一个精致的餐碟内，摆放在主人红葡萄酒杯的右侧，间距1～2厘米，便于主人评判酒的储存情况。	“先生/小姐，这是您点的×××年份的×××葡萄酒，请。”	注意不能将酒瓶上面的皮套划破或者将瓶塞掉进酒里面。
	红葡萄酒的斟倒： (1)服务员右手持红葡萄酒，商标朝向客人，左手拿干净毛巾，从主人位右侧向主人杯中倒入1/5红葡萄酒，请主人品评酒质。 (2)主人认可后，开始按先宾后主、女士优先的原则，依次为客人斟倒，斟倒时站在客人的右侧，倒入杯中1/3即可。	“先生/小姐，这是×××年份的×××葡萄酒，请品尝。” “先生/小姐，××葡萄酒，请慢用。”	注意斟倒的量不能太多或太少。(客人要求除外)

续表

项目	规程	语言	标准
白葡萄酒服务	准备工作： (1)准备好冰桶架、冰桶，并在冰桶中放 1/2 冰块，配一条叠成条状的餐巾。 (2)白葡萄酒取回后，放入冰桶中，商标向上。	“您好，先生/小姐，这是您点的×××酒，你看现在可以打开了吗?”	客人点完酒水后，应尽量快速将酒水送上，避免让客人等候太长的时间。
	白葡萄酒的展示： (1)将酒倾斜插入冰桶内，连同落地冰桶架移至主人座位的右侧。 (2)把餐巾折叠成图形。 (3)右手持用餐巾包好的酒，用左手四个指尖轻托住酒瓶底部，酒瓶呈 45°角倾斜，站至主人右侧，请主人看清酒的商标。	“先生/小姐，这是您点的×××年份的×××葡萄酒，现在可以打开吗?”	与红葡萄酒的展示大致相同。
	白葡萄酒的开启： 白葡萄酒的开启程序与红葡萄酒一致。	“请稍等。”	动作利落。
	白葡萄酒的斟倒： (1)从主宾位开始，按照先宾后主、女士优先的原则依次为客人斟倒，斟倒时站在客人的右侧，倒入杯中 2/3 即可。 (2)每斟完一杯酒将酒瓶按顺序时针方向轻轻转 45°角，避免瓶口的酒滴落在台面上，并及时用毛巾擦干瓶口。 (3)为所有的客人斟完酒后，将酒瓶轻轻放回冰桶内，配上餐巾(服务过程中需放在冰桶中冷却)。 (4)白葡萄酒的饮用温度为 7 ℃～13 ℃，最佳为 9 ℃。	“先生/小姐，这是×××年份的×××葡萄酒，请品尝。” “先生/小姐，××葡萄酒，请慢用。”	商标须始终朝向客人，斟酒时，瓶口不得碰杯口，瓶口离杯口 2 厘米左右。
	白葡萄酒的添加： (1)随时为客人添加白葡萄酒，将酒从冰桶中抽出时，应用餐巾将瓶外侧的水擦干。 (2)当瓶中的酒只剩下 1/3 的酒量时，须及时征求主人的意见，是否再加一瓶。 (3)如主人同意再加一瓶，服务程序与标准同上。	“先生/小姐，请问是否需再加一瓶?”	如主人不再加酒，即观察客人，待其喝完酒后，征询客人意见后，将空杯撤掉。
白酒服务	准备工作： 在客人的左侧放上公杯和白酒杯。		客人点完酒水后，应尽量快速将酒水送上，避免让客人等候太长的时间。
	白酒的展示： 右手持瓶颈，用左手四个指尖轻托住酒瓶底部，站在主人右侧，酒瓶呈 45°角倾斜，为主人展示白酒。	“您好，先生/小姐，这是您点的××，××度的白酒，请问现在可以打开了吗?”	商标朝向客人。

续表

项目	规程	语言	标准
白酒服务	白酒的斟倒： (1)征得客人同意后，在客人面前打开白酒。 (2)服务后，左手持毛巾，右手执白酒或公杯，按照先宾后主、女士优先的原则，从客人右侧依次为客人斟倒。 (3)酒瓶成45°角，瓶口不要碰白酒杯，瓶口离杯口距离为2厘米为宜，以免酒水溅出。 (4)酒斟八分满。 (5)倒完一杯时，轻轻转动瓶口，避免酒滴在台面上，并及时用毛巾擦干瓶口。	“先生/小姐，请问您是否需来点白酒？”	商标朝向宾客。
	白酒的添加： (1)随时为客人加酒。 (2)当瓶中酒只剩下1/3的量时，询问主人是否再加一瓶，如主人同意再加一瓶，服务程序与标准同上。	“先生/小姐，请问白酒是否需再加一瓶？”	如果主人不再加酒，应观察客人，待其喝完酒后，征询客人的意见后，将空的酒杯撤掉。
啤酒服务	啤酒的斟倒： (1)用托盘托着啤酒，依据先宾后主、女士优先的原则为客人斟啤酒。 (2)提供啤酒服务时，服务员站在客人右侧，左手托托盘，右手执酒瓶，身体侧站，将啤酒匀速倒入杯中，啤酒应沿杯壁慢慢流下，以减少泡沫，注意泡沫不得溢出杯外。 (3)酒斟八分满。 (4)啤酒饮用最佳温度在7 ℃左右。	“先生/小姐，请问您需要的啤酒是冰镇的吗？”	倒酒时，酒瓶商标应面对客人，瓶口不得碰杯。
	啤酒的添加： (1)随时为客人添加。 (2)当只剩下一瓶的啤酒量时，须及时征求主人的意见，是否续加几瓶。	“先生/小姐，啤酒是否需要再加几瓶？”	如主人不再加酒，即观察客人，待其喝完酒后，征询客人的意见后，从客人右侧撤掉空杯。
饮料服务	尽量向宾客推销鲜榨果汁类饮料，服务员填写酒水借记本后，到酒水吧台取饮料。	客人点完毕。“好的，谢谢，请稍等。”	(1)罐装饮料要侧身当客人面打开，斟倒饮料的速度不宜过快，避免含气体的饮料溢出泡沫。 (2)如客人不需再添加饮料，等客人喝完饮料后，征询客人的意见后，从客人右侧撤走空杯。 (3)饮料八分满。

(六)餐中服务

餐中服务是餐厅服务的重头戏，因为客人的大部分时间是在这段时间度过的。其间，服务的特点是机动性的。餐中服务阶段是通过观察客人的反应主动提供服务的阶段，对服务人员的服务意识要求特别高。

微课—餐中服务

项目	规程	语言	标准
换骨碟	(1)根据宾客人数从落台中取出干净、无破损的骨碟，放入托盘中。 (2)左手托托盘，右手将脏盘撤下，再换上干净的骨碟。 (3)将干净的骨碟叠放在托盘内侧，以免重心不稳。	“不好意思，打扰一下，为您换一下骨碟好吗?”	(1)巡视台面，发现盘内有1/3杂物时需及时更换。 (2)冷菜以后上热菜前；吃过汤汁较厚的菜后；荤素菜交替时；上甜点与水果前，需更换骨碟。 (3)右撤右上原则。
整理台面	站在客人右侧，身体侧站，左手中的托盘应在客人背后。	“这个可以撤吗?” “这个菜帮您换成小盘可以吗?”	(1)巡视台面，发现空杯、空盘，需征得客人的同意后及时撤掉，不能影响客人交谈。 (2)菜上不下时，将剩下只有少量的菜，换小盘子装。 (3)转盘上有杂物、汤汁时要及时处理。 (4)撤餐具时，托盘内物品应分类摆放，整齐有序。
派点心	(1)侧站在客人左边，面朝客人，左手托托盘，右手拿叉和分羹，左脚在前，右脚在后，身体微曲，用叉和分羹夹住油煎或蒸制点心，放入客人的骨碟中。 (2)有汤水的点心，应先在落台上操作，根据人数分别派于翅碗中，然后跟上底碟和调羹后以主宾为开始，依顺时针方向，从客人右边为客人送上。	“××点心，请慢用!”	(1)派点心前应先换上干净、无破损的骨碟。 (2)按照女士优先、先宾后主的原则，并告知宾客点心的名称。 (3)分派时一次到位。 (4)客人所点菜上齐时，要轻声告知主人，并询问其是否需要再添加别的菜肴。

续表

项目	规程	语言	标准
撤掉餐具	(1)左手托托盘，右手将桌面上多余的餐盘和空酒杯撤入托盘中。 (2)站在客人右侧为每位客人换上干净的骨碟。	“不好意思，打扰一下，××菜可以帮您撤掉吗?”	(1)为每位客人换上干净骨碟并配上水果叉。 (2)上水果前，征询客人的意见后，撤掉用过的餐具和剩余菜肴，动作快速。
上水果	把水果盘放到转盘上，转至主人与主宾之间。	“请各位品尝水果。”	在打荷位上水果盘。
提供打包或存酒服务	(1)打包要使用专用打包盒。 (2)存酒服务要求填写存酒单，并记录存酒档案。	“先生/小姐，请问××菜需要为您打包吗?” “先生/小姐，我们为您提供存酒服务，您的××酒可以存在我们的酒柜中，等您下次来再用。”	须主动征询客人的意见，为其提供服务。
用餐结束	主动询问客人的需求： (1)当客人所点菜肴已上齐后，酒水也基本喝好时，服务员应主动询问主人，是否需要再添加菜肴或主食? (2)如主人决定添加，服务员马上递上菜单，为其添加。 (3)如主人不再添加，则表示感谢，然后询问主人是否可以退掉备用酒水?	“请问是否还需添加些菜肴或主食?”	不要让客人有被驱赶的感觉。
	上送客茶： 询问后得知客人不需要别的菜食及酒水，也没有立即离去的意思时，服务员应为客人斟倒送客茶。	“先生/小姐，这是您的茶。请慢用”(用手示意)	不要让客人有被驱赶的感觉。

(七)结账服务

项目	规程	语言	标准
客人要求结账	(1)当客人要求结账时，服务员应先确认酒水及所添加食品数量，对照食品卡。 (2)确认客人是否为协议单位，如食品卡未填写，则需询问客人。 (3)确认完食品、酒水数量后，通知收银员打印账单，并告知相关协议单位情况，同时填写酒水单至吧台。 (4)若客人为协议单位，则需要客人签署单位名称、联系方式和姓名。	“先生/女士，请稍等。”	账单准确、无误。
现金结账	(1)如客人付现金，应在客人面前清点钱数，并询问是否需要发票，将账单及现金送给收银员。 (2)收银员收完钱后，结账人员将所找零钱交给客人。 (3)如果客人需要发票，在收银员处开好相应数目的发票，放入收银夹内与零钱一并送回主人。 (4)真诚地感谢客人。	“先生/女士，请稍等。” “这是您的找零和发票。”	客人确定所找钱数正确后，结账人员才离开客人餐桌。(由管理人员监督)
签单	在确认完账单后，若客人表示为协议单位可挂账，要弄清客人身份，请客人将姓名、单位、联系电话(字迹需清晰可辨)一并签上，至收银台处确认客人是否有签单权后方可。	“先生/女士，请稍等。” “请您签署一下单位、联系方式和姓名可以吗?” “请您签字确认一下账单，谢谢”。	检查签名账号是否相符。 挂账单位不开发票。

(八)回复客人要求

虽然在服务中提倡“服务的预见性”，也就是说尽量在客人提出要求之前，服务人员需主动提供服务。然而，在实际工作中客人会提出这样或那样的要求。“回复客人要求”也就成为检验服务人员应变能力的一项重要工作。

1. 回复客人的服务要求

(1)餐厅一切工作的目的都是使客人满意。

(2)客人不会因为餐厅工作的繁忙而原谅你的失误。

(3)在客人眼里，任何服务员都是餐厅的服务员，客人是不会关心服务员是“哪一组”这类纯属餐厅内部管理的问题的。

(4)当客人提出服务要求时，当场的服务员要负起责任来，如果这位服务员属于其他组的，他必须在毫无推辞的前提下接受客人的要求，然后将有关情况准确、及时地传达给该组的服务员。

(5)当客人招手时，无论在任何情况下都必须马上点头示意，表示已经知道客人的招呼。

①如果手头无工作，服务员必须马上快步上前，站在适当的位置，上身微微前倾，询问客人：“先生/小姐，请问我能为您做些什么?”

②如果服务员手头的工作并非紧急或正在为另外一名客人服务的话，应立即放下手头的工作，快步上前招呼客人。

③如果服务员手头的工作紧急或正在为另外一名客人服务，服务员应尽快结束手头的工作，然后快步上前：“先生/小姐，对不起，让您久等了，请问我能为您做些什么?”

(6)服务员必须通过与其他员工沟通，或向客人征询意见来确认客人的要求得到满足。

2. 回复客人的要求流程图

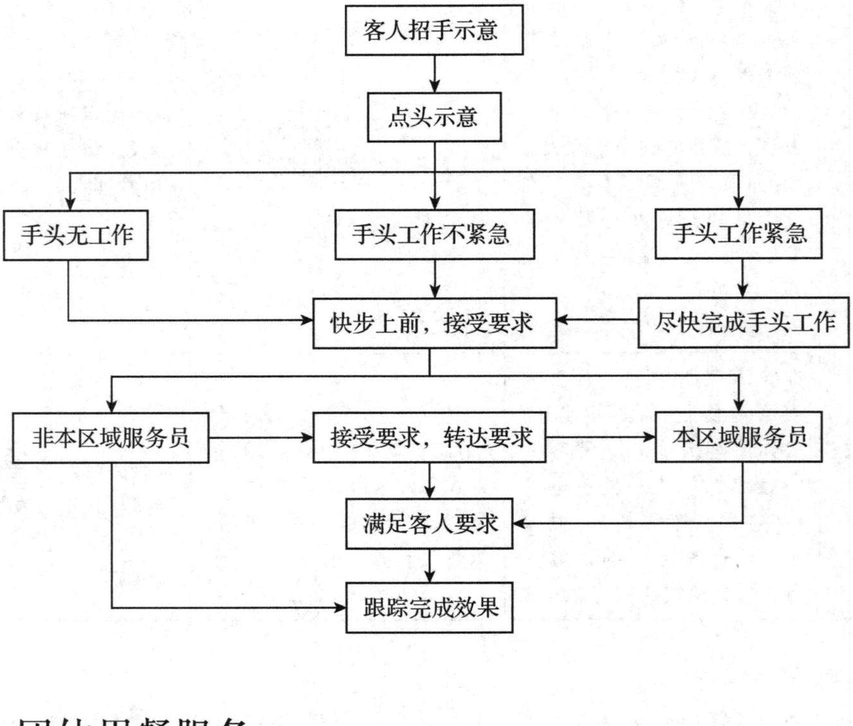

三、团体用餐服务

团体客人因为同时用餐人数多，所以一般会安排客人用自助餐或套餐。自助餐的服务同其他类型的服务没有太大区别，因此，这里主要讲团体客人套餐服务流程。

(一)团体客人(套餐)服务前的准备工作

可以将团体客人(套餐)服务前的准备工作分为两大类：一是生产部门根据订单准备套

餐食品；二是餐厅安排客人用餐场地，安排客人就座，控制饮料和食品上菜的速度、顺序和节奏，提供餐台服务等几项工作。这里将集中介绍餐厅楼面的几项服务内容。

(二)团体客人的场地和订单安排

(1)餐厅接到前台有关团体客人订单时，接受预订的原则请参考餐厅常规服务中的有关要求。

(2)餐厅管理人员应亲自过问团体客人的用餐场地安排，要求场地相对独立，使得用餐客人相对集中，一方面可以方便服务，另一方面减少团体客人对餐厅其他客人的影响。

(3)团体客人的订单通常会附菜单，也希望提供个别团体客人的特殊要求。这些信息应及时知会负责接待的区域服务人员，以便他们掌握信息，准备餐台。

(三)客人抵达前的餐台及服务区域的准备工作

(1)根据客人的人数确定餐台的数量、餐位的数量和餐台的组合(有无分拆或合并的需要)。

(2)根据菜单设置餐位，摆放好餐巾、刀、叉等餐具以及台中的植物(花瓶或烛台)、粮盅和盐、胡椒瓶的摆设。

(3)在餐台的显眼处放上套餐牌。

(4)仔细检查以下项目。

①餐具、餐巾、台布、糖袋、糖盅及盐、胡椒瓶是否清洁无破损。

②餐椅是否端正，平靠台布下摆，每个餐椅间距台是否相等，每个餐位间距离是否相等。

(5)服务台上的用品是否充足，如冰水、牙签、纸巾、各类餐具、玻璃器皿、瓷器、布草和托盘等。

(6)服务台上的摆放垃圾区是否空间充足，搬运垃圾的大托盘是否充足。

(7)服务台是否预留了足够的位置摆放菜式。

(四)团体客人抵达

(1)团体客人抵达前，该团的领队(导游)通常会到现场查看一下餐台的准备情况，这时餐厅迎送员要及时通知负责团体客人服务的管理人员，一起落实一些服务细节和注意事项。

(2)团体客人一般凭酒店发给的餐券用餐，所以迎送员在迎客时要收好餐券，之后进行整理落单，请收款员通知财务做内部划拨。也有些餐厅采取月结方式，月底统计餐券数量和余额，统一上报要求内部划拨。

(3)有些团队客人在用餐期间抵达酒店，在完成入住登记后会直接到餐厅用餐。他们手中有许多行李，所以餐厅的迎送员、管理人员和服务员要将客人行李在客人用餐附近集中管理，由于没有一套像前台一样的行李托管制度，也没有合适的场地，很容易发生事故，所以应放在客人目光可及之处。

(4)及时帮助客人落座，管理人员要及时抵达现场，安顿客人，一方面让客人能够尽快用餐，另一方面避免嘈杂声影响餐厅形象和其他用餐客人。

(五)团体客人饮料服务

(1)团体客人的套餐中会包含饮料服务，一般为餐前提供的软饮或啤酒。

(2)酒水部门根据订单要求准备充足的饮料，为了降低成本，通常使用大支装的饮料。

(3)楼面服务人员在客人抵达前半小时要配合酒水部门完成以下工作。

①在酒吧台上排列足够的杯具。

②基本饮用要求：用于盛放软饮的杯具中放置冰块和柠檬片，啤酒杯应是冰冻过的，啤酒本身也是冰冻过的。

③在酒吧台准备足够的圆托盘。

④管理人员根据团体客人人数安排好数名服务员专职为客人服务酒水，具体落实到哪一位负责哪一张台。

(4)因团体客人人数多，服务人员不可能逐一询问酒水，有时在托盘摆放不同种类的饮料，围绕餐台巡视由客人自由选择。

(5)酒水部门在客人抵达时向事先在吧台排列好的杯具里斟倒酒水，掌握的数量要遵守“递减原则”，也就是第一轮每一种饮料都准备数杯，由服务员放在托盘中让客人选择，以后的数量和品种根据服务员反馈的客人信息来定，始终保持最低消耗量。

(6)楼面服务员要事先了解该团体客人所包含饮料的数量，如果客人额外增加数量要及时落单，现场同客人结账，以上工作包括这样几个要求。

①为了确保服务效率，可以采取先同酒吧人员简单记录，提供饮料，然后补落单的办法操作。

②结账工作不能搬用散客的方法，应在客人用餐期间结账，防止团体客人集体退场时应接不暇。

③服务员要留意观察客人的用餐节奏，在判断客人不再增加饮料时再结账，避免客人多次结账。

④服务员在为客人添加饮料时要做好记录，认清客人，因为团体客人喜欢走动和转移座位。如果客人转移到其他服务员负责的餐台，两个服务员要及时沟通，避免结账工作的错漏现象发生。

(六)团体客人(套餐)食品服务

(1)团体客人抵达，服务员完成第一轮饮料服务后，及时为客人提供面包服务，要使用面包篮的方式服务客人，配备标准是：8人圆台放4篮面包，长方台每4人配1篮面包，2～4人方台配1篮面包。

(2)面包服务结束后开始上第一道菜，管理人员要安排几位服务员一起上菜，采用逐台服务的原则，先由传菜员将菜式放在服务台上，管理人员指挥服务员用列队形式服务上菜，完成一张餐台的上菜，再完成下一张餐台的，不要四面开花。因为从餐台用餐礼仪来讲，同一张餐台的客人认为一同开始用餐是礼貌的。

(3)管理人员在指挥上菜时要注意以下几点。

①以餐台为单位，服务台的菜式数量同一张餐台客人数量相同时才开始上菜，避免同一张餐台的个别客人等菜。

②要遵守上菜顺序始终如一的原则，每一道菜服务的餐台顺序相同，同一张餐台的客人的上菜顺序相同。

③在上下一道菜之前要确认客人是否已用完上一道菜，并将餐台整理好，有足够和正

确的位置放置下一道菜。如果有些客人用餐速度慢，在征询客人意见的前提下，可将下一道菜放在该客人正在食用菜式的正上方，待用完后再帮助客人调整。

(4)及时提供餐台服务，服务要求请参考餐厅常规服务的有关内容。

(5)对有特殊要求的客人提供服务要特别小心，管理人员在客人抵达后，及时同团体客人的领队(导游)了解，确认客人信息，并将信息传达给该餐台服务员，并与生产部门沟通，使生产与服务节奏保持一致。

7.3　中餐其他服务

微课—
中餐其他服务

一、生日蛋糕服务技巧

(一)接受预订

要询问客人：所需蛋糕的品种、质量、形状、特别要求、蛋糕上写什么、需要的时间、要准备的蜡烛数量、生日客人的特征等，做好记录并将客人的要求重复一次以确保正确。

(二)落订单

要注明以上有关的要求和起货时间，将点菜单交给厨房，要求按客人的要求制作蛋糕。

(三)服务前的准备工作

(1)要用鲜花和丝带等装饰客人的餐台，让与众不同的装饰显示出餐厅对客人的重视，同时也可以给客人一个惊喜。

(2)准备好服务蛋糕时使用的服务车：车上放一个插着红蜡烛的蜡烛架、一盆鲜花、一个蛋糕座、一只配套的玻璃碟、一把蛋糕刀(最好用红丝带系上蝴蝶结)，用甜品碟垫上餐巾盛着，咖啡壶盛八分满热水(用于洗蛋糕刀)，配套的甜品刀、叉、甜品碟和适当的生日蜡烛座。

(3)准备相应的音乐：如有乐队可与乐队约定好演奏生日歌的时间；如没有乐队可将生日歌磁带准备好，用录音机播放生日歌。

(四)现场服务生日蛋糕

(1)举行仪式：在客人认可的时间里(一般在客人用完主盘后)，按要求插好生日蜡烛，点燃蜡烛，在乐队的奏乐中或录音机的播放中，列队(至少三人)边唱生日歌边把蛋糕车渐渐推到客人餐桌旁停下，一名服务员捧起蛋糕走至生日的客人面前在恭祝客人“生日快乐”的同时将生日蛋糕放在客人的面前，让客人吹蜡烛许愿。然后上蛋糕刀让客人切第一刀蛋糕。如果餐厅有特别的小礼物或花送给客人的，此时可同时上。

(2)分派蛋糕：服务员把蛋糕放回服务车，拔掉生日蜡烛，用蛋糕刀把蛋糕对等切好，逐一分派上碟后服务上台，按女士优先、先上生日的客人再上其他的客人、顺时针服务给客人，服务蛋糕时应注意蛋糕尖向客人摆放，上蛋糕的同时别忘了再次恭贺客人生日快乐。

(3)打包蛋糕：如蛋糕没有一次分完，服务员应在客人用完第一轮蛋糕后，询问客人是否添加蛋糕或将蛋糕打包，服务员如果客人需要打包蛋糕，服务员应让客人稍等，将蛋糕车推至后台打包蛋糕，服务员将蛋糕放在方形打包盒内用丝带扎好，放在配套的方形胶袋内，将打好包的蛋糕给客人的同时告知客人这是他的生日蛋糕。

二、生日蛋糕服务流程图

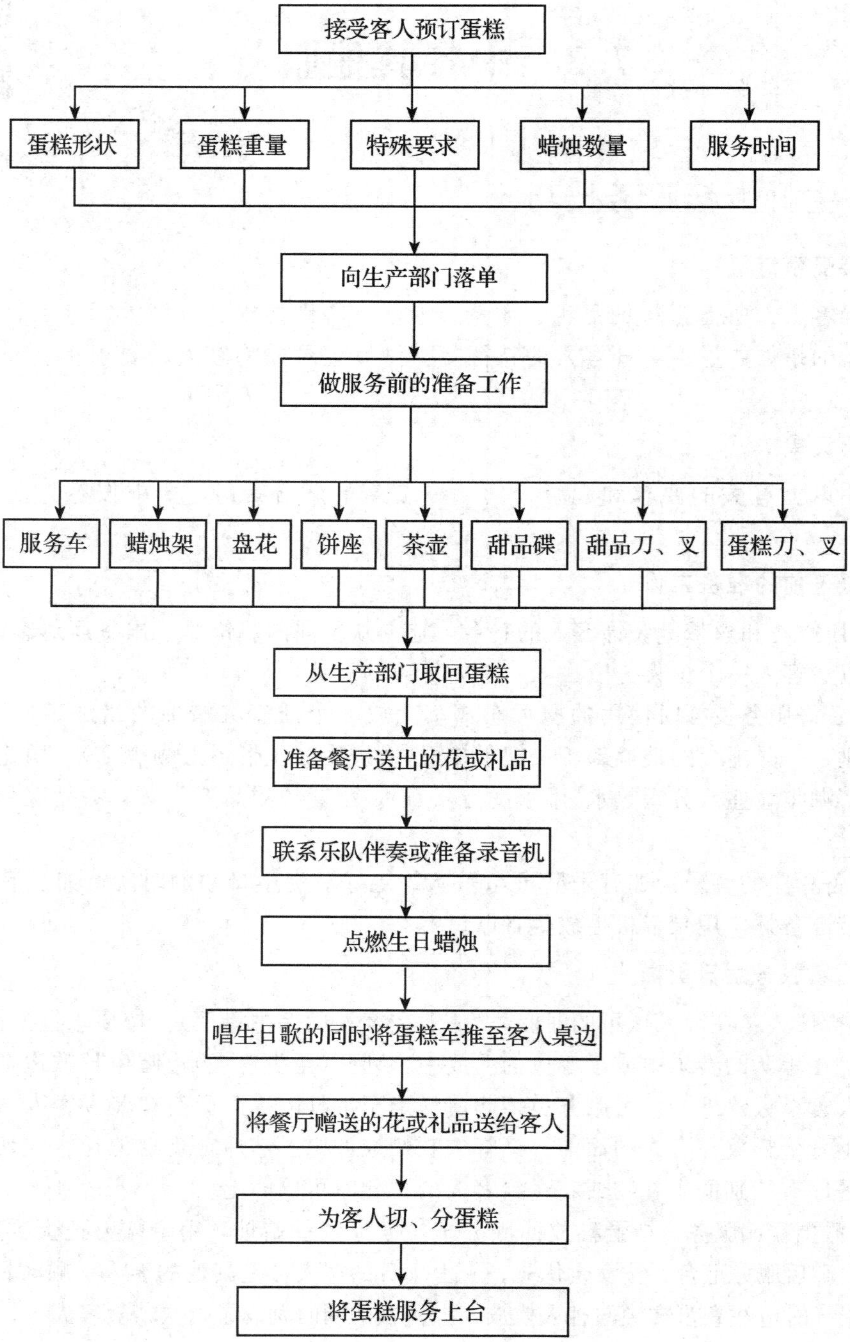

7.4　意外事件的处理

微课—意外事件的处理

餐厅服务过程中，因为服务员操作不当或客人动作不慎而造成意外事件的并不罕见。意外事件已经发生时，最重要的是通过一系列措施将损失和伤害减至最低。在对意外事件的处理中，服务员的现场反应是至关重要的一个环节。

一、餐厅常见的意外事件应急措施

(一)餐厅常见的意外事件

(1)餐厅服务人员必须及时清理地面的垃圾、水迹以防止人员滑倒。

(2)服务人员在搬运垃圾时应摆放好(请阅读前面有关内容)，不可堆放太多，防止物品倾倒。

(3)如果发生打破餐具的事件时，服务人员在紧急的情况下应尽量避免殃及客人，用自己的身体遮挡或将即将倒地的物品顺势倾倒在无人的空地上。

(4)因为服务员的操作不当引发了这类事件，惊吓了客人，当事服务员应马上向周围的客人道歉，并表示事态在控制中，其他服务员也有责任安抚区域内的客人。

(5)在事件发生时，管理人员应立即赶赴现场，指挥现场和周围的员工进行善后处理。

(6)善后工作包括让员工迅速去后台取清洁和盛装的工具；在现场检查涉及的区域范围；安排服务人员在现场站立，防止走动的客人伤到自己；在无法顾及的区域摆放指示牌或其他阻碍物，防止客人不留意伤到自己；组织人力清洁现场，并做好复查工作，确认完全解决。

(二)流程图

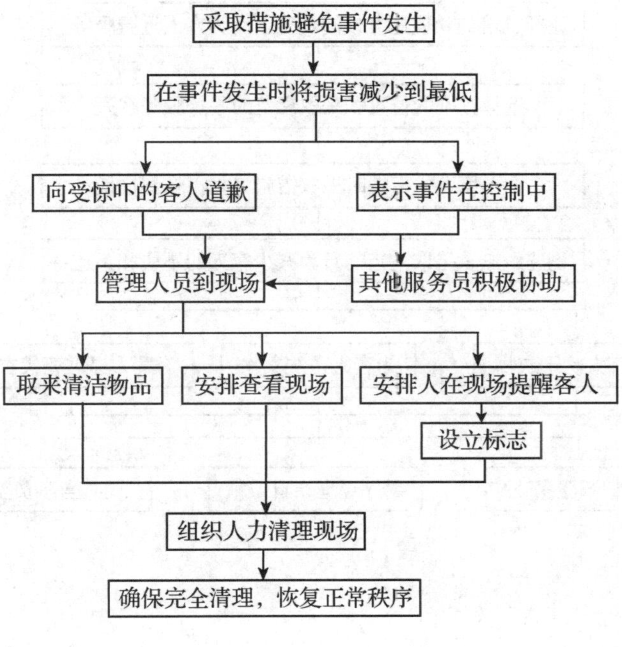

二、果汁不慎打翻

(一)果汁不慎打翻程序

(1)服务员使用正确的姿势和手势来服务酒水。

(2)在服务过程中服务人员的位置和与客人距离要符合操作规范。

(3)在客人的餐台旁服务酒水时发现有倾倒危险时，服务员应及时转身挡住托盘中的酒水，以防止酒水溅到客人身上。

(4)如果酒水只是倒在服务员身上，那么服务员应马上道歉，然后迅速为客人更换新的酒水，并及时对现场进行清理。

(5)如果不慎将酒水倒在客人身上。

①马上向客人道歉，然后迅速拿餐巾。如果是同性客人，服务员可以在征求客人同意的情况下为客人擦拭，如果是异性客人，应将餐巾递给客人。

②如果客人身上溅的只是清水，服务员可提出建议，请客人到洗手间利用“干手器”将衣服烘干，洗手间没有“干手器”的，应提供风筒。这一切工作应由同性的服务员陪同协助。

③如果客人身上溅的是果汁、红葡萄酒等难以去色的液体，可以提出建议，让客人到洗手间换上由酒店洗衣房提供的制服性质不浓的工衣，然后将客人的衣服拿去急洗，在客人用餐结束前送回，有关费用由餐厅支付。

④餐厅的经理应亲自出场，向客人道歉，化解客人的怒气，同时经理应特别嘱咐服务员此后要特别留意该餐台的客人，避免发生其他令客人不快的事件。有必要的应该将当事服务员调离该区域，避免客人的不安全心理。

(二)流程图

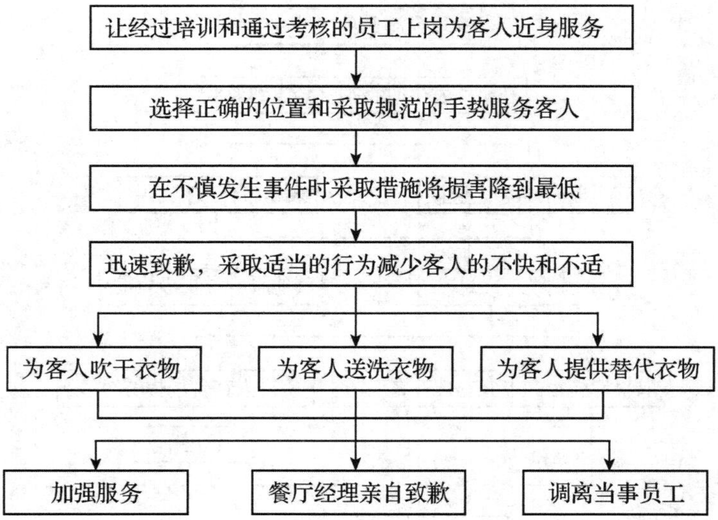

三、客人行为造成意外事件

在用餐期间，客人可能因为不慎或者身体不适而损坏餐厅的物品。常见的有客人在地面上呕吐，客人将瓷器或玻璃器皿打碎，客人扭伤、烫伤、割伤，客人被异物噎住。

在这种情况下，服务员的反应是：

——首先应关心客人的身体状况，了解客人有什么需要帮助的。

——帮助客人处理现场或其他意外场面，提供专业的帮助，如将客人送到医疗室等。

——在客人安顿下来后，根据实际情况，确认是否要求客人赔偿损失。

四、观察客人的举止

在服务过程中，服务人员通过观察客人的举止可以判断客人的需要。如果能在客人提出要求前主动提供服务，那么不但能赢得客人的赞许，而且也能提高服务的工作。

下面将通过表格来反映客人的举止、客人可能的需要和服务人员的行动三个方面的问题。这里列举的只是其中极少的一部分，只有在服务期间多留意客人，多总结，才能做到真正的善解人意。

客人举止	客人的需要	服务员的行动
用餐后客人抿嘴	客人需要牙签	主动提供牙签给客人
用餐期间客人看着捻自己的手指	客人需要纸巾	主动提供纸巾给客人
客人突然站起身，然后东张西望	客人可能在找洗手间	上前询问并将客人带到洗手间
客人与同伴交谈中掏出笔	客人需要纸张	主动为客人提供纸张
客人用餐期间咳嗽或打喷嚏	客人需要纸巾和冰水	主动提供纸巾和冰水给客人
客人喝了不少酒	客人需要醒酒	主动提供茶水给客人
客人打开餐牌看了许久未决定	客人对点菜拿不定主意	主动上前为客人介绍
客人看了餐牌并将餐牌合拢	客人准备点菜了	主动上前为客人服务
客人用餐时突然停下手中的餐具	可能口味不适合客人	主动上前征询客人的意见
客人为同伴斟倒茶水	可能需要添加茶水	主动上前查看是否需要添加
用自助餐期间，客人起身去拿其他食品	客人台面需要收拾	主动上前为客人整理餐具，收拾空碟
客人将刀、叉平行斜放在碟上	可能不吃了，想让服务员收撤	主动上前询问客人
客人将刀、叉交叉放在碟上	客人希望你保留餐碟	不要轻易收撤餐具空碟
客人的餐巾或餐具跌落在地上	客人需要更换餐巾或餐具	主动为客人更换
客人的冰水、咖啡只剩下 1/5 了	客人可能需要添加	主动上前询问并添加
客人用餐后转身看着服务员，并用手作写字状	客人需要结账	点头示意，并准备账单
客人看着服务员，伸出食指和中指，并拢指向食物	客人需要筷子	主动为客人准备筷子
客人拿出冲剂或药物	客人要吃药	主动为客人提供温水
客人喝水时不慎溅到自己身上	客人需要餐巾擦拭	主动为客人提供餐巾

项目八　其他餐饮服务

8.1　咖啡厅服务与管理

微课—咖啡的基础知识

一、咖啡的基础知识

(一)咖啡概述

咖啡(coffee)发源于埃塞俄比亚南部的咖法省(Kaffa)，coffee一词显然和它的发源地有着密不可分的关系。在希腊语中“Kaweh”的意思是“力量与热情”。茶叶与咖啡、可可并称为世界三大饮料。

咖啡豆的口味特点主要取决于咖啡树的种类。当今世界上种植最广泛的咖啡树种主要有：阿拉比卡种咖啡树、罗巴斯塔种咖啡树和利比瑞卡种咖啡树。其中，阿拉比卡种咖啡豆的产量约占世界总产量的70%，罗巴斯塔种咖啡豆约占25%，利比瑞卡种咖啡豆约占5%。

(二)饮用禁忌

(1)切记咖啡不宜与茶、牛奶同服。因牛奶含磷高，可影响铁的吸收。茶和咖啡中的鞣酸可使铁的吸收减少75%。宜用温开水送服。

(2)茶叶和咖啡中的丹宁酸，会让钙吸收降低。所以，喝茶和喝咖啡的时间，最好是选在两餐当中。

(3)孕妇、儿童不宜喝咖啡。咖啡因可以使儿童中枢神经系统兴奋，干扰儿童的记忆，造成儿童多动症。

(4)有高血压、骨质疏松、消化道溃疡病都不宜多喝咖啡。

(5)切忌空腹喝咖啡，因为咖啡会刺激胃酸分泌，尤其是有胃溃疡的人更应谨慎。

(三)饮用咖啡的好处

(1)咖啡含有一定的营养成分。咖啡的烟碱酸含有维生素B，烘焙后的咖啡豆含量更高，还有游离脂肪酸、咖啡因、丹宁酸等。

(2)咖啡对皮肤有益处。咖啡可以促进代谢机能，活络消化器官，对便秘有很大功效。使用咖啡粉洗澡是一种温热疗法，有减肥的作用。

(3)咖啡有解酒的功能。酒后喝咖啡，将使由酒精转变而来的乙醛快速氧化，分解成水和二氧化碳而排出体外。

(4)咖啡可以消除疲劳。咖啡可以消除疲劳，必须补充营养、休息与睡眠、促进代谢功能。

(5)一日三杯咖啡可预防胆结石。对于含咖啡因的咖啡，能刺激胆囊收缩，并减少胆汁内容易形成胆结石的胆固醇。美国哈佛大学研究人员最新发现，每天喝2～3杯咖啡的男性，得胆结石的概率低于40%。

(6)常喝咖啡可防止放射线伤害。放射线伤害尤其是电器的辐射已成为目前较突出的一种污染。

(7)咖啡的保健医疗功能。咖啡具有抗氧化及护心、强筋骨、利腰膝、开胃促食、消脂消积、利窍除湿、活血化瘀等作用。

(8)咖啡对情绪的影响力。实验表明，一般人一天吸收300毫克(约3杯煮泡咖啡)的咖啡因，对人的机警和情绪会带来良好的影响。

(四)咖啡的主要成分

1. 咖啡因

咖啡因有特别强烈的苦味，适量的咖啡因会刺激大脑皮层，促进感觉、判断、记忆、感情活动，让心肌机能变得较活泼，使血管扩张血液循环增强，并提高新陈代谢机能。

2. 丹宁酸

经提炼后，丹宁酸会变成淡黄色的粉末，且很容易融入水，煮沸后会分解而产生焦梧酸，使咖啡味道变差，而如果冲泡好又放上好几个小时，咖啡颜色会变得比刚泡好时浓，而且也较不够味，所以才会有“冲泡好最好尽快喝完”的说法。

3. 脂肪

咖啡内含的脂肪，在风味上占有极为重要的角色，分析发现咖啡内含的脂肪分为好多种，而其中最主要的是酸性脂肪和挥发性脂肪。酸性脂肪是指脂肪中含有酸，其强弱会因咖啡种类不同而异；挥发性脂肪是咖啡香气的主要来源，它是一种会散发出约40种芳香物质。

4. 蛋白质

咖啡中的蛋白质是卡路里的主要来源，但蛋白质多半不会溶出来，所以咖啡喝再多，摄取到的营养也是有限的，这也就是咖啡会成为减肥者圣品的缘故。

5. 糖分

咖啡生豆所含的糖分约为8%，经过烘焙后大部分糖分会转化成焦糖，使咖啡形成褐色，并与丹宁酸互相结合产生甜味。

6. 矿物质

咖啡中所含的矿物质有石灰、铁质、硫黄、碳酸钠、磷、氯、硅等，所占的比例都极小，对咖啡风味的影响并不大，综合起来只是添加稍许涩味。

7. 粗纤维

生豆的纤维质烘焙后会炭化，这种碳质和糖分的焦糖化互相结合，形成咖啡的色调，但化为粉末的纤维质会带给咖啡风味相当程度的影响。因此，我们并不鼓励购买粉状咖啡豆，因为这样无法尝到咖啡的风味。

8. 咖啡的香苦酸醇

咖啡的颜色、香气、味道是通过烘焙过程中发生的一系列复杂的化学变化造成的。

9. 香味

香味是咖啡品质的生命，脂肪、蛋白质、糖类是香气的重要来源，而脂质成分则会和咖啡的酸苦调和，形成滑润的味道。

二、单品咖啡的种类

微课—单品咖啡的种类

(一)单品咖啡的种类

1. 蓝山咖啡

蓝山咖啡产于牙买加的蓝山，是咖啡中的极品。以山丘命名，生长在海拔1000～2500米。纯牙买加蓝山咖啡将咖啡中独特的酸、苦、甘、醇等味道完美地融合在一起，香味十分浓郁，香醇甘滑，有持久的水果味，形成强烈诱人的优雅气息，是世界上公认的咖啡极品。

2. 哥伦比亚咖啡

哥伦比亚咖啡产于哥伦比亚，以生产国命名。烘焙后的咖啡豆会释放出甘甜的清香，具有酸中带甘、苦味中平的良质特性，且浓度适中，并带有持久的水果清香。因浓度适宜，经常被应用于高级混合咖啡中，又因年产量稀有珍贵，因此被称为“翡翠咖啡”。

3. 巴西咖啡

巴西咖啡产于南美洲，以生产国命名，被称为“山度士”。巴西是世界上第一大咖啡生产国，巴西咖啡的特征是：在咖啡胚芽新鲜时，以人工精细挑选，让其在阴室中自然干燥60～70天，使果肉的甜味充分渗入豆内而得名，有柔和清淡的香味，味道甘醇、温和，有甜味。

4. 意大利咖啡

意大利咖啡产于意大利，以口味命名，又称“浓缩咖啡”。以专业的炭烧咖啡为基础特征，以深烘焙为特点，采用意大利特性烘焙风味，具有浓郁的香味及强烈的苦味，且咖啡的表面浮现一层薄薄的咖啡油，这层油正是意大利咖啡诱人香味的来源，适合那些追求强烈味觉感受的人。

5. 曼特宁咖啡

曼特宁咖啡产于印度尼西亚的苏门答腊群岛，以产地命名，颗粒饱满，带有极重的浓香味、辛辣的苦味，特别喜欢它的人会沉迷于它的苦后回甘。同时又具有糖浆味和巧克力味，此时酸味就显得不突出，但有种浓郁的醇度。它也是调配混合咖啡不可或缺的品种。

6. 爪哇咖啡

爪哇咖啡产于印度尼西亚爪哇岛，颗粒饱满，含辛辣味，酸度相对较低，口感细腻，均衡度好，是精致的芳香型咖啡。

7. 哥斯达黎加咖啡

哥斯达黎加是世界上主要的咖啡产地之一，所产咖啡风味清淡醇正，香气怡人。优质的哥斯达黎加咖啡被称为“特硬豆”(SHB)，此种咖啡可以在海拔1500米以上生长。

8. 摩卡咖啡

摩卡咖啡产于埃塞俄比亚，其豆小而香浓，酸醇味强，略带酒香，辛辣刺激，甘味适中，风味特殊。摩卡咖啡是颇负盛名的优质咖啡，通常作单品饮用。

9. 危地马拉咖啡

危地马拉咖啡产于拥有肥沃的火山土壤的安提瓜区，是咖啡界相当著名的咖啡品种之一。肥沃的火山岩土壤造就了举世闻名的危地马拉咖啡，其口感柔和、香醇，略带热带水果味道。滋味丰富、协调，再加上那一丝丝烟熏味，更渲染了它的古老与神秘。许多咖啡专家评论危地马拉咖啡为中南美洲咖啡的最佳品种。

10. 乞力马扎罗咖啡

乞力马扎罗山是非洲大陆的最高峰，也是地球上唯一一座位于赤道线上的雪峰。它是“非洲的屋脊”，是“赤道上的白雪公主”。肥沃的火山灰赐予了这里的咖啡浓厚的质感和柔和的酸度，有着典型的非洲咖啡豆的特色。乞力马扎罗AA是最高等级的豆子，各方面的品质均为上等。中度或中度以上烘焙后有着浓厚的香气。适合作单品或冰咖啡使用。

产于坦桑尼亚的乞力马扎罗咖啡，是一种不带酸味的咖啡品种，其品质优良，香气浓郁，适宜于调配综合咖啡。

11. 可纳咖啡

可纳咖啡产于夏威夷可纳地区，是只能栽种在火山斜坡上的稀罕品种，味道香浓、甘醇，且略带一种葡萄酒香，风味极特殊。上选的可纳咖啡有适度的酸味和温顺丰润的口感以及一股独特的香醇风味。由于产量日趋减少，因此它的价值直追蓝山咖啡。

12. 炭烧咖啡

炭烧咖啡由日本人最早用木炭烘焙咖啡豆而得名，以烘焙式命名，又称旧木炭烧，由巴西、曼特宁混合而成，喝起来有一种炭烧的味道，但是不会很浓，保留了咖啡原有的味道，口味醇正，这可能和日本人的饮食习惯比较清淡有关。

(二)饮用咖啡的步骤

(1)先喝一口温水，清洁一下口腔。

(2)喝咖啡要趁热，因为咖啡中的单宁酸很容易在冷却的过程中变化，使口味变酸。咖啡杯要预热，咖啡的冲泡温度为83 ℃，倒入杯中时为80 ℃，而到口中时的温度为60 ℃，最为理想。

(3)所喝的每一杯咖啡都是经过五年生长才能开花结果，经过采摘、烘焙等程序，再由煮咖啡的人细心调制而成。先趁热喝不加糖与奶精的“黑咖啡”，感受一下咖啡在未施脂粉前的风味。

(4)正式喝咖啡之前，先喝一口温水，让舌头上的每一颗味蕾，都充分做好感受咖啡美味的准备。

(5)由于咖啡中含有咖啡因，因人而异，所以饮用要适量。

8.2 茶艺服务与管理

微课—
茶叶基础知识

一、茶叶基础知识

(一)茶叶的起源与发展历史

1. 中国是最早发现和利用茶的国家

神农尝百草至今有5000多年的历史，我国的云南地区有树龄超过2000年的野生大树，茶叶是从唐朝起自我国传播到世界各地的。

2. 茶叶在我国的发展历史

我国是世界上最早发现、栽培和利用茶叶的国家。据历史资料考证，茶树起源于中国。早在5000多年前，我们祖先就发现茶有解毒的功效。中国是茶的故乡。经过漫长的历史跋涉，现在茶已经在全世界50多个国家中扎下了根，茶叶已经成为风靡世界的三大无酒精饮料之一。

(二)茶区的分布

1. 世界茶区分布

有50多个国家和地区产茶，分布在世界五大洲，其中亚洲的面积最大，并以中国为最。

印度和斯里兰卡等国以生产红茶为主，出口占据欧洲市场的主要部分；日本主要生产蒸青绿茶，有小部分乌龙茶；中国的茶叶种类最齐全，有六大茶类。

2. 中国茶区分布

四大茶区：江南茶区、江北茶区、华南茶区、西南茶区。

(三)茶叶的双重属性

自然属性：茶叶的保健功效。

社会属性：以茶会友，以茶养性，以茶送礼，以茶修得，以茶养廉，以茶清政，以茶坐禅，以茶健身等。

(四)茶叶的特性

吸附性：可吸附异味、杂味。

避光性：阳光照射会变色、变味。茶叶通常只能用文火焙，不能用太阳晒。

(五)茶叶的味道

茶叶的滋味，是由几十种呈味物变化的综合反映。其中主要的五味及其呈味物质如下。

苦味：咖啡因；涩味：茶多酚；鲜味：氨基酸；甜味：可溶性糖；厚味：果胶。

(六)茶叶的贮存

避光；防潮；防异味；防氧化；密封保存。

(七)茶叶的基本常识

1.《茶经》

世界上第一部关于茶的巨著是《茶经》，由唐代茶圣陆羽所著，分三卷十节。

2. 十大名茶

浙江杭州：西湖龙井(绿茶)。

江苏洞庭：碧螺春(绿茶)。

福建武夷山：武夷大红袍(乌龙茶)。

福建安溪：铁观音(乌龙茶)。

安徽六安：六安瓜片(绿茶)。

安徽祁门：祁门红茶(红茶)。

河南信阳：信阳毛尖(绿茶)。

湖南君山：君山银针(黄茶)。

安徽黄山：黄山毛峰(绿茶)。

江西庐山：庐山云雾(绿茶)。

3. 什么是发酵？有何作用？

茶青自茶树摘下后，叶中水分会逐步蒸发、消失，此期间叶片会不断产生化学变化，此过程称为发酵。叶片水分蒸发产生化学变化时会将叶片所含草青味带走，散发出自然香气，此时再以高温急速让水分蒸发消失而将香气保存于茶叶中，所有发酵过程是决定茶叶成品带有香气与否的重要因素。

4. 树种下几年才可以采收，什么时候老化？

茶树一般要2～3年才可以采收，4年以后才能量产，但受茶园的管理及土壤、气候等因素的影响，一般投产12～15年以后会减产，20～25年以后茶树会老化。

二、中国茶叶种类知识

微课—中国茶叶种类知识(一)

据统计，中国茶叶有6000多个品种，按制作方式分为三大类，即不发酵茶、半发酵茶、全发酵茶；按商品分类为六大类，即绿茶、红茶、乌龙茶、黄茶、白茶、黑茶。

(一)绿茶

绿茶是历史上最早的茶类。古人采集野生茶树芽叶晒干收藏，就可以看作是绿茶加工的开始了，距今至少有3000年的历史。但真正意义上的绿茶加工，是从公元8世纪发明蒸青制法开始的，到12世纪又发明炒青制法，绿茶加工技术已比较成熟，一直沿用至今，并不断完善。

绿茶为我国茶量最大的茶类，产区分布于多个产茶的省、市、自治区，其中以浙江、安徽、江西三省产量最高，质量最优。在国际市场上，我国绿茶占国际贸易量超过70%，销量遍及北非、西非各国及法国、美国、阿富汗等50多个国家和地区。在国际市场上绿茶销量超过内销总量的1/3。同时，绿茶又是生产花茶的主要原料。

绿茶，又称不发酵茶。以适宜茶树新梢为原料，经杀青、揉捻、干燥等典型工艺过程制成。其干茶色泽和冲泡后的茶汤、叶底以绿色为主调，故得名。

绿茶的特性，较多保留了鲜叶内的天然物质。其中茶多酚、咖啡因保留鲜叶的85%以上，叶绿素保留50%左右，维生素损失也较少，从而形成了绿茶"清汤绿叶，滋味收敛性强"的特点。最新科学研究结果表明，绿茶中保留的天然物质成分，对防衰老、防癌、抗癌、杀菌、消炎等均有特殊效果。中国绿茶中，名品最多，不但香高味长，品质优异，且造型独特，具有较高的艺术欣赏价值。绿茶按其干燥和杀青方法的不同，一般分为炒青、烘青、晒青和蒸青绿茶。

(二)红茶

红茶的干茶色泽与冲泡的茶汤以红色为主调，所以称为红茶。以适宜制作本品的茶树新芽叶为原料，经微雕、揉捻、发酵、干燥等典型工艺过程精制而成。

红茶开始创制时称为"乌茶"。红茶在加工过程中发生了化学反应，鲜叶中的化学成分变化较大，茶多酚减少90%以上，产生了茶黄素、茶黄素的新成分。香气物质从鲜叶中的50多种，增至300多种，一部分咖啡因、儿茶素和茶黄素络合成滋味鲜美的络合物，从而形成了红茶、红汤、红叶和香甜味醇的品质特征。

红茶按制造方法的不同，又分为小种红茶、工夫红茶和红碎茶。

(三)乌龙茶

乌龙茶，也称青茶、半发酵茶，以本茶的创始人而得名。它是我国几大茶类中，独具鲜明特色的茶叶品类。乌龙茶综合了绿茶和红茶的制法，品质介于二者之间，既有红茶的浓鲜味，又有绿茶的芳香，所以有"绿叶红镶边"的美誉。饮后齿颊留香，回味甘鲜。乌龙茶的药用作用，主要突出在分解脂肪、减肥健美等方面。在日本，乌龙茶被称为"美容茶""健美茶"。

乌龙茶的产生，还有一个神奇的传说。相传在清朝雍正年间，福建省安溪县西坪乡南岩村里有一个茶农，也是打猎能手，名字叫作苏龙，因为他长得黝黑健壮，乡亲们都叫他"乌龙"。一年春天，乌龙腰挂茶篓，身背猎枪上山采茶，采到中午，一头山獐突然从身边溜过，乌龙举枪射击，但负伤的山獐拼命逃向山林之中，乌龙也随后紧追不舍，终于捕获了猎物。当把山獐背到家时已经是晚上了，乌龙和全家人忙着宰杀、品尝野味，将制茶的事全然忘记了。第二天清晨全家人才想起此事，没想到放置了一夜的新鲜叶子，已镶上红边了，并且散发出阵阵清香。制成的茶叶，清香浓厚，全无往日的苦涩之味。于是，经过反复的试验与细心的琢磨，通过萎凋、摇青、半发酵、烘焙等工序，终于制出了品质优异的茶类新品——乌龙茶。安溪也就成了乌龙茶的著名茶乡了。

(四)黄茶

在炒青绿茶的过程中发现，由于杀青、揉捻后干燥不足或不及时，叶色即变黄，于是产生了新的品类——黄茶。

黄茶的制作与绿茶有相似之处，不同点是多了一道闷堆工序。这个闷堆过程是黄茶制法的主要特点，也是它同绿茶的基本区别。绿茶是不发酵的，而黄茶属于发酵茶类。

黄茶，按其鲜叶的嫩度和芽叶大小，分为黄芽茶、黄小茶和黄大茶三类。黄芽茶主要有湖南君山银针、四川蒙顶黄芽和安徽霍山黄芽；黄小茶主要有湖南北港毛尖、沩山毛尖，湖北远安鹿苑茶、浙江平阳黄汤等；黄大茶有安徽霍山黄大茶、广东大叶青等。

(五)白茶

白茶，属轻微发酵茶，是我国茶类中的特殊珍品。因其成品茶多为芽头，满披白毫，如银似雪而得名。白茶的历史悠久，其清雅芳名的出现，迄今已有880余年了。它的主要品种有白牡丹、白毫银针。

微课—中国茶叶种类知识(二)

白茶的产区主要在福建省的一些县市。境内丘壑起伏，常年气候温和，雨量充沛。山地以红、黄壤为主，主要种植福鼎大白茶、政和大白茶及水仙等优良茶树品种。

白茶的制作工艺，一般分为萎凋、干燥两道工序，而其关键在于萎凋。萎凋分为室内萎凋和室外萎凋两种。要根据气候灵活掌握，以春秋晴天或夏季不闷热的晴朗天气，采取室内萎凋或复式萎凋为佳。其精制工艺是在剔除梗、片、蜡叶、红张、暗张之后，以文火进行烘焙至足干，只宜以火香衬托茶香，待水分含量为4%～5%时，趁热装箱。白茶制法的特点是既不破坏酶的活性，又不促进氧化作用，且保持毫香显现，汤味鲜爽。

(六)黑茶

黑茶，在鲜叶选料、工艺流程和对其色泽、品质的要求上，都具有其独特的标准与风味，形成了同其他茶类不同、独占一个“黑”字的茶类。

绿色的鲜茶叶，是经过何种制作工序变成黑茶的呢？最早的黑茶是由四川生产的，由绿毛茶经蒸压而成的边销茶。四川的茶叶要运输到西北地区，由于交通不便，运输困难，必须减少体积，蒸压成团块。在加工成团块的工程中，要经过20多天的湿性堆积，所以毛茶的色泽由绿逐渐变黑。成品团块茶叶的色泽为黑褐色，并形成了茶品的独特风味，这既是黑茶之由来。

黑茶的采摘标准多为一芽5～6叶，叶粗梗长。其制作的基本工艺流程是高温杀青、揉捻、堆积做色、干燥。由于黑茶的一般原料较粗老，加之制造过程中往往堆积发酵时间较长，因此叶色黝黑或黑褐，故称黑茶。黑茶因产区和工艺上的差别，有湖南黑茶、湖北老青茶、四川边茶和滇桂黑茶之分。而其中云南黑茶是用滇青毛茶经潮水沤堆发酵后干燥而成，统称为普洱茶。普洱茶是黑茶类中独具浓醇陈香的品种。

三、各类茶的冲泡技巧

微课—如何冲泡绿茶

(一)绿茶的冲泡

1. 绿茶冲泡的基础知识

高级绿茶用玻璃杯冲泡为好，以显出茶叶的品质特色，又便于观赏。普通眉茶、珠茶用瓷质茶杯冲泡。瓷杯保温性能强于玻璃，茶叶中的有效成分容易浸出，可以得到较厚的茶汤。低级绿茶多用壶饮法，便于将茶汤与茶渣分离，饮用方便。茶、水比例为1∶50。一般以“二交”茶味最好，即头杯水饮后，再续水冲泡为“二交茶”，浓香且色佳。特别是好茶，条索紧结，茶叶中的有效物质不易一时泡出，冲泡第二杯时，汤色和滋味才达上乘。

2. 用玻璃杯沏泡绿茶的三种方法

用玻璃杯沏泡绿茶的三种方法分别是上投法、中投法和下投法。上投法是先将杯冲水至七分满，然后投入适量的茶叶，待茶叶泡好后便可饮用；中投法是先冲水至杯的三分满，然后投入适量的茶叶，再冲水至杯的七分满，茶叶泡好后便可饮用；下投法是先将适量茶叶放入杯中，然后冲水至杯的七分满，待茶叶泡好后便可饮用。

3. 西湖龙井茶的冲泡

(1)泡茶用具：茶船、玻璃杯、随手泡、茶叶罐、茶巾、茶荷、废水盂和茶具组（茶则、茶夹、茶漏、茶匙、茶针）。

(2)温杯。将开水倒至杯中1/3处，右手拿杯旋转将温杯的水倒入茶船中。温杯的目的是因为稍后放入茶叶冲泡热水时不致冷热悬殊。

(3)盛茶。用茶则盛茶叶拨至茶荷中。将茶叶先拨至茶荷中，便于更好地欣赏干茶。

(4)置茶。将茶荷中的茶拨至玻璃杯中。茶水比例一般为1∶50或根据个人需要而定。

(5)浸润泡。向杯中倾入1/4开水(水温90 ℃)。放下水壶，提杯向逆时针方向转动数圈，让茶叶在水中浸润，使芽叶吸水膨胀慢慢舒展，便于可溶物浸出，初展清香。这时的香气是整个冲泡过程中最浓郁的时候。时间掌握在15秒以内。

(6)冲泡。提壶冲水入杯，用“凤凰三点头”(将水壶下倾上提三次)法冲泡，利用水的冲力，使茶叶和茶水上下翻动，使茶汤浓度一致。冲水量为杯总量的七成满左右，意在“七分茶，三分情”或俗语说的“茶七饭八酒满杯”。

(7)品茶。品茶当先闻香，后赏茶观色，可以看到杯中轻雾缥缈，茶汤澄清碧绿，芽叶嫩匀成朵，亭亭玉立，旗枪交错，上下浮动，栩栩如生。然后细细品味，寻求其中的茶香与鲜爽、滋味的变化过程，以及甘醇与回味的韵味。

4. 细嫩绿茶的盖碗冲泡法

(1)赏茶。取少量茶叶，置于茶荷上，供品饮者观看茶的形态，察看茶的色泽，嗅闻茶的清香。

(2)温具。用开水冲洗盖瓯，目的在于洁净茶具，并使冲泡时水的温差不至于太大。

(3)置茶。细嫩绿茶用量视饮者的需要而定。一般1克细嫩绿茶，冲入开水50～60毫升，通常一只普通的盖瓯，放上2克左右的细嫩绿茶就可以了。

(4)冲水。冲水量视茶瓯容水量和置茶量而定。细嫩名优绿茶的水温以80 ℃左右为好，冲水量以七八分满为宜。

(5)洗盖。一手提瓯盖，使瓯盖侧立；一手执开水壶，用开水冲洗瓯盖里侧，以清洁瓯盖。然后将瓯盖稍加倾斜，盖在盖瓯上，使盖沿与瓯沿之间有一定的空隙，以免将瓯中的茶叶焖黄泡熟。

(6)奉茶。绿茶冲泡完毕，然后连同盖瓯托一起，用双手有礼貌地将茶向宾客奉上。

(二)红茶的冲泡

微课—如何冲泡红茶

红茶茶量投放与绿茶相同。茶具用玻璃杯、瓷杯或宜兴紫砂茶具均可。中、低档工夫红茶、红碎茶、片末红茶等，一般用壶冲。冲泡中不加调料的，叫“清饮”；添加调料的，叫“调饮”。中国绝大多数地方饮红茶是“清饮”，在广东一些地方也采用“调饮”，有特殊风味，营养价值也更高。

1. 冲泡红茶的要素

(1)茶器选择。尽量使用材质为瓷质、紫砂、玻璃制品的茶具。

(2)冲泡之前先要烫杯。用沸水烫温茶杯、茶壶等茶器，以保持红茶投入后的温度。

(3)掌握好茶叶的投放量。投茶量因人而异，也要视不同饮法而有所区别。

(4)控制冲泡水温和浸润时间，冲泡的开水以 95 ℃～100 ℃的水温为佳。浸泡时间视茶叶粗细、档次来衡量。

(5)将泡好的红茶倒入杯中，一般要用过滤器，以滤除茶渣。

(6)红茶泡好后不要久放，放久后茶中的茶多酚会迅速氧化，使茶味变涩。

(7)浸润红茶不能单凭茶色来判断，因为不同种类的茶叶，颜色会稍有不同，也会随冲泡时间的长短而改变色泽。原则是细嫩茶叶时间短，约 2 分钟；中叶茶约 2 分 30 秒；大叶茶约 3 分钟，这样茶叶才会变成沉稳状态。

(8)调制牛奶红茶。配制方法：先将适量红茶放入茶壶中，茶叶用量比清饮稍多些，然后冲入热开水，约 5 分钟后，从壶嘴倒出茶汤放在咖啡杯中；如果是红茶袋泡茶，可将一袋茶连袋放在咖啡杯中，用热开水冲泡 5 分钟，弃去茶袋。然后往茶杯中加入适量牛奶和方糖，牛奶用量以调制成的奶茶呈橘红、黄红色为度。奶量过多，汤色灰白，茶香味淡薄；奶量过少，失去奶茶风味，糖的用量因人而异，以适口为度。

2. 祁门红茶的冲泡

泡茶用具：茶船、玻璃茶壶(盖瓯或瓷壶均可)、玻璃公道壶、白瓷杯、随手泡、茶叶罐、茶巾、茶荷和茶具组(茶则、茶夹、茶漏、茶匙、茶针)。

(1)温具：将开水倒至壶中，再转注至公道壶和品茗杯中。温杯的目的是因为稍后放入茶叶冲泡热水时不致冷热悬殊。

(2)盛茶：用茶则盛茶叶拨至茶荷中供赏茶。

(3)置茶：用茶匙将茶叶拨入壶内。

(4)冲泡：向杯中倾入 90 ℃～100 ℃的开水，提壶用回转法冲泡，然后用直流法，最后用“凤凰三点头”法冲至满壶。若干有泡沫，可用左手持壶盖，由外向内撇去浮沫，加盖静置 2～3 分钟。

(5)出汤：将茶汤斟入公道壶中。

(6)分茶：将公道壶中茶汤一一倾注到各个茶杯中。

(7)品茶。

3. 袋泡红茶的冲泡

(1)与祁门红茶一样先进行烫杯、洁具，然后在预热过的杯中放袋泡红茶，标签放在杯外，用 95 ℃左右的开水冲泡。

(2)加盖闷浸，浸泡时间视茶叶而定，40～90 秒。

(3)抖动袋泡茶数闪后，取出袋泡茶，一杯汤色红艳、甘香四溢的袋泡红茶就泡好了。

注意：红茶包不要在茶汤中浸泡太久，否则茶汤会失去香味、变涩。

(三)乌龙茶的冲泡

乌龙茶又称青茶，乌龙茶的泡饮方法最为讲究，对茶品、茶水、茶具和冲泡技巧都非常注意。因冲泡颇费工夫，故称为工夫茶。

微课—如何冲泡乌龙茶(一)

1. 冲泡乌龙茶的要素

(1)首先要选用高、中档的乌龙茶，如福建武夷山的水仙、奇种、黄金桂，福建安溪的铁观音，广东的凤凰单枞，台湾的冻顶乌龙、包种等。其中武夷岩茶、安溪铁观音、凤凰单丛、冻顶乌龙是乌龙茶中的极品。

(2)泡茶的水最好取用山泉、清溪，水温以初开、缘边如涌泉连珠时为宜。

(3)茶具配套，小巧精致，称为“四宝”，即玉书碨(开水壶)、潮汕烘炉(火炉)、孟臣罐(茶壶)、若深瓯(茶杯)。茶壶容水100克，多用宜兴紫砂，这种壶年代越久越好，不断使用，土气尽消，泡出的茶汤能保持原味。茶杯多用景德镇产品，容水不过15毫升。

(4)泡茶前先用沸水冲洗茶壶、茶杯，既保持“清洁”又有了相当的热度。放茶时，茶量占壶容量的1/3～1/2，先放碎末填壶底，再盖粗条，中、小叶排在上面，这样做是为了避免碎末塞进壶内口，阻碍茶汤顺利斟出。

(5)提沸水冲茶讲究高冲，即从茶壶上方26厘米左右的高度将沸水缓缓冲入，使壶内茶叶打滚，直至水漫至壶沿，稍停片刻，再把茶水倒掉，这称之为“茶洗”的目的是冲去茶叶表面尘污，“茶洗”后再用沸水冲泡第二次，用壶盖刮去面上的浮沫，然后把盖盖好。其间还不断用沸水浇淋壶身，为的是加温，把茶的精美真味泡出来。

(6)斟茶时，讲究低斟，即壶嘴紧挨着茶杯斟茶，既保持了茶温，又避免茶汤冒泡沫。

目前，最具代表性的乌龙茶冲泡方法有三种：一是以福建为代表；二是以广东潮汕为代表；三是以台湾为代表。

2. 安溪铁观音的冲泡

泡茶用具：茶船、盖碗(茶瓯)、品茗杯、随手泡、茶叶罐、茶巾、茶荷和茶具组(茶则、茶夹、茶漏、茶匙、茶针)。

(1)温具：用开水洗净茶瓯、品茗杯。洗杯时，最好用茶夹子，不要用手直接接触茶具，并做到里外皆洗。这样做的目的有二：一是清洁茶具；二是温具，以提高茶的冲泡水温。

(2)置茶：用茶匙摄取茶叶，投入量为1克茶、20毫升水，差不多是盖瓯容量的三四成满。

(3)润茶：将煮沸的开水先低后高冲入茶瓯，使茶叶随着水流旋转，直至开水刚开始溢出茶瓯为止。加盖后倒入品茗杯，目的是使茶叶湿润，提高温度，使香味能更好地发挥。:

(4)冲泡：用刚煮沸的沸水采用悬壶高冲、凤凰三点头(先低后高)的方法冲入瓯中。

(5)刮沫：左手提起瓯盖轻轻地在瓯面上绕一圈把浮在瓯面上的泡沫刮起，俗称“春风拂面”，然后右手提起水壶把瓯盖冲净，盖好瓯盖后静置1分钟左右。

(6)分茶：先将品茗杯中的洗茶留香水一一倒掉。用拇指、中指夹住茶瓯口沿，食指抵住瓯盖的钮，在茶瓯的口沿与盖之间露出一条水缝，提起盖瓯，沿茶船边缘绕一圈把瓯底的水刮掉，然后用茶巾吸去残存的水渍。分茶时，把茶水巡回注入弧形排开的各个茶杯中，俗称“关公巡城”，这样做的目的在于使茶汤均匀一致。

(7)点茶：倒茶后，将瓯底最浓的少许茶汤，一滴一滴地分别点到各个茶杯中，使各个茶杯的茶汤浓度达到一致，俗称“韩信点兵”。

(8)品茶：先端起杯子慢慢由远及近闻香数次，后观色，再小口品尝，让茶汤巡舌而转，充分领略茶味后再咽下。

微课—如何冲泡乌龙茶(二)

3. 潮汕工夫茶的冲泡法

泡茶用具：茶船、紫砂壶或盖瓯、品茗杯、随手泡、茶叶罐、茶巾、茶荷和茶具组(茶则、茶夹、茶漏、茶匙、茶针)。

(1)温具：泡乌龙茶前，用初沸水淋壶或盏和杯，目的在于预热和清洁茶具。随即倒去壶和杯中开水待用。

(2)置茶：先将茶从茶罐中倾于素纸上，再分别粗细。取最粗者填壶底滴口处，次用细末填于中层，稍粗之茶撒在其上，这样可使茶汁浸出均匀，又可免于茶汤有碎茶倾出。

用茶量视乌龙茶品种和茶的整碎度而定。大致说来，半球形的乌龙茶，条卷结，间隙小，用茶量以壶或瓯的五六成满即可；松散形乌龙茶，条索松直爽，空隙大，置茶以容器的九成满为宜。此外，整茶的空隙比碎茶大，因此，用量相对要大。实践表明，用茶量的多少至关重要，它关系茶汤的香气和滋味。

(3)冲点：用沸水沿壶口缘冲入。冲水时，要做到水柱从高处冲入壶内，俗称"高冲"，要一气呵成，不可断续。这样可使热力直透壶底，茶沫上扬，进而促使茶叶散香。

(4)刮沫：冲水满壶后会使茶汤中的白色泡沫浮出壶口，这时随即用拇指和食指抓起壶钮，沿壶口水平方向刮去泡沫。也可用沸水冲到刚满过茶叶时，立即在几秒之内将壶中之水倒掉，称之为洗茶，目的在于把茶叶表面尘灰洗去，使茶之真味得以充分发挥。随即再向壶内冲水到九成满，并加盖保香。

(5)淋壶：加盖后，提水淋遍壶的外壁追热，使之内外夹攻，以保壶中有足够的温度，进而清除黏附壶外的茶沫。尤其是在寒冬冲泡乌龙茶，这一程序更不可少。只有这样，才能使壶中茶叶起香。

(6)烫杯：淋壶后，再用水壶沸水烫杯，并加满沸水。接着滚杯，即用拇指和中指捏住杯口和底沿，使杯子侧立，浸入另一个装满沸水的茶杯，用食指轻拨杯身，使整个杯子的内外转动一周，均匀受热，清洁杯子。相对于温度而言，可以说，这是第二次温杯了。目的也在于使茶叶起香，当然还有清洁茶杯的作用。

(7)斟茶：经淋壶后，约 1 分钟，即可斟茶。斟茶时，茶壶应靠近茶杯，这叫低斟。一是可以避免激动泡沫，发出"滴嗒"声；二是防止茶汤散热快而影响香气和滋味。倾茶入杯时，应将壶中茶汤，依次来回轮转，倾入茶杯，通常需反复 2～3 次，俗称其为"关公巡城"。目的在于使各杯茶汤色、香、味均匀。壶中茶汤倾毕，尚有余滴，得一滴一滴尽数依次巡回滴入各个茶杯，这叫"韩信点兵"。它也体现了一种茶人精神，即"天下茶是一家"，不分你我他。

(8)品茶：品潮汕工夫茶时，先用右手拇指和食指捏住茶杯口沿，中指抵住杯底部，称"三龙护鼎"，手心朝内，手背向外，缓缓提起茶杯，将杯沿接唇，杯面迎鼻，边嗅边饮，一般是三口见底。饮毕，再嗅杯底。

4. 台湾工夫茶的冲泡法

台湾工夫茶的冲泡，与福建工夫茶和潮汕工夫茶冲泡方法相比，它突出了闻香这一程序，专门制作了一种与茶杯配套的长筒形闻香杯。另外，为使各杯茶汤浓度均等，还增加了一个公道杯(茶盅)相协调。

泡茶用具：茶船、紫砂壶、品茗杯、闻香杯、杯托、茶盅(公道杯)、随手泡、茶叶罐、茶巾、茶荷和茶具组(茶则、茶夹、茶漏、茶匙、茶针)。

(1)温具：方法同福建工夫茶，茶具包括茶壶、品茗杯、闻香杯和茶盅(公道杯)。

(2)赏茶：将茶由茶罐倒入茶荷，供品饮者欣赏茶叶外观。

(3)置茶：将茶荷中的茶叶按需置于茶壶中待泡。

(4)闻香：闻茶壶中茶的干香(此动作亦可省略)。

(5)冲点：方法同福建工夫茶。

(6)斟茶：斟茶时，先将壶中茶汤全部倾入公道杯中，使前后倾入的茶汤在公道杯中得以充分混合，以使倾入每个品茗杯中的茶汤均匀一致。这对饮茶者而言，可谓公道。然后，将茶汤一一倾入闻香杯中，至七分满为止，随即，用品茗杯作盖，分别倒置于闻香杯上。茶汤在闻香杯中逗留15～30秒后，用拇指压住品茗杯底，食指和中指夹住闻香杯底，向内倒转，使原来的品茗杯从上向下倒置，闻名杯从下向上作底；变成闻香杯从上向下倒置，品茗杯从下向上作底。随即用拇指、食指和中指撮住闻香杯，使其成一定的倾斜度，并慢慢转动，使茶汤倾入品茗杯中。再将闻香杯送入鼻端闻香。然后，将闻香杯夹在双手的手心间，一边闻香，一边来回搓动。这样可利用手中热量，使留在闻香杯中的香气得到最充分地挥发。

(7)分茶：也可省去用闻香杯，而直接将茶汤分别倾入茶杯闻香尝味。将茶盅中茶汤分别倾入品茗杯中。

(8)奉茶：有礼貌地将冲泡好的乌龙茶，奉送给宾客。

8.3 酒会服务与管理

一、鸡尾酒会的服务与管理

鸡尾酒会的形式较为灵活，以供应酒水为主，备有简单的菜肴和小吃，站立饮食，客人用餐自由，交流广泛。

(一)鸡尾酒会的特点

(1)以酒水为主，另外还有一些饮料。由服务员托盘在客人间行走，由客人自行拿取。

(2)食品简单。只提供一些小吃、点心及少许的菜品。

(3)不摆台、不设座。客人基本都是站着进食和交流，气氛活跃。

(4)地点灵活。室内室外均可，空间不受限制。

(二)服务程序

1. 餐前准备

(1)根据客人要求布置会场准备各种所需物品。

(2)准备足够量的餐具用具。

(3)对人员进行分工，专人负责吧台。

(4)酒会开始前几分钟，要端出各种小吃。

2. 迎宾服务

看到客人，迎宾员应主动、礼貌地问候客人，“中午/晚上好！先生/女士。”应面带微笑并注意目光接触。为客人提供存衣服务。

3. 酒水服务

服务员用托盘托送酒水来回走动，注意观察客人的举动，及时为宾客提供服务。调酒师按客人所需及时调配鸡尾酒，由服务员送至客人面前。

4. 菜品服务

服务员用托盘托送各类食品小吃，一般由客人自行拿取。保证有足够量的菜品及餐具的供应。专门的人员负责收拾空的餐具酒杯，保持清洁。

5. 结账服务

当客人用完餐后，准备好账单，检查无误，与宴会负责人结账。

6. 送客服务

鸡尾酒酒会结束，及时为客人取所存衣物，热情道别。

7. 餐后工作

环视四周，看是否有宾客的遗留物品。收拾宴会厅，进行卫生整理。

二、冷餐酒会服务

微课——冷餐酒会服务

(一)冷餐酒会的种类及特点

西方国家比较流行的一种宴会形式，目前正在我国逐渐流行，因气氛热烈，交流方便，进餐自由而深受客人的欢迎。

1. 冷餐酒会的种类

冷餐酒会从其进餐形式可分为以下几种。

(1)立式冷餐酒会。所有来宾站立着用餐，但在宴会厅周围备有座椅供客人休息。

(2)坐式冷餐酒会。所有来宾坐着用餐，与正式宴会相同。

2. 冷餐酒会的特点

(1)自助形式的宴会，环境布置热闹隆重，菜品丰盛。

(2)客人用餐自由，气氛热烈。

(3)一般持续时间较长。

(二)冷餐酒会的服务程序

1. 餐前准备

(1)餐台设计及摆设。

①冷餐酒会的餐台设计应根据客人人数及宴会场地灵活摆放，一般有“一”字形、“T”形及波浪形等。

②摆放好餐台的各类菜品。

③摆放好所用的各类餐具，如主餐盘、甜品盘、汤碗等。

④摆放好取餐用的服务叉勺。

⑤摆放好各类调料。

⑥冷餐酒会必须设置吧台，并安排专门的酒水员服务。备好各类酒水，酒杯和服务用具。

(2)摆台。

站式冷餐酒会需在宴会厅内摆放鸡尾酒桌，方便客人放用过的餐盘酒杯等，同时摆放、牙签筒、餐巾纸等，并摆放鲜花装饰。

立式冷餐酒会餐桌摆台通常按照西餐零点摆台方式，主要摆放主餐刀、主餐叉、汤勺、面包盘、黄油刀、餐巾、椒盐瓶、牙签筒等。

(3)摆设签到台。

签到台一般摆在宴会厅入口处一侧，应根据主办单位要求备好签到簿、名片、托盘等。

(4)检查。

检查餐台菜品是否摆放完全，是否整齐美观，菜品温度是否合适。各类取餐餐具是否齐全，酱料调料是否齐全，饮料是否备齐等。检查宴会厅设施设备、环境卫生、空调温度，检查桌椅是否整齐，检查摆台是否规范，检查背景音乐，检查个人仪容仪表是否标准等。

2. 餐中服务

(1)迎宾服务。

看到客人，迎宾员应主动、礼貌地问候客人，“中午/晚上好！先生/女士。”应面带微笑并注意目光接触。为客人提供存衣服务。引领客人到签到台签到进入宴会厅。

(2)酒水服务。

服务员为客人送上各类酒水供客人选择。

(3)餐桌服务。

立式冷餐酒会服务：服务员用托盘托送酒水饮料，及时为客人服务，及时收客人用过的餐盘、餐具等。

坐式冷餐酒会服务：为客人斟倒酒水饮料，及时撤收客人用过的餐盘，补充相应餐具等。

(4)结账服务。

当客人用完餐后，准备好账单，检查无误，与宴会负责人结账。

(5)送客服务。

冷餐酒会结束，及时为客人取所存衣物，热情道别。

3. 自助餐台服务

安排专门员工负责自助餐台，及时清理整理自助餐台面；通知厨房补充菜品；清理服务用具，补充餐盘，补充调料；及时补充自助餐台包括的饮料，随时为客人介绍菜品；随时做好菜品的保温工作等。

4. 餐后服务

冷餐酒会结束后，将自助餐台剩余菜品撤至厨房处理，清理自助餐台。巡视四周，看有无客人遗留的物品，收拾宴会厅进行卫生整理。

8.4　自助餐服务与管理

微课—
自助餐概述

一、自助餐概述

(一)自助餐的定义和特点

自助餐源于西方，据说起源于1890年，20世纪80年代初进入中国。自助餐是客人从餐厅预先布置好的餐台上自己动手任意选择喜爱的食品，然后在餐桌上享用的一种用餐形式。自助餐服务是目前许多餐厅都在采纳的一种服务形式。它的最大好处在于：用少量的服务和生产人力提供最多种类和分量的菜式，为最多量的客人服务。

自助餐的特点：

(1)菜品丰富，价格合适。自助餐菜品品种繁多，餐台布置美观且富有吸引力，方便客人取用。客人不限取餐次数，用餐较为自由。

(2)进餐速度较快。客人进入餐厅后无须点菜即可取食菜品，较为适合现代社会快节奏的生活方式，同时也提高了餐厅的座位周转率。

(3)节省人力资源。因为是客人自己取餐，服务员仅需提供简单的服务，如酒水服务、整理餐桌、补充菜品和餐具等，这样可节省酒店的人力资源，降低费用。

(二)自助餐的种类

1. 按餐别划分，自助餐可分为早餐自助餐、午晚餐自助餐和宵夜自助餐

早餐自助餐供应的食物品种多以饮料、粥类、蛋类、面包类、饭面类、小菜、少量热菜为主，可纯中餐或西餐，亦可中西合璧。

午晚餐自助餐菜点品类齐全，数量丰富。

宵夜自助餐则多以小吃、点心、粥类、小菜、少量热菜为主，售价相对便宜，经营时间长。

2. 按菜式品种划分，自助餐可分为中式自助餐、西式自助餐和中西合壁式自助餐

中式自助餐供应相当数量、类别齐全的中餐菜点供客选用，菜式又可分为岭南风味、江浙风味、宫廷风味、乡土风味等。

西式自助餐供应西餐菜肴、面包、甜点等，一般使用进口原料，聘请西餐大厨主理烹制，价格较贵。

中西合璧式自助餐由中餐、西餐菜肴、面点等食品结合而成，一般菜式丰富，宾客选择范围更广。

3. 按就餐形式划分，自助餐可分为设座式自助餐和站立式自助餐

设座式自助餐中，宾客有自己合适的餐桌和餐位，除离座去食品台取食物，其他时间均在自己的座位享用食物。

站立式自助餐中，用餐宾客来到餐厅，自由取食，自由走动，没有座位，仅设有少量餐桌供宾客临时放餐盘或杯具。

(三)自助餐台设计与布局

1. 自助餐台设计原则

自助餐台是自助餐陈列食品的地方，又叫食品陈列台，是自助餐厅文化的具体表现，又是餐厅形象的重要组成部分。它不仅反映自助餐的经营理念、格调、档次、情趣，而且还体现了餐厅的文化特色。因此，设计自助餐台时要遵循以下原则。

(1)醒目而富有吸引力。

自助餐台要布置在显眼的地方，使宾客一进餐厅就能看见。设计要有层次感，错落有致。装饰要美观大方，食品摆放要有立体感，色彩搭配要合理。可用聚光灯照射台面，但切忌用彩色灯光，以免改变菜肴颜色，从而影响宾客食欲。

(2)方便客人取菜。

自助餐台的大小要考虑宾客人数及菜肴品种的多少，并根据宾客取菜的人流方向安排空间的使用，避免浪费空间或拥挤、堵塞。

(3)餐台设计应结合场地特点。

餐厅的大小和形状是固定的、不可改变的，而唯一可改变的是餐台布置的类型。布置餐台时应尽量掩盖餐厅形状的缺陷，突出其优点，变不利为有利。例如，狭长形的餐厅，可将餐台设置在中间，将餐厅分隔成两个方形小餐厅；不规则形状的餐厅，可在不规则的地方设一些小型餐台，如色拉台、甜品台、汤品台、水果台等，或设置一些装饰台，这样既分流了宾客，又美化了餐厅环境。

(4)餐台设计有灵活性和多变性。

餐台设计应经常调整和变动，不能一成不变，否则会让人觉得单调乏味，无吸引力。

(5)餐台设计有主体性。

餐台设计要紧扣餐厅经营的主题，突出餐厅的文化内涵，并围绕主题进行布置。

2. 自助餐餐台设计方法

(1)自助餐餐台常用的台面。

自助餐台常用的台面有：长方形、正方形、圆形、半圆形、扇形、螺旋形、梯形、椭圆形、三角形以及不规则的异形台面等。

(2)自助餐餐台常用的组合台型及适用范围。

根据餐厅的场地特点和宾客的需求，可将不同的台面经构思拼合成各种新颖别致、美观流畅的台型。常见的台型有：

①长方形、椭圆形、梯形是最基本的台型，常靠餐厅四周墙壁摆放，可放置食品也可用于陈列装饰品。

②扇环台、扇形台、长方半圆组合台和“L”形组合台，一般放于餐厅一角，作为小型餐台或摆放装饰品。

③圆台一般放于餐厅中央或餐台中央，用于放置食品或装饰品(如食雕、冰雕、黄油雕、各种花草等)。

④圆环台一般适用于长方形餐厅，放置于餐厅中央，在圆形台中央可配厨师，帮助宾客取菜或切割大块食品。

⑤组合椭圆台、环形椭圆台一般放于长方形餐厅中央。

⑥“S”形组合台一般用于不规则形状的餐厅。

⑦“Ω”形台一般放于餐厅的一面或对称两面，可用于除夕夜台形，寓意“撞钟”。

⑧“︵”形台适用于圆形餐厅靠墙摆放。

微课—自助餐服务程序(一)　　微课—自助餐服务程序(二)

二、自助餐服务程序

(一)自助餐前的准备工作

1. 自助餐的场地和餐台设置

(1)在餐厅的中心地带或显著地带设置自助餐区域，让它成为餐厅的一种景观。

(2)自助餐台可以是临时用餐台拼合，餐裙装饰围绕的；也可以是作为餐厅固定设施用大理石、木台等组成的，这主要视自助餐在餐厅经营中的分量而定。

(3)自助餐场地和餐台应符合餐厅的整体气氛和风格。

(4)自助餐场地的布局应保证客人在拿取食品时行走路线的连贯和畅通。

(5)自助餐台的组成应分成至少三个相对独立的区域：冷菜区热菜区和甜品区，有的餐厅还会增设现场烹饪的明档区和特色食品区。

(6)自助餐台上的装饰应适合餐厅的整体风格，符合提供食品的特色，应经常变幻，多动心思。

(7)为增强食品的视觉效果，应提供充足的空间，设置一些有高低起伏、错落有致的设施效果。例如，使用一些可以垫高食品的石墩、支架或铺垫一些打成波浪纹的布料。

2. 自助餐的容器准备

(1)热菜的容器一般使用可以在底部加热保温的热盘，热盘由燃料托、热盘架、保温水盘、食品盘和热盘盖组成，可以移动、搬运和清洁。有的餐厅会在固定的自助餐台内部铺设煤气加热管或电力加热管，可以减轻不少在搬运和清洁方面的工作量，但不太利于通过热盘的摆设来增强视觉的变幻。

(2)冷菜或甜品容器的选用可以说多姿多彩，色彩、造型多样的瓷器、玻璃器皿和陶釉器皿可以配合不同菜式的风格要求。例如，用贝壳型的瓷碟来装盛海鲜类的冷菜食品，用古色古香的陶釉器皿来装盛中国菜式等，有很大的创造空间。然而也必须做到“形散而神不散”的要求，否则就有些杂乱无章了。

(3)在容器方面应特别留意的是，不要将生产部门使用容器与面客现场的食品放在一起。有些餐厅对明档食品容器处理不好，将本应隐藏在台底的备餐容器摆上台来，非常不雅观。

(4)在使用热盘容器时，会使用酒精蜡盅或煤气罐作为燃料使食品保温，应特别注意安全，防止出现火灾事故。同时也要保持保温的连续性，有些餐厅到临近收档阶段就把火灭掉，形成一种“盘冻菜冷”的局面，虽然省了一点燃料，却对餐厅的形象造成极坏的影响。

3. 自助餐的装饰布置

(1)装饰布置一定要配合餐厅一贯的和季节性的风格要求。例如，餐厅的整体风格是古典的，可以使用一些传统的装饰。餐厅的整体风格是田园的，可以使用一些古朴的、有乡情的装饰物。餐厅整体风格是现代的，可以使用一些金属质地、线条简洁明快的装饰物。餐厅还应随季节变化，有一些应节的装饰，如春节、母亲节、中秋节等，都是可以动动心思，创造新意的。

(2)装饰布置的材料很多，可以是冰雕、牛油雕、图画等艺术品，可以是蔬菜、水果、花、鲜咖啡豆、酒瓶等一些易保存的物品，也可以是竹篮、草帽、石头、布料等物品，甚至连餐厅使用的刀、叉、瓷器、玻璃器皿在巧心搭配下也能显示独特的装饰风格。

4. 自助餐的服务用具

(1)自助餐的服务用具包括供客人盛放菜式的瓷器、玻璃器皿，也包括客人用于取食品的服务更、叉、夹子、长勺等，关键要根据菜式的品种和其辅助配料的需要来准备。

(2)盛放菜式的瓷器、玻璃器皿切忌集中堆放在一处，虽然方便服务员操作(搬起、收撤)，但对客人选择和采取分布在不同区域食品时却极为不便，也不利于客人流动的畅通，应“化整为零”，摆放在相配那一类菜式的旁边。

(3)盛放菜式的瓷器、玻璃器皿不要堆放过高，一般来讲不得高于自助餐台上盛放菜式的容器，否则就有些喧宾夺主了。

(4)具体一点来讲，主盘热菜系列类，旁边配主盘碟；冷菜系列类，旁边配沙律碟；西式汤类，旁边配汤碟，若配汤盅的，应随有垫碟(常用咖啡碟)；中式汤类，旁边配中式汤碗附垫碟；甜品旁配甜品碟，如餐厅没有设甜品碟可用沙律碟，若甜品为带汁的或液态的应配汤盅附咖啡碟；明档旁应根据菜式需求配相应的餐具。

5. 自助餐菜名牌

应该为每一道摆上自助餐台的菜式附上菜名牌。生产部门要讲究自助餐的变化，有计划地调整其中菜式，日常供应自助餐餐厅应要求生产部门至少有七套自助餐菜单，以一周为周期，每日变换菜式，并且在举行食品节前也应提前提供餐单。餐厅根据这些餐单来为每一道菜准备菜名牌。菜名牌可以用餐客人以指导，同时对有食品禁忌的客人也是一种提示。

(二)自助餐中的服务工作

自助餐中的服务包括两大部分：一是对自助餐台食品的管理工作；二是对用餐客人的餐台服务工作。

1. 自助餐台的工作

(1)可设专职服务人员负责。如果规模小的，可由临近自助餐区域的服务人员兼顶。

(2)自助餐台服务人员要确保所有陈列出来的菜式整齐美观，将经用餐客人翻动的食品整理好。

(3)自助餐台服务人员要确保菜式足量，根据客人用餐消耗的状况、开餐的时间段来提醒生产部门补充食品。

(4)自助餐台服务人员要确保摆在台上的餐碟、碗、杯、刀叉等餐具充足，及时补充。

(5)自助餐台服务人员要确保食品的保温效果好，及时观察燃料生成的火焰是否过猛或过弱。

(6)自助餐台服务人员要注意清理餐台面和餐台地面附近的卫生，发现有跌落食品，弄脏台面、地面，有水迹、污迹的应及时清理或遮盖。

(7)尽可能地为客人递送自助餐台上的碟、碗，并注意观察客人取拿食品情况，及时解答问题，向客人推销介绍食品，这需要服务人员熟习业务知识。

2. 客人用餐餐台的服务工作

(1)楼面服务员及时收撤客人台面的空碟、碗，一般应在客人吃完碟、碗中的食品后，在征求客人意见后收撤，最低限度是当客人起身取第二盘食品时，空碟、碗应被收走；

(2)帮助客人整理餐台上的餐巾，刀叉等餐具的秩序，为客人创造一个整洁的用餐环境，即使客人没有按照用餐习惯使用餐具，也应始终如一地帮助客人整理，从某种意义上来讲，这也是指导客人用餐的一种手段。

(3)当客人餐巾、餐具跌落时，要及时为客人更换。

(4)为用餐客人及时添加冰水(喝至一半时)，更换烟灰缸，用扫台器或扫台布清理台面(在客人取食品期间完成)等服务工作。

(5)当客人起身时为客人拉开餐椅，将散放的餐巾叠成长方形放在面包碟上，等客人返回时，为客人拉椅落座，同时为客人铺落餐巾。

(6)其他服务同餐厅常规服务的要求一致。

三、自助餐服务流程图

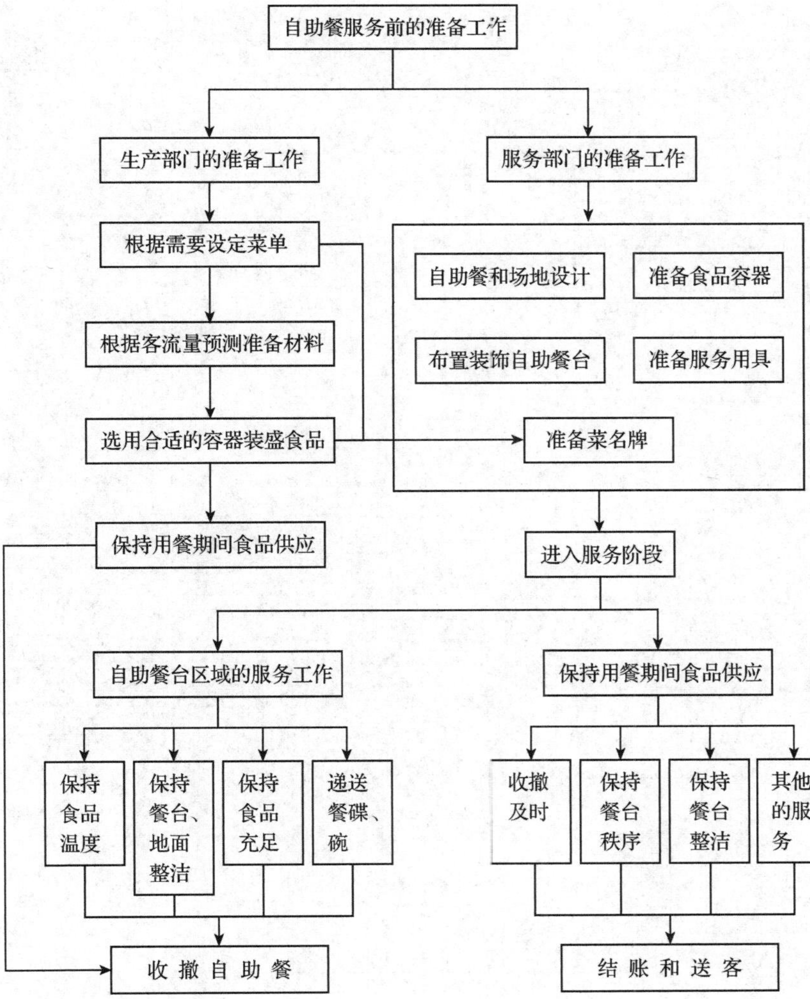

四、自助餐服务注意事项

(1)进行人员分工时，派专人负责自助餐台服务。

(2)始终保持餐桌餐台清洁卫生。

(3)不断补充陈列的食品，保持盛放食品不少于1/3。

(4)检查控制食品温度，热菜始终保持一定热度，冷菜始终冷。

(5)客人点不包含在自助餐餐费中的酒水时，须向其说明需单独另付费用。

(6)注意前后台的密切协调配合。

(7)妥善保管餐台装饰物品。

项目九　菜单设计

9.1　菜单的重要性

微课—
菜单的重要性

一、菜单的定义

菜单是饭店、餐厅提供的商品的目录，是餐厅餐饮产品销售的品种、说明和价格的一览表，在餐厅的经营和销售中起着重要的作用。

二、菜单的重要性

(一)菜单是饭店餐饮部门一切活动的总纲

1. 菜单是餐饮部门选择、购置餐饮设备的依据和指南

生产制作不同风味的菜点，需要有不同规模、类型的厨房设备。餐饮企业选择购置设备、炊具、工具和餐具，无论是它们的种类、规格还是质量、数量，都取决于菜单的菜式品种、水准和特色。

2. 菜单决定厨师及服务人员的技术水平和人数

菜单内容标志着餐饮服务的规格水准和风格特色，而要实现这些规格水平和风格特色，还必须通过厨房烹调和餐厅服务来完成。

菜单除了决定职工的技术水平要求以外，还决定职工的工种和人数。中、西餐兼备的菜单，各派名菜汇集的菜单，必然要求餐饮企业拥有一支庞大的、技术全面的职工队伍。

3. 菜单决定了食品原料采购和储藏工作的对象

菜单内容规定了采购和贮藏工作的对象，菜单类型在一定程度上决定着采购和贮藏活动的规模、方法及要求。

4. 菜单支配着所供应的膳食营养的含量

5. 菜单决定了餐饮成本的高低

菜单在体现餐饮服务规格水准、风格特色的同时，也决定了餐饮企业成本的高低。

6. 影响厨房布局及餐厅室内装修和设计

厨房布局和餐厅装饰也同样受到菜单内容的影响。厨房是加工制作餐饮实物的场所，厨房内各业务操作区域的划分，各种设备、器械、工具的定位，应当以适合既定菜单内容的加工制作需要为准则。

(二)菜单反映了餐厅的经营方针

菜单是餐厅经营者和生产者通过对客源市场需求的分析以及竞争对手产品的研究后，结合本餐饮企业具体资源状况制定的，它是餐厅经营方针和经营思想的具体体现。

(三)菜单标志着餐厅菜肴的特色水准

餐厅有各自的等级、风格特色和规格水准，菜单上的食品饮料的品种、价格和质量告诉客人本餐厅商品的特色和水准。

(四)菜单是沟通消费者和经营者之间的工具

菜单是连接宾客与餐饮服务的桥梁，起着促成买卖交易的媒介作用。

(五)菜单是研究食品菜类的资料

菜肴研究人员根据客人订菜的情况，了解客人的口味、爱好以及对本餐厅菜点的欢迎程度，从而不断地改进菜肴品种和服务质量，为餐厅盈利打下良好的基础。

(六)菜单既是艺术品又是宣传品

一份精心设计的菜单，设计精美，雅致动人，色调得体，洁净靓丽，读起来让人赏心悦目，看起来让人心情舒畅。不仅如此，客人还愿意将精美的菜单带出餐厅、带回故里，与亲朋好友共同赏析。

9.2 菜单的种类及特点

微课—菜单种类及其特点

一、根据餐饮形式和内容分类

根据餐饮形式和内容对菜单进行分类，旅游饭店所使用的菜单一般有以下几种：早餐菜单、午餐菜单、晚餐菜单、宴会菜单、团体菜单、冷餐会菜单、自助餐菜单、特种菜单(如儿童菜单等)、国际菜单(指异国风味餐饮菜单)、餐后甜品单、客房餐饮菜单、泳池茶座菜单、宵夜点心单等。

二、根据市场特点分类

(一)固定菜单

固定菜单，也称标准菜单。顾名思义，它是一种菜式内容标准化而不作经常性调整的菜单。

使用固定菜单的餐饮企业一般要求就餐宾客人数较多而且经常流动。旅游饭店、社会餐馆大多采用固定菜单，而学校、机关、工厂的食堂等，则不宜使用这种菜单。

(二)循环菜单

循环菜单是按一定天数的周期循环使用的菜单。

使用循环菜单，饭店必须按照预定的周期天数制订出一套菜单，即周期有多少天，这套菜单便应有多少份各不相同的菜单，每天使用一份。

这类菜单适宜旅游饭店团体餐厅、长住型饭店的餐厅，以及企业和事业单位食堂餐厅使用。

(三)当日菜单和限定菜单

当日菜单指仅供当日使用的菜单，也称即时性菜单。它既不固定，也无循环周期。这类菜单常为规模较小的餐饮企业所采用，如自助餐馆等。

限定菜单指菜式品种相当有限的菜单。这种类型的菜单一般多为特种餐馆、快餐馆或点心小吃店等所采用。

三、根据菜单价格形式分类

(一)零点菜单

零点菜单，是上述三者中最常见、使用最广泛的一种菜单形式，也是餐厅使用最为广泛的、最基本的菜单。它按一定的程序排列餐饮部提供的各式菜点，每个菜都有单独的价格，就餐宾客可以根据其口味、喜好来自由选择所需的菜点。

零点菜单不但普遍适用于一般的社会餐馆，而且也同样适用于旅游饭店的各类正餐厅、风味餐厅、咖啡厅等。

(二)套菜菜单(定菜菜单)

套菜，俗称公司菜，也称和菜或定菜。它是由饭店餐饮部按一般的进餐习惯为宾客提供规定的菜点，不能由宾客自由选择。

(三)混合式菜单及其他类型菜单

混合式菜单：它综合了零点菜单与定菜菜单的特点和长处，因此是两者的结合。

团体包餐菜单：它是根据旅行社或会议主办单位规定的用餐标准来制定的菜单，因此在安排菜点时既要让宾客吃得满意，又要保证餐饮部的利润。

宴会菜单：宴会菜单的菜品讲究外形美观，做工精细，因此价格较高。

每日特菜菜单：每日特菜菜单是指餐饮部根据食品原料和客源情况每天列出的特别推荐的菜点或时令菜点的菜单。

自助餐菜单：它是根据宾客进餐程序排列各式菜点的菜单。

9.3　菜品的选择

微课—
菜品的选择

一、迎合目标顾客的需求

任何旅游企业，不论其规模、类型、等级，都不具备同时满足所有旅游者需求的能力和条件。旅游企业必须选择一群或数群具有相似消费特点的宾客作为目标市场，以便更好、更有效地满足这些特定宾客群的需求。

(一)年龄结构

不同年龄阶段的宾客在餐饮口味、热量需要、菜式品种、餐饮价格、份额大小、营养成分、服务速度、烹制方法等方面都会有较大的区别。

(二)性别比例

不同性别的宾客无疑有着不同的餐饮需求。如果餐厅的目标市场中绝大部分为同一性别的宾客，菜单设计者就有必要酌情增加迎合这一性别的宾客的各种菜式。

(三)宗教禁忌

宾客来自世界各地，他们往往带着各种与宗教信仰有关的饮食习俗。饭店餐饮服务既要满足他们品尝中国名菜美点和各地风味的需求，也要尊重他们有关餐饮的各种宗教禁忌和地方习俗。

(四)饮食习俗

除宗教禁忌外，菜单设计者还应当顾及宾客的地区性饮食习俗。

(五)身份职业和旅游目的

既然菜单是为特定的宾客群设计的，那么菜单设计者就有必要了解、掌握这些宾客的身份职业特点及他们的旅游性质和目的。

(六)消费水平

从某种意义上说，一个餐厅的餐饮规格和价格范围须根据宾客的消费水平来定。

二、考虑食品原料的成本及菜品赢利能力

菜单的设计者在决定其一菜式是否应列入菜单时，应该综合考虑以下三点。

第一，该菜式的原料成本、售价和毛利。检查其成本中是否符合目标成本率，即该菜式的赢利能力如何。

第二，该菜式的畅销程度，即可能的销售量。

第三，该菜式的销售对其他菜式的销售所产生的影响，即有利或是不利于其他菜式的销售。

三、考虑食品原料的供应情况

凡列入菜单的菜式品种，厨房必须无条件地保证供应，这是一条相当重要但极易被忽视的餐饮管理原则。

食品原料供应往往受到市场供求关系、采购和运输条件、季节、饭店地理位置等因素的影响。

四、菜式的花色品种

(一)菜式品种不宜过多但又要丰富

菜式品种过多，会使宾客无所适从，不知该点什么菜好；品种过多，会使原料采购供应产生一定困难，造成原料缺档或者储存困难，增加成本；品种过多，还会增加厨房的准备工作，影响出菜速度。但是如果菜式品种过少，会使人感到单调、厌烦。因此，菜式品种必须适当。

(二)菜品组合要平衡

1. 价格

同一目标市场的顾客，因为需求不同，其消费水平也有高低之分，所以每类菜肴价格应尽量在一定范围内有高、中、低的搭配，以满足不同消费者的消费需求。

2. 原料

菜肴的原料搭配要平衡，每道菜既要有主料，又要有辅料，既要有荤，又要有素，肉、鱼、蛋、家禽、蔬菜等各类原料尽量都应涉及。

3. 烹调方法

每类原料都有用不同烹调方法制作的菜肴，各类烹调方法制作的菜肴均应有一定的比例。

4. 造型

造型也是衡量菜肴质量的重要标准，优美的造型可以刺激人们的食欲，给其就餐过程带来美的艺术享受，但是，造型菜在菜单中过多，会造成厨房压力过大、菜肴出菜时间过长、人力成本增加，因此，造型菜比例要恰当。

5. 口味口感

一份菜单要具有多种口味的组合搭配，才能符合与满足不同消费者的口味需要。

6. 成菜速度

菜单设计时应尽可能采用操作简便，成菜迅速，可提前大量预制的菜肴，以保证上菜速度。

7. 营养结构

营养结构不仅指菜单中各式菜肴之间的营养合理搭配，更重要的是每个菜肴本身的营养合理。为此，菜单设计者不仅要知道各种食物所含的营养成分，了解各类宾客每天的营养和热量摄入需求，还应当懂得该选用什么原料，如何搭配才能烹制出符合营养科学原理的餐饮食物。

(三)经常更换菜品，以满足客人求新的心理

菜品推新体现了厨师的技艺和创新精神，能够让顾客有新鲜感，也能作为餐厅的新产品而带来额外收益。

微课—菜单的定价

9.4　菜单的定价

菜单的定价是菜单设计的重要环节：定价是否适当，往往影响市场的需求变化，影响整个餐厅的竞争地位和竞争能力，对餐厅经营利益影响也极大。菜肴的定价首先要得出总成本，即把提供该菜肴的所有成本费用逐项加起来，但这实际上往往不容易做到。因为一些费用，如餐厅日常间接费用等，是无法化为每一道菜肴来估计的。有时各项成本的数据也是很难得到的。

一、定价原则

菜单定价应遵循以下几个原则。

(一)价格反映产品的价值

菜单上食品、饮料的价格是以其价值为主要依据制定的。其价值包括三个部分：一是饮食品原材料消耗的价值、生产设备、服务设施和家具用品等耗费的价值；二是以工资、奖金等形式支付给劳动者的报酬；三是以税金和利润的形式向企业和国家提供的积累。

(二)价格必须适应市场需求

菜单定价要能反映产品的价值，还应反映供求关系。档次高的餐厅，其定价可适当高些，因为该餐厅不仅能满足客人对饮食的需要，还能给客人一种饮食之外的舒适感。旺季时，价格可比平、淡季略高一些；市口好的餐厅比市口差的餐厅的价格也可以略高一些。牌子老、声誉好的餐厅的价格自然比一般餐厅要高，等等。但价格的制定必须适应市场的需求能力，若价格定得过高，超过了消费者的承受能力，或“价非所值”必然会引起客人的不满意，降低消费水平，减少消费量。

(三)制订价格既要相对灵活，又要相对稳定

菜单定价应根据供求关系的变化而采用适当的灵活价，如优惠价、季节价、浮动价等。根据市场需求的变化有升有降，及时调节市场需求以增加销售，提高经济效益。但是菜单价格过于频繁的变动，会给潜在的消费者带来心理上的压力和不稳定感，甚至挫伤消费者的购买积极性。因此，菜单定价要有相对的稳定性。这并不是说在三五年内冻结价格，而是：

(1)菜单价格不宜变化太频繁，更不能随意调价。

(2)每次调价幅度不能过大，最好不超过10%。

(3)降低质量的低价出售以维持销量的方法也是不足取的。只要保持菜点的高质量并适销对路，其价格自然能得到客人的认可和接受。

(四)制订价格要服从国家政策，接受物价部门指导

要根据国家的物价政策制定菜单价格，在规定的范围内确定本餐厅的毛利率。定价人员要贯彻按质论价、分等论价、时菜时价的原则，以合理成本、费用和税金加合理利润的原则来制订菜单价格。在制订菜单价格时，定价人员要接受当地物价部门的定价指导。此外，关于价格与产品政策之间的关系、价格与广告推销策略之间的关系、价格与销售渠道策略之间的关系，定价人员也都要认真加以考虑。

二、定价策略

餐厅的市场指向性决定了餐厅要获取利润的主要方法是提高销售额，而提高销售额的关键因素之一就是要有正确的价格策略，一般有以下三种定价策略。

(一)以成本为中心的定价策略

多数餐厅主要是根据成本来确定食品为中心的定价策略，它常使用两种不同的方法。

1. 成本加成定价法

即按成本再加上一定的百分比定价，不同餐厅会采用不同的百分比。这是最简单的方法。

2. 目标收益率定价法

即先定一个目标收益率，作为核定价格的标准，根据目标收益率计算出目标利润率，再计算出目标利润额。在达到预计的销售量时，能实现预定的收益目标。一方面，根据成本制定的价格，是餐厅必须达到的价格，如果低于这个价格，餐厅经济效益会受损。另一方面，运用以成本为中心的定价策略，只考虑成本单方面因素，而忽略了市场需求和客人心理，不能全面反映餐厅的经营效果。

(二)以需求为中心的定价策略

这是根据消费者对商品价值的认识程度和需求程度来决定价格的一种策略，它也有两种不同的方法。

1. 理解价值定价法

餐厅所提供的食品饮料其质量、作用，以能服务、广告推销等“非价格因素”，使客人对该餐厅的产品形成一种观念。根据这种观念制定相应的、符合消费者价值观的价格，即为理解价值定价法。

2. 区分需求定价法

餐厅在定价时，按照不同的客人(目标市场)，不同的地点、时间，不同的消费水平、方式区别定价。这种定价策略容易取得客人的信任，但不容易掌握好。

以需求为中心的定价策略是根据市场需求来制定价格的。如果以成本为中心的定价策略决定了餐厅产品的最低价格，那么以需求为中心的定价策略则决定了餐厅产品的最高价格。在具体实践中，根据市场情况，可分别采取以高质量、高价格取胜的高价策略；也可采取以薄利多销来扩大市场，增加市场占有率为目标的低价策略；以及灵活采用的优惠价格策略，即给客人以一定的优惠，来争取较高的销售额和宣传推销本餐厅的产品的效果。当然，这些策略并不是随意使用的，而是通过市场调研，根据市场需求决定的。

(三)以竞争为中心的定价策略

这种定价策略以竞争者的售价为定价的依据，在制定菜单价格时，可比竞争对手高一些，也可低于竞争对手的定价。

这种以竞争为中心的定价策略既有按同行价格决定自己的价格，以得到合理的收益且避免风险的定价策略，又有“捞一把就走”的展销新产品定价策略，还有因自己实力雄厚而采取的“变动成本”定价策略，即只考虑价格不小于原料成本即可，以此确立自己在市场上的竞争地位。以竞争为中心的定价策略由于不以成本为出发点，也不考虑消费者的意见，这种策略往往是临时性的或在特殊场合下才使用的。定价人员必须深入研究市场，充分分析竞争对手，否则很可能定出不合理的菜单价格。

二、定价方法

微课—菜单的定价方法

下面是五种具体的定价方法，这些方法是饮食业目前普遍采用的。在实际应用中，应该使用哪一种方法，则完全由餐厅经营者根据当时的情况而定，亦可把这些方法糅合，灵活掌握，并加以创新。

(一)“随行就市”法

这是一种最简单的方法，即把竞争同行的菜单价格为己所用。这种以竞争为中心的定价策略，在实际中还是经常使用的。使用这种方法要注意以成功的菜单为依据，避免把别人不成功的定价搬为己用。

(二)系数定价法

以食品原材料成本乘定价系数，即为食品销售价格。这里的定价系数是计划食品成本率的倒数：如果经营者计划自己的食品成本率是40%，那么定价系数即为1/40%，即2.5。

例： 已知一小盘炒肉丝成本为2元，计划食品成本率为40%，则

售价=2×2.5=5(元)。

这种方法是以成本为出发点的经验法，使用起来比较简单。这种方法存在的问题是定价者要避免过分依赖自己的经验，计划时要全面、充分，并留有余地。

(三)毛利率法

食品销售价格=食品成本×(1+外加毛利率)，其中外加毛利率是毛利占食品成本的百分比(亦称成本毛利率)。这里“食品成本”是指该菜肴的原料、配料、调料成本之和。

毛利率是根据经验或要求决定的，故亦称计划毛利率。这种方法计算十分简单，但由于餐厅人员为每份菜都加了同样量的毛利，使成本高的菜价会偏低，而成本低的菜价反而偏高。

例： 一份糖醋鲤鱼，所用鱼的成本为10元，配料和调料成本为1元，规定内扣毛利率为40%，而外加毛利率为65%，则其价格为：

售价=(10+1)(1+65%)=18.15(元)。

(四)主要成本率法

把食品原材料成本和直接人工成本作为定价的依据，并从“溢损表”中查得其他成本费用和利润率，则可计算出食品销售价格。

主要成本率法亦是以成本为中心定价的，但它考虑到了餐厅较高的人工成本，这样如能适当降低人工成本，则定价可更趋于合理。

(五)本、量、利综合分析定价法

本、量、利综合分析定价法是根据菜肴的成本、销售情况和盈利要求综合定价的。其方法是把菜单上所有的菜品根据销售量及其成本分类。每道菜品总能被列入下面四类中的一类。

(1)高销售量、高成本。

(2)高销售量、低成本。

(3)低销售量、高成本。

(4)低销售量、低成本。

虽然第二类菜点(高销售量、低成本的菜品)是最容易使餐厅得益的，但在实际中，餐厅出售的菜品，四类都有。这样，在考虑毛利的时候，把第一和第四类菜品加适中的毛利，而把第三类加较高的毛利，第二类加较低的毛利，然后根据毛利率法计算菜单上菜品的价格。

这一方法是综合考虑了客人的需求(表现为销售量)和餐厅成本、利润之间的关系，并根据成本越大，毛利应该越大；销售量越大，毛利越小这一原理定价的。菜单价格还取决于市场均衡价格，你的价格高于市场价格，你就把客人推给了别人；相反，你的餐厅就会吸引客人，但是若大大低于市场价格，餐厅也会亏损。因此，在定价时，可以经过调查分析或估计，综合以上各因素，把菜单上的菜品分类，加上适当的毛利，有的取低毛利率，如20%；有的取高的毛利率，如55%；还有的可取适中些的毛利率，如35%等。这种高、低毛利率也不是固定不变的，在经营中可以随机适当进行调整。

本、量、利综合分析定价法看上去比较复杂，有一定的难度，但餐厅经营者通过一些调查分析，并综合考虑多种因素后给菜单定的价，必定是比较合理，能使餐厅经营得益的。而且这些市场调查分析的结果，还能使餐厅经营服务得到不断改进。

9.5　菜单的设计与制作

微课—菜单的设计与制作

一、菜单的构成

(一)餐厅名称和标识

餐厅名称和标识应当在菜单恰当位置用醒目方式突出，以加深顾客印象。

(二)菜品类别及相关资料

(1)菜品类别，即将所有销售的品种按一定的标准、规律分类陈列，以便客人选择点菜。

(2)序号、名称、分量和价格。

(3)菜肴特点、风格和制作等描述性说明。

(三)地址等告知性说明

它包括餐厅的营业时间、服务内容、地址及其简况、电话号码、预订方法、联系人等内容。

(四)荣誉性说明

某些特殊菜品，如招牌菜、厨师力作等，可以添加强调说明。

二、菜单设计与制作

微课—菜单设计清晰　微课—菜品分类清晰　微课—菜单呈现推荐菜　微课—菜单突出餐厅主题定位

(一)菜单的封面与封底

封面内容：饭店与餐厅的名称和标志。

封底一定切记，不要让它呈空白状。

封底的内容：设计封底时，要将饭店与餐厅的信息性内容，如地址、电话、营业时间、接受的信用卡类别以及聚餐、筵席、会议设施、外卖服务、饭店简史、饭店所处地段的简图等呈现出来。

（二）菜单的规格与字体

1. 字体选用

字体的选择第一要考虑的是餐馆的风格。稀奇古怪、异乎寻常的字体往往有碍于辨读，应少用为宜。一般分类标题和菜点名称可用不同的字体。

2. 字体大小

菜单上的字体不宜太小，要使客人能在餐厅的光线下阅读清楚为准。一般分类标题的字体要大于菜点名称。

3. 字行距

两行之间至少得留有3倍行距。

4. 字体颜色

通常情况下，底纸采用白色或淡色（奶白、象牙白、棕黄或灰色），铅字须用黑色印刷。慎用“翻白”，即黑底白字印刷。

5. 菜单规格

菜单的式样和尺寸大小，应根据餐饮内容、销售的食品品种多少、餐厅规模而定。

（三）菜单用纸的选择

如果饭店使用一次性菜单，菜单内容每天更换，这种菜单应当印在比较轻巧、便宜的纸上，那么不必考虑纸张的耐污、耐磨等性能。如果饭店有意使菜单耐用，那么应当选用质地精良、厚实的纸张，同时还必须考虑纸张的防水、防污、去渍、防折和耐磨等性能。

（四）菜单颜色的选用

最简单的方法就是用有色底纸，加印彩色文字。

对于字体颜色，一般原则是：只能将少量文字印成彩色。

（五）菜肴顺序的编排

菜单上菜肴顺序的编排可按照上菜的先后顺序。

注意：千万不要按菜品价格的高低来排列菜肴，否则会使客人仅仅根据价格来点菜，这对餐厅的推销是不利的。

菜单中给予特殊对待的菜肴基本上可以分为两大类：一类是餐厅的特色名肴；另一类是经营者希望在同类食品中的销售量超于一般食品的销售量。

（六）菜单中的描述性文字

每道菜式的描述性说明，即以简洁的文字描述出该菜式的配料、制作方法和独特风味。

（七）菜单要富有独创性

菜单的外表设计和风格都需要不落俗套，标新立异。

项目十　主题宴会设计

10.1　主题宴会设计概述

微课—主题宴会设计概述

一、主题宴会

(一)宴会

宴会是人们为了一定的社交目的以及庆祝重大节日，以一定规格的酒菜食品和礼仪来款待客人的聚餐方式。宴会的种类按规格主要分为国宴、正式宴会、便宴等；按用餐类别分为中式宴会、西式宴会、中西合璧式宴会；按就餐形式分为冷餐会、鸡尾酒会、茶话会等。

(二)主题宴会

主题宴会是指通过一系列围绕一个或多个历史文化或其他主题为吸引标志，向顾客提供宴会所需菜肴、基本场所和服务礼仪的宴请方式。换言之，“主题宴会”即围绕着某个主题而举办的宴会形式。

二、主题宴会的特征

主题宴会的特征主要有以下几点：主题鲜明性；利益丰厚性；社会影响大。

(一)主题鲜明性

主题宴会的最大特点是赋予宴会以鲜明的主题，并围绕既定的主题来营造气氛、确定菜点风味、设计环境、安排活动、设计台面等，甚至服务的形式也与主题相对应。推出某一个主题宴会时，要求主题个性鲜明，与众不同，形成自己独特的风格。

例如，在西安唐城宾馆，宴会在唐宫中进行，顾客据案而坐，菜单做成卷轴状。餐具、酒杯均仿唐制。服务员们身穿唐装，发髻高高挽起，伺候在旁。宴会开始，由一名“宦官”手执拂尘，宣读“圣旨”，说明宴会的名目、性质。乐队奏起丝竹，大家举杯相敬。每上一道菜，都有“官家”出面宣读菜名，解释菜品富含的文化韵味。席间还表演唐乐舞，吟诵唐诗。喝的酒是李太白、杨贵妃喝过的“黄桂稠酒”，吃的菜、面点、汤羹以唐韦巨源《烧尾宴食单》中给唐中宗进献的食品为主，共计十道，由顾客预先商定。西安唐城宾馆的仿唐宴设计的各个环节，都突出了唐代文化的特质，主题特征相当鲜明。

（二）利益丰厚性

一是主题宴会为酒店直接赢得高利润、高回报；二是为酒店创造不可估量的无形价值，如品牌塑造。

主题宴会的高规格、个性化设计，必然形成高消费、高收益。相比较而言，主题宴会的毛利率远远高于普通宴会。

（三）社会影响大

主题宴会以明确的宴会主题与风格而成为宴会中一道精致的风景。由于参与宴会的人数众多，具有一定的档次和规模，因此其影响也更容易传播。某些历史中著名的宴会，如孔府宴，由于其礼仪庄重、品类繁多、技艺精湛，已经成为了中国宴会集大成者。人们从这类主题宴会中，不仅品味着佳肴美酒，更是通过饮食文明，观察着中华民族的历史与文化积淀。

三、主题宴会的分类

主题宴会的分类是按照不同主题进行再细分的。一般来说，按宴会主题大体上可以分为以下几类。

（一）地域、民族类主题

例如，巴蜀宴、蒙古族风味、泰国风味、日本料理等主题。

（二）人文、史料类主题

例如，乾隆御宴、东坡宴、红楼宴、三国宴、宫廷宴等。

（三）原料、食品类主题

例如，西安饺子宴、海南椰子宴、东莞荔枝宴、金华火腿宴、全羊宴、全鱼宴、全蛋宴等。

（四）节日、庆典类主题

例如，春节、元宵节、情人节、儿童节、饭店挂牌、饭店周年庆等。

（五）娱乐、休闲类主题

例如，时装晚宴、魔术晚宴、运动美食等。

（六）营养、养生类主题

例如，美女瘦身宴、道家太极宴、长寿宴、生态食品宴、养生药膳宴等。

四、主题宴会的设计内容

微课—主题宴会设计的内容和步骤

现在的主题宴会已超过单纯的风俗礼仪概念而成为一种新的文化产业现象，创新是宴会发展过程中的必然趋势。

作为一名餐厅服务员，掌握基本的主题宴会设计知识是必需的，这是餐饮业发展过程中对服务人员的最新要求。

（一）主题宴会环境设计

主题宴会环境设计是依据宴会的主题、标准、性质、宾主要求和宴会厅的装饰风格来进行设计和装饰布置的。

(1)与宴会主题协调一致。例如，婚宴——喜庆的红色，表达浪漫的装点。

(2)环境设计以文化为载体。例如，红楼文化宴、孔府文化宴的装饰装点风格。

(二)主题宴会台面设计

台面设计是饮食文化高度发展的产物，是现代文明进步的表现。台面设计又称餐桌布置。

宴会台面设计源于欧洲，19 世纪末 20 世纪初传入我国。作为餐桌布置艺术的台面设计，已成为饭店服务的一项重要内容。

成功的主题宴会台面设计，就像一件艺术品，令人赏心悦目，给参加宴会的宾客创造了隆重、热烈、和谐、欢快的气氛。

(1)餐台。

餐台也叫食台，餐饮“正摆台”。

(2)看台。

根据主题宴会的主题、性质、内容，用各种小件餐具、小件物品、装饰物等摆设成各种图案，供宾客在就餐前观赏，多用于特别高档的宴会。

(3)花台。

用鲜花、绢花、花篮以及各种工艺美术品和雕刻品点缀构成各种新颖、别致、得体的主题宴会台面。

(三)主题宴会台面设计的作用

(1)烘托宴会气氛。

(2)反映宴会主题。

(3)表明宴会档次。

(4)安排宾客座序。

(四)主题宴会台面设计的原则

(1)实用性。

实用性是指基本器具以满足顾客进餐需要为前提，适应不同风格的餐饮进食习惯和进餐的需要，方便顾客识别和使用。

(2)美观性。

餐台设计与布置在实用性原则基础上，结合文化传统、美学结构，将各种器具加以艺术的陈列与布置，以达到使顾客精神愉悦的目的，这就是美观性原则对餐台设计与布置的基本要求。

(3)礼仪性。

礼仪性是指充分考虑到就餐者的声望、地位，举办宴会的目的，参加宴会的主客等各种情况，体现出符合礼仪规范的文明风尚。

(4)卫生安全性。

安全卫生是宴会的前提与基础，要求服务人员手法卫生，操作规范。操作前，应清洁双手。检查所需餐具是否完整无缺，不得使用残破、有缺口、有裂痕的用具；餐具清洁，不能有污迹、水渍与手迹，消毒指标到达国家标准。

(5)突出特色。

突出宴会主题，体现宴会特色。例如，婚庆宴席就应摆放“囍”字席、百鸟朝凤、蝴蝶戏花等台面；接待外宾就应该摆设友谊席、和平席等。

五、主题宴会的设计步骤

(一)确定主题

主题可以是人文历史文化、艺术特色、风土人情或地方特色等。主题要鲜明，并且可以以装饰物展现。

(二)台布与桌群的选择

台布与桌群要与主题呼应。

(三)餐具的选择与搭配

餐具的图案、材质等要与主题相吻合。

(四)餐巾折花造型

餐巾折花要呼应主题。例如，婚庆宴可折蝴蝶戏花、孔雀开屏、玫瑰等；寿宴应折仙鹤迎宾等。

(五)菜单的设计与装帧

菜单的设计与装帧应突出特色和主题。

(六)台号、餐椅的布置

台号根据台面的具体情况，选择合适的位置摆放。一般可置于主人位，或者台面正中。餐椅数量应与餐具数量一致，餐椅中线与餐具中心线对齐。

(七)中间装饰物的布置

中间装饰物的布置要有画龙点睛之功效，具有艺术性和美感，突出主题，高度以不影响相对的客人交谈为宜。

中餐主题宴会设计是随着时代不断发展的，所以我们应该结合时代美感和艺术特色及审美文化等来设计。

10.2 技能大赛主题宴会设计

微课—主题宴会台面设计存在的问题

一、主题宴会台面设计存在的问题

(一)注重个体台面的装饰布置，忽视餐台的实用性和易推广性

餐台不同于艺术展台，餐台设计不是纯粹的台面艺术设计，餐台设计必须以满足宾客进餐的需要为前提，在此基础上考虑餐具的质量和摆放位置，考虑台面的艺术装缀。

餐台的装饰布置首先必须考虑其实用性，即要能够使设计出的宴会台面在餐厅中得到实际使用。

(二)注重台面装饰物的堆砌，忽视餐厅完整的空间效果

宴会餐台的设计布置除了台面布置装饰外，也可以将一些必需的装饰品通过艺术小品的方式点缀在餐台旁，以形成一个完整的空间艺术效果，这样就可以适当地减少台面装饰物的摆放，使得台面简洁、美观、实用。

(三)注重台面现代气息的体现，忽视土洋、中西的有机结合

宴会餐台的主题，可谓五花八门，各种主题都有，其中表现农家乐、乡土风情的题材比较常见。然而，这一类主题的餐台容易犯一个共同的错误，那就是在台面装饰材料的选择上没有正确处理好土洋结合的问题，使得布置出的台面不土不洋、不中不西，给人一种不伦不类的感觉。

(四)注重台面布置的出新、出奇，忽视服务以人为本的思想

任何餐台的设计和布置都可以在不违背基本原则的基础上发挥设计者的聪明才智和艺术想象进行大胆的创新，使台面别具一格、独具匠心，但是，不管如何设计和布置台面都必须把客人的利益和需求放在首位，要充分体现“服务以人为本”的现代服务理念。

为数不少的作品一味地追求餐台的新、奇、特，而不顾宾客的利益，其中最为突出的是餐台的卫生和安全问题。有些餐台将泥土、青苔搬上餐桌作装饰，中间的花卉插得过大，使花草碰到酒杯、筷子等，完全忽视了宾客就餐的卫生需求。更有甚者，将餐台中间的插花或装饰物插出1米多高，让就餐者坐在高悬的装饰物下用餐时始终感到提心吊胆，生怕装饰物倒下砸到自己，或担心高悬的花卉掉到菜肴中。这些布置方法不仅违反了餐台设计与布置的“卫生安全性”的原则，而且还使得整个台面的比例严重失调。

(五)注重餐台观赏面的布置，忽视餐台的细节布置

现代饭店餐饮服务与管理已经从过去的粗放型向细致化转变，在服务和管理中更注重细节。细节既是服务文化的体现，更是服务质量的体现，只有注重服务的细节才能满足宾客日益变化的服务需求，才能有效地改善和提高餐饮的服务质量和管理水平。

餐台布置是体现餐厅服务水平和服务质量的重要一环，因此，在餐台布置中也应该注意布置的细节，充分给宾客以愉悦的享受。

二、餐台设计与布置评判原理

微课—餐台设计与布置评判原理

餐台设计与布置不是纯粹的美学设计和美术图案，也不是一味地强调装饰性和片面追求情调，而是在实用性的基础上加以适当的设计，寓文化内涵、文明进步、精神愉悦于人类的餐饮活动之中，使人类在满足基本生理需求的前提下，获取文化的熏陶，并不断学习，提高素质，达到精神上的享受与进步。

(一)实用性

实用性有以下三层含义。

(1)以满足顾客进餐的需要为前提，考虑摆放的位置、质量的高低。

(2)适应不同风格的餐饮进食习惯和进餐的需要。

(3)方便顾客用餐。

(二)美观性

餐台设计与布置在实用性原则的基础上，根据是否符合顾客的基本进餐需要，是否适合不同餐饮风格，是否方便顾客等条件，结合文化传统、美学结构，将各种器具加以艺术的陈列与布置，以达到使顾客精神愉悦的目的，这就是美观性原则对餐台设计与布置的基本要求。

餐台设计与布置中美观性原则的具体体现如下。

(1)餐具的摆放位置应恰当。

(2)餐具间的距离应均匀。

(3)长短、高低之餐具搭配应合理。

(4)每套餐具应有明显的归属区域。

(5)餐椅的摆放应整齐划一，无凌乱感。

(6)餐椅、餐台的色彩应协调、平衡。

(7)菜单的陈列要恰到好处。

(8)桌号牌应便于看清楚。

(9)餐台大小与进餐者人数相适应。

(10)照明适度。

(11)墙饰与餐饮风格一致。

(12)服务者的着装体现出经营特色。

(13)方便提供周到服务。

(14)各种辅助性服务标志明显。

(三)观赏性

餐台设计与布置的合理协调，能够提高顾客的审美要求和满足其学习的欲望，因此，餐台设计与布置，要有文明、进步、开拓的意识，影响和示范于顾客。

(四)界域性

餐台设计与布置应充分考虑到每位宾客、每个团体的需要，适当区隔，归属明确，使所有的顾客都感到满意，所以餐台设计与布置必须遵循界域性原则。

(五)礼仪性

餐台设计与布置的非常重要的任务之一就是充分考虑到就餐者的声望、地位、举办宴会的目的、参加宴会的主客等各种情况，体现出符合礼仪规范的文明风尚。

(六)卫生安全性

餐饮场所提供的是人类食品，关系到的是人类健康，它应当是引导文明消费、科学营养进食补给的示范窗口，所以卫生安全是餐饮行业提供饮食服务的前提与基础，也是餐台设计应予考虑的重要因素之一。

三、主题设计原则

(一)主题选择与体现

(1)主题明确，表述清楚。

(2)台面布置与主题相吻合。

(3)台面体现文化、艺术品位。

(4)具有独创性和鲜明的个性。

(5)餐台主题具有时代感。

(二)台面效果

(1)台面设计与布置合理、协调，艺术性和实用性有机结合。

(2)色彩搭配和谐协调，主色调明显、突出。

(3)台面装饰整齐、美观。

(4)餐巾花折叠简洁，花型与餐台主题相吻合。

(5)餐具、用具配备符合进餐要求。

(6)菜单设计精美，摆放合理。

(7)服务员着装挺括、整洁，并能体现餐饮服务特色。

四、主题解说词的撰写

微课—主题解说词的撰写

(1)为什么设计这个主题。

(2)围绕这个主题选用了什么中心装饰物。

(3)选用什么主色调。

(4)选用什么餐具。

(5)菜单设计。

10.3　酒店主题宴会设计案例

主题一：中国古典文化宴——红楼梦中人

主题内涵

中国传统文学凝聚了华夏大地数千年的文明史，体现了中华民族深厚的文化底蕴。中国人不仅为中国，乃至世界的文明，贡献出了浩瀚的典籍，还创造出了百世不朽的文化经典。四大名著是中国文学史中的经典作品，其中的《红楼梦》则被视为“中国小说文学难以征服的顶峰”。《红楼梦》不仅深受读者的喜爱，而且是以一部小说而成就一门学问的——“红学”，这在中国文学史上是前所未有的。所以本次宴会设计的主题就是围绕着介绍《红楼梦》这部著作而设计的。

《红楼梦》代表着中国文学的集大成者。此次宴会设计，在整体氛围上，我们用深沉、厚重的基调来衬托中国古典文学的博大精深。在色调上，我们采用了以黑色为主色，配以金色花纹的布料为桌裙。这两种颜色的完美搭配，给人以古朴厚重之感，在整体上又不失彰显辉煌之意。黑色，是这次宴会设计的主要色调，我们用黑色象征着《红楼梦》广博深厚的文化内涵。历来读者对这部小说都是众说纷纭，每读一遍都会有新的理解，所以只有黑色才能把这种文化的厚重感体现出来。另外，我们选用纯白色的布料作为台布。白色，象征着宝玉和黛玉纯洁美好的爱情。虽然宝黛的爱情最后以悲剧结尾，但是他们心中对纯洁爱情的向往是始终不变的。同时，用白色来表现黛玉的高洁品行，她的这种真性情也不会因世俗而改变。

在餐具上，我们也是选用以白色为主，配以金色花边的餐盘，从细节之处来呼应宴会的主题。在饰品上，我们选择《红楼梦》这部书中具有代表性的人物模型来做搭配，其中有金陵十二钗正册中的史湘云、妙玉、贾元春和王熙凤。此外，我们把金陵十二钗的其他人物形象做成的展板置于模型之间。为了凸显本次宴会的主题，在菜单的设计上，我们也别出心裁。对于菜品的名称，我们使用的都是在《红楼梦》这部书中出现过的菜名。其菜名包括糟鹅掌鸭信、山药糕、火腿炖肘子、糖蒸酥酪、茄鲞、油盐炒枸杞芽、虾丸鸡皮汤、酒酿清蒸鸭子、奶油松瓤卷酥、椒油莼齑酱、五香大头菜等。这样的菜单设计是为了凸显《红楼梦》这部不朽的文学作品蕴含的深厚的文化底蕴，其中表现出来的丰富的饮食文化也就可见一斑了。

本次宴会主题设计的定位是为了弘扬中国传统文化。中国传统文化博大精深，流传至今的文化典籍数不胜数，《红楼梦》作为其中的经典之作最具有代表性。这部流传至今的文化史上的奇书，影响了一代又一代的中国人，并且给读者带来了巨大的震撼之感，一部有了生命力的小说，甚至超乎了它的作者所生活的时代，这也是《红楼梦》的价值所在。

主题二：和谐发展迎宾宴

主题内涵

和谐，是当今国际上普遍认同的发展目标。和谐发展是中国—东盟走向繁荣的必由之路。和谐发展迎宾宴以东盟各国最为熟悉的莲花为宴会主要元素，以代表纯洁和自然的白色、绿色为主色调，以桂菜为宴会主要菜品，构建一台面向东盟各国来宾的和谐发展迎宾宴。

莲花，又称“荷花”，是一种实用价值很高的植物，莲叶、莲子、莲心、莲蓬、莲梗、莲藕等都富含维生素C、蛋白质、荷叶碱等，对人体有特殊的功效。“荷”与“和”“合”谐音，“莲”与“联”“连”谐音，因此，在中华传统文化中，莲花是友谊的象征和使者。我们经常以莲花象征和平、和谐、合作、合力、团结、联合等；以莲花的高洁象征和平事业、和谐世界的高洁。

中国—东盟自由贸易区是世界三大区域经济合作体之一。它是由中国、泰国、缅甸、越南等发展中国家组成的、世界上人口最多的自由贸易区。出淤泥而不染的莲花是佛教的主要象征，而佛教在东盟国家拥有众多的信仰者，因此莲花与东盟十国有密切的联系，泰国、越南更是分别以莲花和金莲花为国花。佛教问世后，莲花随着佛教流传到亚洲的每个角落。在缅甸的蒲甘古城、泰国的素可泰和柬埔寨的吴哥窟等地的大庙里，在斯里兰卡的钟形塔里，在印度尼西亚巴厘岛的葬蓝上和西藏的符箓上，我们都可以看到莲的图画。

中国东盟博览会永久举办地——“南宁”，素有“绿城”的美称。每年都有大量的东盟十国宾客莅临南宁，为了表达对东盟十国宾客的欢迎，我们以莲花为中心，以绿色和白色为主色调，设计了主题为“和谐发展”的迎宾宴。绿色代表南宁，意指南宁作为东道主热情欢迎来自东盟十国的宾客，用餐巾折出的盘花“水中舞”(又名荷花)，以及餐台和椅背上的莲花、餐具中的莲蓬，使宾客有宾至如归的感觉。这次迎宾宴表达了中国真心希望与东盟十国联合起来，和谐发展，促进中国—东盟自由贸易区更好、更快地发展。

主题三：天长地久宴

主题内涵

台布颜色：桌裙选用红色，突出婚宴的喜庆；台布采用白色，象征爱情纯洁，新人永结同心、白头偕老。

主题摆放：圆台中心摆放鲜花，象征新人婚姻幸福美满、爱情甜甜蜜蜜、生活和和美美。

餐具：餐具以乳白色为主，突出新人爱情纯洁，透明的玻璃器皿与白色台布相衬，象征新人未来的生活和谐、爱情天长地久。

餐巾折花：天长地久宴是以男女爱情为主题，餐巾折花包括山茶花、桃花朵朵、相恋花、含情脉脉、并蒂莲花五种，象征新人是由相识、初恋、热恋、订婚再到结婚的甜蜜之旅，其中“含情脉脉”代表订婚，“并蒂莲花”代表结婚。

主题四：京都韵味

主题内涵

北京，这座有着860多年建都史的北方都城，既有古老的历史记忆，又有着鲜活的时尚元素。皇城根的老墙与中央商务区(CBD)的摩天大楼和谐共处，这个城市到底有哪些地方值得徘徊、喝彩、沉思和张扬。

这座城市的文化通过自我创新和包容世界优秀文化而来，在这座城市的人既有着厚德的品行，又深深地爱着自己的故乡，自己的国家。北京皇城建筑最大的特点是稳定，所以台面中心选用的是北京天坛的图案，蓝顶的天坛图案占据中央，俯瞰着四面八方的四合院民宅。餐具选用的是图案为北京四合院的青花瓷盘，“四合”是让房子从四面八方“合拢”过来。中间的主题设计是天坛，表现一种“和”的境界。

台面设计

台面的设计是将青花瓷的清新淡雅和中国古老的建筑文化与中餐文化相结合，突出中国餐饮文化的博大精深。

青花瓷盘的选用，淡雅台布的选用，以及中间主题设计天坛的选用，粉色的康乃馨和白色的玫瑰花的选择，都能体现出北京的文化内涵和北京当下最流行的色调，既能表现北京的深沉悠久，又能表现北京的鲜活时尚。

宾客对象：文化交流，宴请外宾，商务宴请等。

价位标准：中档，中高档

主题概念：体现中餐饮食文化的博大精深和现代化大都市的饮食潮流。在古代就有“民以食为天，食以安为先”的说法。《礼记·内则》更是提出了“凡和，春多酸，夏多苦，秋多辛，冬多咸”的科学饮食理念。中华饮食文化源远流长，在创新中成长、发展、繁荣。我们要把我们民族先进的饮食文化推向世界。

创新点：把中餐饮食文化与北京悠久的传统文化和现代化繁华大都市文化相结合，体现中华饮食文化的博大精深和不断创新。更把中华文明的繁荣延伸引用至今，通过天坛与四合院的完美融合，来表现北京乃至中国的“和”。

亮点：以中餐来体现中国古老建筑的繁荣，以青花瓷来体现中国手工艺品的巅峰，从而体现北京最深厚的文化内涵和现代化大都市的潮流。

总结：整个台面的设计，中间天坛的选用，插花的设计，北京四合院青花瓷盘的选用以及水晶杯的选用都是精心设计的，整个台面既能体现北京最古老的记忆，又有着最鲜活的时尚元素。深沉的北京文化与奢华的现代化大都市风情和谐相处，让我们一起来享受新时代的北京中餐盛宴！

模块三　管理篇

项目十一　餐饮经营管理计划

11.1　餐饮管理经营计划的内容和任务

微课—餐饮管理经营计划的内容和任务(一)

经营计划是企业经营目标和管理任务的集中体现。它直接决定企业人、财、物资源调配和业务经营活动的范围，影响资金使用和经济效益。正确预测计划指标，编制经营计划，合理确定计划目标，做好计划管理，是餐饮管理的首要条件和基本要求。

一、餐饮经营计划的特点

经营计划是根据市场供求关系，在分析企业内外客观环境的基础上，对餐饮管理的任务和目标及其实现措施所做出的安排。

(一)目标性

从本质上说，计划管理就是确定目标，组织业务活动的开展，保证计划指标的实现。因此，餐饮经营计划实质上就是目标管理的具体运用。

(二)层次性

下一级计划指标既是上一级计划指标的分解，又是上一级计划指标的基础。

(三)综合性

经营计划是一项综合性较强的工作，它涉及企业及各部门、各环节、各项业务活动的开展。

(四)专业性

餐饮经营计划制订需要根据企业的实际情况而定，它必须由企业的管理者等专业人士进行操作。

二、餐饮经营计划的内容

(一)市场营销计划内容

餐饮市场营销计划的内容主要包括以下四个方面。

1. 销售计划

必须制订餐饮销售计划，它是根据市场需求，在确定产品风味和花色品种的基础上，分析企业档次结构、接待对象、接待能力来制定的，其内容主要包括餐厅接待人次、上座率、人均消费，不同餐厅的食品收入、饮料收入、烟草和其他收入及总销售量等。

2. 食品原材料计划

食品原材料是保证餐饮产品生产需要，完成销售计划的前提和保证，其计划以食品原材料采购为主。由于食品原材料种类很多，难以确定各种原材料的具体需要量，因此，计划的内容主要包括采购成本、库房储备、资金周转、期初库存、期末库存等。

3. 产品生产计划

产品生产计划以短期计划为主，其内容主要包括花色品种安排、食品原材料消耗、厨师任务安排、单位产品成本控制等。

4. 餐厅服务计划

餐厅服务计划的内容主要包括服务程序安排、服务质量标准、人均接待人次、职工人均创收、人均接待人次、职工人均创收、人均创汇、人均创利、优质服务达标率、客人满意程度、投诉降低率等。

(二)经营利润计划内容

1. 营业收入计划

营业收入是指在一定时期内，主营业务所取得的收入。按照产品价格与预计销量，大致计算出来的总收入。

2. 营业成本计划

营业成本主要指食品原材料成本。编制营业成本计划，以产品成本为主，其内容主要包括标准成本率、成本额和成本降低率指标，以此作为食品原材料成本管理的依据。

3. 营业费用计划

它是指食品原材料成本以外的其他各种合理耗费。其内容可大致分为因定费用和变动费用两大类。前者包括房屋折旧、家具设备折旧、人事成本、销售费用、管理费用、交际费用、装饰费用等；后者是随餐饮销售额的变化而变化的费用，包括水费、电费、燃料费、客用消耗用品费用、服务用品费用、洗涤费用等。

4. 营业利润计划

营业收入减去营业成本、营业费用和营业税金，就是营业利润。因此，计划指标内容还包括利润额、利润率、成本利润率、资金利润率、实现税利等。

三、餐饮经营计划的任务

微课—餐饮管理经营计划的内容和任务(二)

经营计划的任务是通过计划编制和计划执行来反映的，它体现在业务管理过程的始终，其具体任务包括以下四个方面。

(一)分析经营环境，收集计划资料

分析经营环境、收集计划资料是计划管理的前提和基础。分析经营环境主要是指分析市场环境。收集计划资料主要包括地区旅游接待人次、增长比率、停留天数、旅客流量等对企业餐饮计划目标的影响；企业各餐厅近年来的接待人次、增长比率、客房出租率同餐饮计划目标的关联程度和餐厅上座率及人均消费等；企业各餐厅近年来的营业收入、营业成本、营

业费用、营业利润及成本率、费用率、利润率等各项指标的完成结果及其变化规律。

(二)预测计划目标，编制计划方案

预测计划目标，编制计划方案，重点是做好五个方面的工作：第一，根据市场动向、特点和发展趋势，以调查资料为基础，预测各餐厅的上座率、接待人次、人均消费和营业收入。第二，分析食品原材料消耗，制定各餐厅标准成本，预测成本额、成本率，确定成本降低率指标。第三，根据业务需要和计划收入，分析流通费用构成及其比例关系，预测各项费用消耗，确定费用降低率指标。第四，分析营业收入、营业成本、营业费用和营业利润的相互关系，预测餐饮利润目标。第五，在上述预测分析的基础上，编制计划方案，初步确定各项计划指标。

(三)搞好综合平衡，落实计划指标

实事求是、综合平衡是计划管理的基本原则。

(四)发挥控制职能，完成计划任务

其重点是做好三个方面的工作：第一，以餐厅、厨房为基础，分解计划指标，明确各级、各部门及其各月、各季具体的奋斗目标，将全体职工的注意力引导到计划任务上来，共同为完成计划任务而努力工作。第二，建立信息反馈系统，逐日、逐周、逐月、逐季统计计划指标完成结果，发现问题，纠正偏差，发挥计划控制职能。第三，根据各级、各部门计划完成结果，合理分配劳动报酬，奖勤罚懒，择优汰劣，保证计划任务的顺利完成。

四、餐饮计划管理的要求

经营环境复杂，计划编制和执行的涉及范围都比较广泛，为此必须遵循下列基本要求。

(一)正确处理国家、企业、职工和消费者的关系

餐饮企业应在国家相关法律法规要求下开展经营活动，努力使国家受益、企业增收、职工和消费者满意，正确处理国家、企业、职工和消费者之间的关系。

(二)坚持以市场调节为主，正确处理供求关系

其基本要求是：在宏观上，国家建立市场调节机制，制订餐饮业网点发展规划，控制行业发展规模，引导市场供给。在微观上，扩大企业自主权，引导企业正确开展市场竞争，坚持以市场调节为主。

(三)坚持计划指标的科学性和先进性，调动职工的积极性

科学性是要反映餐饮经营活动的客观规律，反映市场供求关系和餐饮经营实际。计划指标要在广泛调查研究的基础上，经过预测分析来确定，不能想当然。先进性是要充分挖掘企业内部潜力，掌握市场发展趋势，使计划指标必须经过各部门、各环节的职工的努力才能完成。

11.2 餐饮管理计划方案编制方法

微课—餐饮管理计划方案编制方法

一、营业收入计划编制方法

(一)确定餐厅上座率和接待人次

它要求以餐厅为基础，根据历史资料和接待能力，分析市场发展趋势和准备采取的推销措施，将产品供给和市场需求结合起来，确定餐厅上座率和接待人次。其中，饭店宾馆接待人次要充分考虑住店客人，同时，还要考虑外客需要。住店客人的接待人次一般是根据客房出租率计划分析住店客人到不同餐厅用餐的比率。外客则根据历史资料和市场发展趋势来确定。涉外餐馆则根据不同类型的餐厅分别确定。

(二)确定餐厅人均消费和饮料比率

餐饮人均消费应将食物和饮料分开，食品确定人均消费额，饮料确定销售比率，部分国有饭店和涉外餐馆的餐饮人均消费是将食物和饮料一起计算，不管属于哪一种，都要考虑三个因素：一是各餐厅已经达到的水平；二是市场环境可能对餐饮人均消费带来的影响；三是不同餐厅的档次结构和不同餐次的客人消费水平。

(三)编制营业收入计划方案

营业收入计划一般可通过季指数分解到各月，也可逐月确定。营业收入计划方案则以餐厅为基础，最后汇总，形成食品、饮料和其他收入计划。

二、营业成本计划编制方法

(一)确定不同餐厅的食品毛利率标准

食品毛利率标准要根据餐厅风格、档次等条件确定，一般说来，餐饮业正常毛利率标准在25％～35％。

(二)编制饮料成本计划

餐饮饮料可分为自制型饮料与代售饮料。自制型饮料是餐厅自行设计制造的，由食材品类确定；而代售饮料成本是固定的，由代理商确定。

(三)编制员工餐厅成本计划

员工餐厅是员工福利的一部分，应当确定早、中、晚三餐标准，按员工人数编制相应的成本计划。

(四)确定签单成本消耗

餐厅与某些固定消费群体签定相关签单协议，顾客一般享有一定的折扣，这些都应计算签单成本。

(五)编制餐饮成本计划方案

编制时，员工餐厅成本计划和签单成本计划必须单列，以保证成本计划的真实性，从而有利于餐饮成本控制。

三、营业费用计划编制方法

(一)财务分摊预算法

这种方法以财务会计报表为基础，结合餐饮费用实际消耗或占用来确定计划费用额。它主要适用于房屋折旧、家具、用具及厨房设备折旧等费用预算，其具体方法有使用年限折旧法、综合折旧率法、工作量折旧法等多种，具体采用哪种方法，均由企业财务部门统一掌握，并预算出企业各部门的折旧额，作为餐饮管理计划指标。

(二)销售额比例预算法

这种方法以餐饮计划销售额为基础，分析费用消耗比例，参阅历史统计资料来确定费用计划额。它主要适用于餐饮管理费用、销售费用、维修费用、装饰费用、餐茶具消耗等费用指标预算。

(三)人事成本预算法

餐饮管理人事成本分为固定人事成本和可变性人事成本。前者以员工人数为基础，确定人均需要量，其内容包括固定工资、浮动升级、员工膳食、副食补贴、物价补贴、医疗补助、退休统筹等；后者主要指餐饮管理中计划安排的员工奖金，临时工、季节工等人员的成本消耗。

(四)业务量变动法

这种方法以历史统计资料为基础，分析费用消耗合理程度，结合餐饮业务量的增减变化来确定计划费用额。它主要适用于水费、电费、燃料费、洗涤费等可变性费用指标预算。

(五)不可预见性费用预算法

不可预见性费用是指企业管理中常常发生的捐助、赞助、摊派等费用消耗。

(六)营业性税金预算方法

营业性税金主要指在营业费用中列支的税金支出，其内容包括印花税、车船使用税、土地使用税、房产税、资金占用税等。

微课—餐饮经营管理思路(一)

11.3　餐饮经营管理思路

现在餐饮管理的新思路就是运用市场经济的原则，而在早期的计划时代，顾客消费的选择性小，消费的不理性导致早期的餐饮经营者“走一步算一步”。前期的餐饮市场供不应求，而当今餐饮市场已从卖方市场转入买方市场，消费者的消费理念也日渐成熟。因此，笔者以为，餐饮业的管理与经营应实行“计划管理”。所谓的“计划”管理，就是从餐饮的筹备、设计到中长期的经营，均应有组织、有计划地去进行。

一、市场经营的定位计划

市场调查与分析，建立一个餐饮场所，首先要进行市场调查，做好市场定位。例如，一个能容纳上千人的豪华场所全都经营以燕翅鲍为主的高档菜肴，这几乎是不可能的，或者专营明档小吃的可能性也很小。因为这两个经营市场的消费者均不属餐饮消费市场的主导，所以在餐位数确定后，在餐饮经营之前，应将制订“市场经营计划”放在首位，并考虑如下事宜，再对本餐厅进行定位。

(一)当地人的饮食习惯爱好

其包括菜品的原料、配料是否方便采购。当地人对菜肴的口味要求、制作方法的接受程度、价格接受能力等。

(二)就餐人员的交通方式

此点尤为重要，决定了一个餐厅的选址，是否方便消费者用餐。

(三)就餐人员的就餐形式

当地消费市场的消费结构是趋于一个什么样的状态，是以商务宴请为主或是公款消费或者是家庭宴请居多。

(四)就餐环境的布置

人们对就餐环境的需求更多，如对用餐环境的空气流通、用餐空间及日常清洁卫生的要求更多。

综上新述，一个餐馆只能适应一部分顾客的需求，因此必须分析自身的能力条件，分析当地市场对本餐厅具有威胁的竞争对手，慎重确定本餐厅的顾客主导群是哪一阶层。

二、经营场所的布置计划

确定了以上因素后，就必须对经营场所的场地进行布局，在布局时务必要考虑下述工作的内容。

(1)厨房的设备配置与餐位的配比。

(2)厨房菜系与楼面服务的配合工作。

(3)客用通道与走菜通道及与厨房距离的确认与布置。

(4)餐具选择、摆台与各类灯光的配合。

(5)海鲜池与水台的选择及污物处理的设置。

(6)凉菜间、烧腊档、面点房的卫生防疫设施，设备的配置。

(7)水、电、照明的引入及控制。

(8)停车场与客人进出的布置，尤其是出入餐厅大门的设计。

三、人员管理计划

餐厅业经营的成功，在硬件确定以后，主要取决于餐厅的管理人员的选择。餐厅在确定自己的经营定位及场地的布局后就应组织各级人员实施。怎样使餐厅运营起来？这就是一个用人的问题。而用人首先要制订用人计划，对各岗人员要有目的地去选择和利用。制订出一套适合本餐厅的人力组织结构体系，其内容主要为：

(1)每一位员工都有自己的工作岗位名称、职级、配合人员、工作职责范围、工作质量标准。

(2)详细说明各部门人员之间的隶属关系，并实行逐级汇报，逐级负责制的工作方式。

(3)制订严格的培训计划，包括日常培训及计划培训。

(4)明文规定每一岗位的工资收入情况及相应的激励机制。

(5)要正确树立外部顾客与内部顾客的概念。

内部顾客就是直接服务客人的一线员工，作为管理层及二线部门(如采购、财务等)是为内部顾客(一线员工)服务的。为“内部顾客”服务的工作做好了，才能做好外部顾客服务的工作。

(6)要充分理解 80%与 20%理论对餐饮行业的意义。

即 80%的盈利是从 20%的产品中产生的；80%的问题是从 20%的员工中产生的；80%的管理(经营)建议是从 20%的管理人员中产生的。因此，要经营好餐厅取决于 20%的管理人员和 20%的好产品。为此，业主要向 20%的管理人员授权，首先，要与管理人员分享信息，包括成本、毛利、成本费用及市场占有率，使管理人员能够提出更具建设性的建议。其次，要有限度地授权，即在一定的范围内，在什么情况下，各级管理人员可以自主决定处置发生的问题而不必事先请示。当然，事后要汇报，说明情况及处置后产生的效果。

四、管理制度计划

微课—餐饮经营管理思路(二)

餐饮的管理制度是一个餐厅的生命，当今社会是知识经济时代，管理越来越为企业所重视。管理水平的高低直接影响着餐厅的经营效益。故“管理出效益”是硬道理，在制订日常的管理制度时应着重考虑以下三个方面的事宜。

(一)人力资源方面

其包括用工制度、薪金制度、激励制度等。

(二)经营销售方面

其包括销售对象、促销方式、菜品特色、服务特色和创新要求。

(三)财务成本方面

其包括采购制度、成本控制方法、资产管理制度。

根据以上三点，真正做到“人人有岗位，办事有依据，行动有目标，工作有效益”。

五、经营运作计划

餐饮业的经营通常有以下七个方面的指标，即营业收入、经营成本、人力和人力资源费用、能源费用、财务费用、设备维护费用、政府的各种规费。餐厅经营是否有利可图，关键是管理人员对前六个方面的管理所产生的业绩。而做好经营运作计划是餐饮能否成功的关键。因此在制订经营运作计划时应考虑如下因素。

(一)营业收入方面

食品、酒水、物品及场地出租等收入。

(二)经营成本方面

各经营项目的成本：办公、通信、运输、洗涤、垃圾处理、装饰、设备维护及行政规费、消防治安费用等。

(三)人力和人力资源费用方面

工资、劳保(医保)福利、培训费用、食(宿)费用、制服费用(包括洗涤)等。

(四)能源费用方面

水、电、燃油、燃气、排污、有线电视等费用。

(五)财务费用方面

折旧费、利息费、税费等。

(六)设备维护方面

各类设备的大修、检测、常规维护等。

(七)政府规费方面

主要包含当地政府规定缴纳的行政事业性收费，如环境监测服务费、疫情处理费等。

在制订经营运作计划时，事先要对本地区的餐饮市场进行有效的综合调查，根据上述内容获取第一手详细资料。然后测算出本餐厅的经营保本点，以此来制定与切合本餐厅实际的营业收入指标成本费用指标、利润指标等各种经营指标。

六、品牌树立的设想

(一)规范服务理念，突出服务特色，由细处见真情，以真情见功夫

餐饮服务的经营管理首先应是管理人员制订各类标准化服务程序和服务标准，树立服务人员对客人的仁爱之心。服务员要在真正意义上了解客人，充分体现对宾客的关爱。要有换位的服务意识，替宾客着想，以特色服务来体现服务档次，以创新带给宾客“心动”的感受，温馨的回味。

(二)保持看家特色菜品，及时开创新菜，保持各类菜品质量，展现餐饮实力

餐饮的菜系品种千变万化，极少数的厨师(行政总厨、各点厨师长)承担类似工业产品的设计师和工艺师的责任，主要任务是研究创新菜式，制订菜肴品味质量标准，以及全程的监督实施。这些人的技能和工作态度是餐厅资产的一部分，可以考虑让他们拥有餐厅的部分股权分红。如果厨师有修改菜式标准的建议可以提出，但未经总厨修正，任何厨师不能自行其是，这样方能保持稳定的口味及质感。

七、市场营销及推广方面

(一)树立知名度，提高本餐厅在当地餐饮市场的影响力及信誉度

餐厅在临开业前及开业后的一段时间内，要在当地具有较大影响力的媒介上做到“狂轰滥炸”式的宣传攻势，开业一段时间后，可以定期组织一些公益性的促销或宣传活动，如慰问当地驻军、敬老院、无偿献血等。或是在一些有纪念意义的节日，如在教师节、儿童节等节日时举办一些让利性的大促销，并邀请当地媒介给予新闻报道，以起到软性广告的宣传及餐厅正面形象的树立之作用。

(二)厨房特价

厨房可根据季节每周或每月推出一些特色菜肴或特价菜肴以吸引或刺激顾客的消费。

(三)赠品或赠券

餐厅可制作并赠送小工艺品，让顾客觉得到餐厅吃饭除了能享受多层次的气氛还能收到喜欢的小玩意。这不仅能起到宣传的作用，还能提高餐厅的档次，在发放上还可以根据消费程度的高低来赠送价值与之相配的赠品。

(四)创造良好的用餐环境

良好的用餐环境及气氛也能吸引客人前来消费，不要说整体，就是在每一个包房的设计上都有一定的风格，就会使客人每次来用餐都有赏心悦目、焕然一新的感受。

(五)建立客源档案

建立客源档案主要是记录客人的喜好、忌讳、出生年月、公司店庆等内容。届时提前发放贺信以此来加强与客人的联系，使餐厅有一批稳定的客源。可以这样说，假如建立3000个客源档案；哪怕这3000人中一年只来消费一次，那么每天就有约8.3人光顾(以一年360天计算)，而这8.3人次一定会带来另外的客源。

项目十二　餐饮采供管理

采购供应管理的好坏，直接影响厨房生产、产品质量、成本消耗和经济效益。

12.1　食品原材料采购管理

微课—食品原材料采购管理

一、食品原材料采购管理组织形式

(一)企业采购部组织形式

企业采购部组织形式是全店统一设立采购部。

(二)餐饮部门采购组织形式

餐饮部门采购组织形式是一种分部管理方式。

二、食品原材料采购管理工作方针

在采购渠道上坚持“先国有，后个体；先市内，后市外；先国内，后国外”。

在货源供应上坚持以厨房生产和餐厅销售为中心，做到适用、适销、适时、适量。具体体现为“品种对路、质量优良、价格合理、数量适当、到货准时”。

在采购价格上坚持掌握市场行情，减少流通环节，做到“价比三家、货比三家”。

三、食品原材料采购计划编制方法

(一)年度计划编制方法

年度计划主要是确定食品原材料采购资金和业务周转金需要量。因此，年度食品原材料采购计划只能从降低库存量、加快资金周转、节约费用开支的角度出发，确定年度食品原材料采购资金，并由此确定采购业务周转金。

其一，直接计算法。其二，间接计算法。间接计算法是以上年度食品原材料采购资金实际耗用量为基础，分析业务量增减变化和上年度食品原材料采购资金周转的合理程度来确定采购资金需要量。

(二)月度计划编制方法

(1)食品库房根据食品原材料消耗方式和库存周期不同，分类确定进货间隔周期。

(2)根据历史资料，掌握各类食品原材料月度日均需要量，确定进货数量。

(3)编制月度采购计划。

月度采购计划主要适用于进货间隔期一周以上的食品原材料。其计划编制方法是厨房根据生产业务需要，于前1～2天分类填写请购单，确定各种鲜活食品原材料的采购数量，经采购经理审批后交食品采购组办理。

(三)日常订货计划编制方法

对于某些特殊食材或者临时增加的部分食材，在确定种类与数量后，应提前1天按要求填写采购清单，及时采购。

四、食品原材料采购价格确定

为贯彻“掌握市场行情，减少流通环节，坚持‘价比三家、货比三家’”的原则，采购管理中必须加强食品原材料定价管理，控制采购价格，防止舞弊行为，降低成本开支。其定价程序是客房报价──→采购供应部定价──→总经理审批。

(1)正常库存的食品原材料，采购人员必须取得三家以上的客户报价，包括人民币或外币报价，加盖供货单位公章，交采购供应部经理召集采购员集体定价后，才能办购。

(2)客户每天交货的鲜活食品原材料，采用定期定价程序。一般以7～10天为一定价期。

(3)库存周期较长的干货，包括海味、粮油米面、调料等食品原材料，每月定价一次。

五、食品原材料采购管理组织方法

(1)正常库存食品原材料补充。正常库存是指进货间隔期一周以上的食品原材料。采购人员将采购计划落实后，将供货单位、供货时间、品种、数量等通知食品库房，以便库房做好验收准备。

(2)每日进货的鲜活原材料采购。

(3)季节性食品原材料采购。

(4)短期储备的鲜活材料采购。

(5)计划外急需的食品原材料采购。

(6)新货原材料采购。

(7)酒水饮料采购。进口酒、国产酒一般每月进货一次，啤酒、饮料一般5～10天进货一次。酒水饮料单设库房，由企业酒水部统一管理。

(8)烟草采购。

(9)海外进口食品原材料采购。

(10)食品原材料采购提货。

六、食品原材料采购合同管理

(一)签订采购合同的原则

(1)代表原则。

(2)内容合法原则。

(3)平等互利原则。

(4)等价有偿原则。

(二)采购合同的内容

(1)标的。

(2)价格。

(3)数量。

(4)期限。

(5)经济责任。

(6)其他条款。

(三)合同管理及注意事项

对采购人员的素质要求:

(1)有强烈的事业心和责任感。

(2)有较丰富的商品知识。

(3)有较强的社交活动能力。

(4)有一定的政策水平和法律知识。

(5)廉洁奉公,不谋私利。

12.2 食品原材料库房管理

微课—食品原材料库房管理(一)

一、食品原材料对贮存管理的要求

(一)对食品贮藏区域要求

食品贮藏区每天要接收存贮和分发大量的食品等原料,贮藏室设计工作中需考虑的因素主要有以下两个方面。

1. 贮藏室的位置

贮藏室应位于验收处与厨房之间,以便于将食品原料从验收处运入贮藏室及从贮藏室送至厨房。但是在实际工作中,由于受建筑的限制,往往不易做到这一点。如果一家饭店有几个厨房,且位于不同的楼层,则应将贮藏室安排在验收处附近,以便方便、及时地将已验收的食品原料送到贮藏室,这样可以减少原料被“顺手牵羊”的可能性。一般情况下,食品贮藏室被设计在底楼或地下室内。

2. 贮藏室的面积

确定贮藏室的面积时,应考虑到企业的类别、规模、菜单、销量、原料市场的供应情况等因素。贮藏室的面积既不能过大,也不应过小。面积过大,不仅增加资本支出,而且会增加能源费用和维修保养费用。贮藏室的面积过小,也会引起食物无处摆放的问题,致使不少食品原料只能露天堆放,保管人员既不易看到、拿到,也不易保持清洁卫生。

(二)各类贮藏库

食品原材料的易坏程度是不同的。不同易坏程度的物品需要不同的贮存条件；对食品原材料要求使用的时间不同，因而应分别存放在不同的地点；食品原材料往往会处于不同的加工阶段。例如，新鲜的鱼、洗削好的鱼、半成品的鱼和加工成品的鱼，需要不同的贮存条件和设备。因此，饭店应设置不同功能、不同类别的库房。库房的类别通常有以下三种。

(1)按地点分为中心库房和各餐饮经营点的分库房两类。

(2)按物品的用途分为食品库、酒类饮料库和非食用物品库三类。

(3)按贮存条件分为干藏库、冷藏库、冻藏库三类。

(三)食品贮藏库对温度、湿度和光线的要求

几乎所有食品饮料对温度、湿度和光线的变化都十分敏感。不同的食品饮料在同一种温度、湿度、光线条件之下的敏感程度也不一样。因此，不同的食品饮料应存放于不同的贮藏库之内，并给予不同的温度、湿度及光线条件，使食品、饮料始终处于最佳的待食用状态。

1. 温度要求

(1)干藏库。最好控制在 10 ℃左右，当然 15 ℃～22 ℃也是普遍被接受的温度。

(2)冷藏库。冷藏的主要作用是防止细菌生长。细菌通常在 10 ℃～50 ℃繁殖最快，因此，所有冷藏食品都必须保存在 10 ℃以下的冷藏间里。

由于食品的类别不同，存放对象得冷藏间就不同，其对应的冷藏温度也各异。

肉类的冷藏温度应在 0 ℃～2 ℃；

水果和蔬菜冷藏温度应在 2 ℃～4 ℃；

乳制品冷藏温度为 0 ℃～2 ℃；

鱼的最佳冷藏温度应在 0 ℃左右。

存放多种食品的冷藏库一般采用折衷方案，将温度平均调节在 2 ℃～4 ℃。

(3)冷冻库。冷冻库的温度一般须保持在－18 ℃～24 ℃。

2. 湿度要求

食品原料仓库的湿度也会影响食品存储时间的长短和质量的高低。不同的食品原料对温度的要求是不一样的。

(1)干藏库。干藏食品库的相对湿度应控制在 50％～60％；如果是贮藏米面等食品的仓库，其相对湿度应该再低一些。

如果干藏库的相对湿度过高，就应安装去湿干燥装置；相对湿度过低，空气太干燥，应使用湿润器或在库内泼水。

(2)冷藏库。水果和蔬菜冷藏库的湿度应在 85％～95％；肉类、乳制品及混合冷藏库的湿度应保持在 75％～85％。

相对湿度过高，食品会变得黏滑，助长细菌生长，加速食品变质；相对湿度过低，会引起食品干枯，可在食品上加盖湿布，或直接在食品上泼水。

(3)冷冻库。冷冻库应保持高湿度，否则干冷空气会从食品吸收成分。冷冻食品应用防潮湿或防蒸发的材料包好，防止食品失去水分及脂肪变质发臭。

所有食品仓库均应避免阳光的直射。仓库的玻璃窗应使用毛玻璃。在选用人工照明时，应尽可能挑选冷光灯，以免由于电灯光热，使仓库的室内温度升高。

另外，贮藏仓库应保持空气流通。干藏室最好每小时换四次空气。冷藏间和冷冻室的食品不要靠墙存放，也不要直接放在地板上或堆放到天棚，以利空气流通。

二、食品原材料库房管理任务

(1)当好参谋、发挥蓄水池作用。

(2)科学储存保管、控制库存业务。

(3)制定工作程序、严格管理制度。

(4)做好出入库管理、完善账务手续。

微课—食品原材料库房管理(二)

三、食品原材料库房管理基本制度和要求

(一)库房管理基本制度

(1)四禁制度。一禁无关人员，二禁个人物品，三禁库房饮酒，四禁危险物品（如易爆、易燃、剧毒等物品）。

(2)四不制度。不买，不收，不做腐败变质的食品原料，不售变质、变味的食品。

(3)四隔离制度。生、熟隔离，成品、半成品隔离，食品与药物、杂物隔离，食品与天然冰隔离。

(4)三先一不原则。原料先进先出，易腐败变质先出，保质期短先出，腐败变质不出。

(5)四防制度。即防火、防盗、防腐、防虫。

(二)库房管理基本要求

(1)六化要求。管理专业化、货位固定化、码放规格化、计量标准化、库房整洁化、检查经常化。

(2)四懂要求。懂原料的品种、规格、数量、质量标准，懂原料的特点与用途，懂物品的保管存放知识，懂库存原料的业务流程。

(3)四会要求。会识别食品原材料，会制定库存账卡，会保管、储存食品原料，会盘点。

四、食品原材料库房管理程序和方法

(一)入库验收

(1)所有食品原材料和餐茶用品入库，必须办理入库验收手续。

(2)食品原材料和餐茶用品验收，根据货物不同，分别采用点数、过称、点箱、清盒、数瓶等方法，逐一点清。凡有包装的货物，在验包过磅的基础上，坚持一般性货物少验，贵重易碎货物多验，完整无缺的少验，有破损的多验，本地的少验，国外、外省的多验，易潮易变的多验，混装货物全验，以防止短缺，保证验收质量。

(3)凡办理验收手续的物品，必须填制入库验收单，库房据以记账，并送财务部门一份办理付款手续。

(二)库房储藏保管

(1)食品库房设库管员，负责所管库房食品原材料、餐茶用品和杂品的入库验收、储藏保管、出库发货、明细账登记、库房盘点、报表传送和安全卫生等各项日常管理工作。

(2)原材料货架离地面20厘米以上，离墙面10厘米以上。每个货位上的食品原材料和餐茶用品必须按种类不同，分别设立“进、出、存”货卡。并与明细账和货位上的实存货品核对，做到账、物、卡相符。

(3)建立“库存物品明细账”。准确记录库存物品的来龙去脉，做到库存物品“三对口”，即库存物品与明细账对口、库存物品同货卡对口、货卡库存余额和明细账余额对口。

(4)库房管理员每月对各类食品原材料和餐茶用品进行盘点，并根据“库存物品明细账”记录的收、付发生额和余额数，编制食品库“进、销、调、存月报表”，分送库房办公室、餐饮部、采购部和财务部。

(5)库存食品原材料应根据种类、日均消耗和间隔期不同，分别建立最高存量和最低存量。

(6)库房管理员对所管食品原材料和餐茶用品，应经常检查。对滞存库房时间较长的物品应主动向餐饮部经理和仓管部经理反映滞存情况；对损坏、发霉、变味、变质和超期储存的食品原材料和餐茶用品，应及时提出处理意见。

(7)库房管理过程中，要根据食品原材料种类、储存期和要求不同，采用不同的方法，做好储存保管。

(三)库房盘点

(1)各库房所保管的食品原材料和餐茶用品每月至少盘存一次，时间一般在月末最后3天内。

(2)库房盘点要逐库进行。

(3)库房盘点后，对各库房盘盈、盘亏结果要做具体分析，查明原因，填制“盘亏”。

(四)出库管理

(1)各厨房、各餐厅及酒吧、宴会厅领用食品原材料和餐茶用品，必须填写“库房领料单”或“内部调拨单”，经使用部门经理或主管签字方能领取。严禁先发货，不得到库内发货。

(2)所有食品原材料和餐茶用品出库，必须在库房办公地点或指定的地点发货，不得到库内发货。发货时须按领料单或调拨单要求，逐件点清。

(3)食品原材料出库后，库房管理员当天应根据出库单调整各货架或堆位库存货卡和库存物品明细账，物品与账面分开，以及时反映库存食品原材料增减变化情况，随时保证账、物、卡相符。

(4)必须在月度终了前规定的时间内向库房管理员报送下月食品原材料和餐茶用品补充进货计划，时间一般为每月25日左右，临时补充进货必须提前3～4天报库房管理员，以便仓管部汇总制定月度采购订货计划。

(五)库房进销调存统计汇总和报表传递

记账员或内勤将各库房各种账卡、报表汇总、整理归类，然后统一入账。

五、食品原材料库房管理人员工作考核

(1)库房劳动效率。其劳动效率的高低，可用收发货笔数、吨位数和保管物品吨位数来反映。

(2)账货相符率。定期考核账货相符率，是评定库房管理人员劳动好坏的重要指标。

(3)保管损失率。保管损失率是考核库房管理人员储存、保管食品原材料和餐茶用品的重要指标。

(4)单位库存容量。因此，在保证食品原材料安全、卫生的前提下，库存容量的合理程度就成为库房面积利用的制约因素。通过单位库存容量考核，可以促使库房管理人员合理使用库房，节省增加库房面积的费用开支。

项目十三　餐饮产品生产管理

餐饮产品生产管理是餐饮业务管理的中心环节之一，其管理过程涉及生产任务的确定、生产流程安排、原料加工组织、炉灶制作和生产管理协调各个方面。餐饮产品生产管理的好坏直接决定产品的质量和风味的特点，影响客源多少、成本消耗和经济效益。

13.1　餐饮产品生产管理概述

微课—餐饮产品生产管理概述(一)　微课—餐饮产品生产管理概述(二)

一、餐饮产品生产厨房配备

厨房配备的合理程度直接影响产品生产能力、原料加工的质量和产品的风味，最终影响客人的消费需求。

(一)厨房数量配备

厨房数量配备是以餐厅数量为基础的。

(二)厨房面积配备

厨房面积受许多因素的影响，如餐厅类型、菜单内容、供应量、厨房设备水平，半成品等。一般说来，餐厅面积与厨房面积比较合理的比例是1∶0.5，即餐厅面积为100平方米，则厨房面积为50平方米。

(三)厨房炉灶配备

厨房炉灶配备主要有三种标准。一是零点餐厅厨房，炒菜炉灶按1∶30的比例安排。因为这种厨房以小锅制作为主，1个炉灶负责30个座位，最能适应生产需要。二是团队和会议餐厅，无须每个菜点单锅制作，以大盘菜点为主，炒菜炉灶一般按1∶50～1∶40的比例安排。三是宴会厨房，因产品加工精细，烹调质量要求高，一般按1∶40～1∶35的比例安排。

二、餐饮产品生产管理组织形式

餐饮产品生产的组织形式主要取决于厨房管理方式。

(一)中餐厨房组织形式

这种形式的企业只提供中餐服务，一般适用于1～2星级的小型饭馆和大多数涉外餐馆，其厨房的多少根据餐厅数量和接待能力确定，一般是设厨师长，再分设热菜、冷荤和面点厨房。

(二)西餐厨房组织形式

其厨房的组织形式一般是行政总厨下设西餐厨师长，各厨房再设不同领班。

(三)大中型饭店厨房组织形式

餐饮产品生产管理复杂，其厨房管理的组织形式一般是设行政总厨，再分设1～2名副总厨负责中厨房和西厨房。各个厨房再设大厨(相当于厨师长)、主厨、后镬岗、砧板岗等不同的岗位，负责生产管理和菜点制作。餐饮部同时设管事部，负责财产保管、原料领用、洗盘洗碗、清洁卫生等工作。

(四)中心厨房组织形式

这种形式主要适用于大型和特大型(客房800～1000间以上)饭店和饭店集团、餐馆集团。

三、餐饮产品生产管理内部分工和工种职责

(1)行政总厨。
(2)行政副总厨。
(3)大厨。
(4)主厨。
(5)后镬岗。
(6)砧板岗。
(7)上什岗。
(8)打荷岗。
(9)水台岗。
(10)熟食岗。
(11)烧卤岗。
(12)熟笼岗。
(13)推销岗。
(14)管事部主管。
(15)管事部财产管理员。
(16)管事部清洁洗涤工。

四、餐饮产品生产管理设备配置

(一)热菜厨房设备配置

热菜厨房内部主要分为四个功能区，即原料加工间、切配加工间、炉灶间(区)和洗碗间。

1. 原料加工间

它以食品原材料的粗加工为主，包括洗涤、拣洗、拆卸、涨发等。因此，这里的设施、设备主要有三类：一是洗涤设备，如各类水池，大、中、小型洗菜或盛菜的盆具及桶

具等；二是案板和刀具，主要用于切菜、拆卸加工等；三是盛器，以盆、箩、筐等为主。

2. 切配加工间

它以食品原材料的细加工和配菜为主，与炉灶区紧密相连，没有隔断。因此，这里的设备配置是根据食品原料的细加工和配菜需要来安排的，主要有四类：一是案板和刀具，用于菜点的切配加工；二是橱柜和冰箱，用于加工好的食品原料和剩余原料与食品的存放、短时间冷藏；三是配菜设备与用具，如天平秤、菜点的盛器等，主要供配菜师和炉灶使用；四是水池，主要用于洗涤原料。

3. 炉灶间(区)

它以炒菜炉灶为主，炉灶的多少根据所对应的餐厅座位按比例设置。炉灶区的炉灶设备除炒菜炉灶外，一般还要配备蒸锅、烤炉、炸灶、铁扒炉等炉灶。

燃气炉灶的特点是热源容易控制，使用方便，适用于各种烹调方法，劳动强度较低，清洁卫生。

4. 洗碗间

每个炒菜厨房都会配备一个相应的洗碗间，洗碗间的设备主要有四类：一是洗碗机，主要用于碗具高温洗涤消毒；二是洗涤水池，主要用于餐具洗涤前的冲洗；三是消毒池和消毒箱，主要用于刀、叉、筷子等小件餐具的灭菌消毒；四是餐具柜，用于各种餐具的分类存放。

(二)冷荤厨房设备配置

不管属于哪一种，冷荤厨房的内部主要分为三个功能区，即洗菜间、加工间和炉灶间(区)。

1. 洗菜间

它主要用于冷荤食品正式烹制前的洗涤、拣洗等，其设备设置与热菜厨房的原料加工间基本相同，也分为三类：一是洗涤设备，如水池、水桶、盆具等；二是案板和刀具，用于冷菜上灶前的加工；三是盛器，如盆、筐、箩等。

2. 加工间

它主要用于冷菜食品上灶前的加工和烹制完成后的刀工处理，这是冷荤厨房的中心。其设备配置主要有五类：一是案板与刀具；二是冰箱与橱柜；三是盛具与用具；四是衡器，如天平秤、量杯、量具等；五是消毒设备，以红外线或紫外线消毒为主。室内要光线明亮，温度不超过 15 ℃。加工过程还要做到生熟分开，荤素分开。

2. 炉灶间(区)

主要用于某些熟制食品的迅速冷却，由于冷菜直接入口，因此一般对清洁卫生要求极高，防止不洁环境污染食品。

(三)面点厨房设备配置

西餐又称西点房，以制作各种面包和糕点为主；中餐又称面点房，以生产面点食品为主。

1. 面点加工区

这里的设备配置主要有三类：一是机器设备，如和面机、包饺子机等；二是案板和厨具，主要用于人工和面、面点造型、馅类制作等；三是存放设备，如橱柜、冰箱、盛器等。

2. 炉灶烹制区

中餐面点炉灶以蒸锅、煮锅、煎锅等炉灶为主；西餐面点以烤箱、烤炉、微波炉等设备为主。

(四)厨房通用设备设置

(1)机械设备。

(2)制冷设备。

(3)常用炊具。

(五)厨房设备配置基本要求

(1)因需配置，提高设备利用率。

(2)合理布局，有利于厨房生产业务正常开展。

(3)维修保养方便，防止事故发生。

五、餐饮产品生产管理流程安排

餐饮产品生产流程是指食品加工过程中的各道工序划分和各个工种之间的密切配合。

(1)各道工序要合理分工。采购、储藏要配备专业人员，粗加工要多用厨工。细加工和炉灶制作则要多用技术水平较高的厨师，大中型饭店中的大厨、主厨、后镬岗、砧板岗、上什岗、打荷岗、水台岗等要相对明确分工。

(2)各道工序之间要保持高度的衔接和协调。

(3)要正确处理厨房生产和餐厅销售的关系。

13.2 餐饮产品生产管理的特点和生产任务的确定方法

一、餐饮产品生产管理的特点

微课—餐饮产品生产管理特点和生产任务确定方法

(一)生产过程复杂，手工操作比重大

餐饮产品的制作过程往往有多道工序，某些工序可以实现自动化生产，但大多数还是需要手工操作，这对厨师技艺和企业管理都提出了更高的要求。

(二)产品正宗优质，品味质量要求高

随着市场竞争加剧，顾客的要求也越来越高，对于菜品风味、品质也有了可比较、可选择的机会。

(三)品种规格不统一，毛利有一定幅度

餐饮产品多样化，使得每种产品的数量与规格都不一样，相应的毛利也不尽相同。

(四)生产活动影响因素多，员工劳动有一定间歇性

餐饮生产活动受到如时间、规模、突发事件等多重因素影响，员工劳动应按实际所需进行调配，既要满足顾客需求，又要顾及员工基本休假权利。

二、餐饮产品生产管理的基本要求

(一)坚持小锅生产，热炒热卖

即时、小份制作的产品更能体现产品的风味与新鲜度，应尽量避免“大锅”出品。但某些产品的配套系列，如例汤等，从产品成本考虑，可以统一制作。

(二)采用最佳技术，抓好名牌产品生产

对于饭店名牌产品，其原料采购、生产流程、秘制配方等，应当建立相应传承机制，用最佳技术，保证一流品质。

(三)建立质量考核标准，办出经营特色

稳定餐饮产品质量与服务水准，建立建全考核机制，使得餐饮企业有活力，有特色。

三、餐饮产品生产任务的确定方法

餐饮产品生产任务确定是短期内对产品数量和花色品种所做出的安排。

(一)经验估计法

餐饮企业根据每日营业的平均产品数量，可以大致估计客源数量，在节假日等特殊时期，可以由往年同期数据适当增加产品供应量。

(二)统计分析法

统计分析法是以企业客源统计资料为基础，预计未来短时间内的客源数量，安排厨房餐饮产品的生产任务量。

(三)喜爱程度法

喜爱程度法是以菜单设计为基础，预测就餐人次或全部产品生产任务量，再根据客人对不同花色品种的喜爱程度确定厨房各种产品的具体生产任务量。

(四)预订统计法

预订统计法是根据客人预订资料，分别统计确定未来短时间内厨房餐饮产品的生产任务量。

13.3　食品原材料加工管理

微课—食品原材料加工管理

一、食品原材料需要量的确定方法

(一)粗略估计法

粗略估计法主要适用于米面及干制品、部分罐头、箱头冻货和鲜活蔬菜等食品原材料需要量的确定。方法是根据每天接待人次，分析厨房生产任务量，参照前后几天这部分食品原材料的消耗情况，大致估计其需要量。

(二)耗损率确定法

耗损率确定法主要适用于肉类、鱼类、部分冷冻食品原材料及进口食品原材料需要量的确定。

(三)涨发用量等值法

涨发用量等值法主要适用于海参、鱼翅、鲍鱼、香菇、猴头等干货原材料需要量的确定。这部分食品原材料大多比较贵重，主要用于生产高档餐饮产品，加工过程中又要经过涨发。采用涨发用量等值法是以生产任务量为基础，根据单位产品消耗和原材料涨发率来确定其需要量。

二、食品原材料的领用和调拨

食品原材料需要量确定后，厨师长或厨房主厨每天需根据生产任务做好食品原材料的领用和调拨，需要从库房领用的食品原材料，要开具领料单。

需要天天进货的蔬菜、瓜果、海鲜等鲜活原材料，厨师长或主厨应于前 1～2 天填写请购单，交采购部办理，以保证及时进货，满足当天生产加工需要。货物直接进入厨房使用时，要填写直拨单。

厨房应填写调拨单。

三、食品原材料粗加工管理

(一)粗加工管理的基本要求

(1)保持原料营养成分。

(2)保证原料营养卫生。

(3)保持原料形状完整美观。

(二)粗加工管理的组织工作

1. 正确掌握取料标准

食品原材料粗加工主要是通过拣洗、择出、拆卸、削剔和涨发等加工方式，取得一定形状的净料，以供进一步加工使用。为保证合理取料，降低损失浪费，要实行标准化管理。其具体情况主要有四种：第一，蔬菜、瓜果等鲜活原料主要是经过拣洗、择除，去掉不宜食用的部分后应取得的质量。第二，干货原料主要是经过拣洗、择除，去掉不宜食用的部分后取得的净料。第三，需要拆卸的整只肉类原料，主要是进行分档取料时各档原材料应该取得的原料质量；无须拆卸且要保留整体形状的鸡、鸭、鱼、虾等原料，则主要是确定整只原料应取的质量。第四，冷冻原料主要是通过解冻、洗涤、恢复原料原质后应取得的质量。各种原材料的取料标准确定后，还应分档确定原料价格，以便为厨房成本核算提供客观依据。

2. 合理加工，保证质量

其具体方法是：第一，蔬菜、瓜果等鲜活原材料一般组织徒工或临时工进行拣洗、择除、去皮、去籽、去茎叶，加工成一定形状，取得净料。第二，需要涨发的干货原料，如海参、鱼翅、鲍鱼、木耳等，组织有专业技术的厨师进行初步加工，如鱼翅要退尽沙粒、去尽腥味，燕窝要去尽杂毛和沙粒等。第三，需要拆卸的肉类原料，组织有经验的厨师，按照各档取料标准，分别采用拆卸、削剔等方法取料，保证出料标准和加工质量。第四，无须拆卸的鱼虾，组织人工去鳞、内脏等不宜食用的部分，为进一步细加工创造条件。

3. 做好冷冻食品解冻

冷冻原料的解冻方法有空气解冻、冷水解冻、盐水解冻、加热解冻、电子解冻和真空解冻六种，但大多采用冷水解冻法。冷水解冻又有浸泡、流水和洒水三种具体操作方法。其中，肉类原料解冻主要是为细加工创造条件。海鲜解冻后，一般要先做粗加工，才能为细加工创造条件。

4. 保证加工速度和卫生要求

原材料备好后，应尽快加工制作，以免材料性质和口味发生变化。制作过程严格遵守卫生标准，确保新鲜、清洁。

四、食品原材料细加工管理

(一)细加工管理的作用

(1)便于原料烹调入味。

(2)增加菜肴形象美观。

(3)便于客人享用。

(二)细加工管理的基本要求

(1)整齐、规格、均匀、利落。

(2)密切配合烹调方法。

(3)掌握菜肴定量标准。

(4)合理下刀，物尽其用。

(三)细加工管理的组织工作

其特点是工艺复杂、技术要求高、劳动强度大。

1. 严格选料，确保原料选择同产品风味相适应

严格选料，确保原料选择同产品风味相适应，就成为食品原材料细加工管理的首要环节。厨房每天根据菜单上花色品种及其对食品原材料的要求不同，组织有专业技术的厨师做好细加工，使食品原材料同产品风味及花色品种对原料的要求结合起来，才能保证产品风味和产品质量。

2. 精细加工，保证刀工处理符合烹调要求

不同风味、不同品种的菜肴对刀工处理的要求不同。食品原材料的刀工技术十分复杂，主要有切、片、拍、剞四大类。为此，厨房必须选择同产品风味相适应的专业技术水平较高的厨师，做好食品原材料的精细加工，才能保证刀工处理符合烹调要求，保证产品风味，提高产品质量。

3. 分类检查，确保原料加工适应配菜需要

做好细加工管理的组织工作，还必须根据不同产品主料、配料的加工要求，认真做好

分类检查工作，保证主料、配料的刀工处理和调料相适应，才能烹制出色、香、味、形俱佳的餐饮产品。

4. 控制出料比率，掌握净料价格

厨房要控制不同食品原材料的出料比率，在保证加工质量的前提下，降低原料损耗，掌握净料价格，以便为成本核算提供基础数据。

13.4 餐饮产品烹调制作管理

微课—餐饮产品烹调制作管理(一)

一、餐饮产品烹调制作管理的基本要求

餐饮产品烹调制作包括热菜、冷荤、面点和汤类四个方面，它是厨房生产管理的重要工序，也是保证产品色、香、味、形的关键环节。

(一)掌握标准，合理配料，实行烹调标准化

餐饮产品大多由主料、配料和调味料组成，其中，热菜以单锅制作为主。

(1)建立配菜制度，使产品用量标准化。

(2)明确烹调方法，使产品制作标准化。

(二)调动厨师积极性，发挥手工操作的高超技艺

(1)具有独特风味的名点名菜要配备名厨上灶。

(2)要加强厨师技术力量培养，使企业厨师队伍形成梯队，高级、中级和初级厨师具有一定的比例；要合理分派他们的工作，对达到高一级技术水平的厨师要积极创造条件，使他们有晋升机会；要在餐饮管理中形成技术气氛，不断提高各级厨师人员的技术水平，以适应企业餐饮产品生产长期发展的需要。

(三)讲究特色，建立质量检验制度

(1)做好加工过程中的质量检验。

(2)把好烹调质量关，厨房应建立菜肴质量检验制度。

二、热菜食品烹调制作管理方法

(一)做好正式烹调前的准备工作

做好正式烹调前的准备工作：烹调基础准备工作主要分六步，分别是：仪容仪表标准和厨房安全、材料准备和卫生清洁、基本拼盘、油温识别、调制资料、水产类初步加工。

(二)严格配菜，按顺序烹调

严格配菜，按顺序烹调：按照订单顺序准确无误准备菜品材料，注重细节；注意出菜顺序：冷菜、热菜、汤等依次出菜。

(三)做好炉灶烹制，保证产品质量

其烹调技法十分复杂，但就烹调中的热传递而言，则主要有油传热、水传热、空气传

热三种。

(四)加强成品出售管理，确保餐厨衔接与协调

其具体方法是：第一，保证出菜渠道畅通，在炉灶、备餐室和餐厅之间要留有足够的通道，出菜和收盘收碗的路线要尽可能分开；第二，要按顺序出菜，特别是零点餐厅的每张点菜单要编号，防止出菜和客人点菜顺序及其花色品种发生错乱，影响客人需求；第三，每出一道菜，要按花色品种不同做好登记，以便统计汇总，掌握不同菜肴的喜爱程度，为餐厅日后销售预测、确定厨房生产任务提供资料。

(五)做好现场指挥，使烹制工作忙而不乱

做好现场指挥，使烹制工作忙而不乱。切配组、炒制组、清洗组等提前了解订单情况，听从后厨主管的工作安排，做到人员充足，程序明确，忙而不乱。

三、冷菜食品烹调制作管理方法

微课—餐饮产品烹调制作管理(二)

(一)购料要严，选料要精，保证原料质量

购料生产，料要精，要保证原料质量。餐厅大量采购食材，一般与可靠单位长期合作，双方应将食品安全等质量要求写清楚。采购经理应当对每日食材进行检查验收，坚决杜绝劣质食材上桌。

(二)严格消毒，把好冷菜烹调制作卫生关

烹调制作前和烹调完成后的冷却温度，是细菌极易繁殖的温度。其管理方法是：第一，冷荤间厨师人员必须勤洗手、勤换工作服，炊具、餐具、服装必须每餐消毒，正式操作前必须洗手消毒；第二，冷荤间本身必须和粗加工及食品保管严格分开，尽量在密闭条件下操作，每餐必须用紫外线照射或用其他方法消毒；第三，必须建立健全冷荤食品化验制度。

(三)提前操作，分类烹制，保证冷菜食品质量

尽管各种冷菜食品烹制方法不同，但从烹调制作管理的角度来看，其共同规律有以下三点。第一，根据冷菜品种和烹制要求不同，分类严格选料，做好粗加工，使原料成形。第二，区别不同冷菜食品，选好配料和调味料，为烹制做好准备。其中，主要是调味料的选择。第三，分别采用不同的方法，分类烹制冷菜食品。

(四)掌握刀工与食雕艺术，拼摆造型美观，及时销售

肉类冷荤食品要在烹制冷却到 5 ℃～8 ℃时进行刀工处理。

四、面点食品烹调制作管理方法

(一)和面

但不管类型和花色品种多复杂，和面是面点烹制的第一关。和面所用的液体原料以水为主，但水的温度、水中所加的拌料各不相同。和面所要求的柔软度、粘劲、拉力、弹性也不一样。

(二)拌料

面点食品尽管有几十个种类，但大体可分含料和带馅两个大类。前者的配料和调味品大多直接掺和在面粉中。拌料分两种：一是将配料和调味品，如鸡蛋、油、盐、味精、花椒面、胡椒粉、香油、葱花等掺于面粉中，然后用手工或机器搅拌、揉搓，使其达到能够制作产品的要求。二是配料和调味品单独形成馅料，且多用肉类、海鲜和蔬菜原料制作。其方法是：第一，拌料或拌馅都应选择有专业技术水平的面点师负责；第二，拌料充分溶化在面料中，保证味道纯正；第三，馅料原材料要精细加工，配料准确，搅拌均匀得体，味道鲜美；第四，每种面点的拌料或拌馅完成后，要严格检查，在保证质量的基础上，方可进入下一道工序。

(三)发面和造型

发面和造型是面点烹调制作管理的前奏。和好的面料，有的要经过一定时间的发酵，方可正式造型。

(四)烘烤和烹制

烘烤和烹制是面点烹调制作管理的最后一道工序。一般说来，西餐面点以烘烤为主；中餐面点以烹制为主，且技法更多更复杂。

五、汤类菜肴烹调制作管理方法

汤的种类很多，按汤的作用划分，主要有烹调汤和食用汤两大类。前者又有清汤、奶汤、鸡汤、鱼汤等多种，主要用于热菜烹调制作的原料；后者则根据汤的用料不同，有众多的花色品种，如中餐的酸辣汤、海参汤、芙蓉鸡汤，西餐的洋葱汤、奶油蘑菇汤等。

(一)选料严、配料准，保证汤菜味道

选料严、配料准，保证汤菜味道。根据汤料类型选择主料(鸡、鸭、鱼等)、配料、调味料(生姜、花椒等)，并确定各自数量。

(二)深加工、细操作，掌握汤火候

深加工、细操作，掌握汤火候。滚汤、煲汤、炖汤、煨汤、清汤等，不同汤类制作方法不同，火候掌握是门大学问。

(三)提前制作，按需留底，配合热菜烹调

提前制作，按需留底，配合热菜烹调。按不同汤类的制作特点，计算出各自成品所需时间，提前进行备料制作。例如，高汤类，一般制作时间需数小时。成品汤料也可配合热菜烹调，增强菜品风味。

项目十四　宴会经营和食品展销

宴会经营和食品展销对提高企业声誉、开展市场竞争、增加经济收入有十分重要的作用，也是企业餐饮管理水平和服务质量较集中的体现。

14.1　宴会经营概述

一、宴会活动的演变

宴会是以餐饮聚会为表现形式的一种高品位的社交活动方式。宴会旧称筵席，是在人类社会生活中逐步发展起来的高级饮食享受方式。

(一)筵席阶段

铺在地上的大席子称“筵”，四周分立的小桌子称为“席”，筵席是宴会的初始阶段，大家席地而坐。

(二)条案阶段

食品放在条案上，分食享用，欣赏歌舞，形成主次分明的宴会气氛。

(三)圆桌阶段

宴会采用圆桌后，餐厅讲究台型设计，台面布置，斟酒、上菜逐步有了服务程序，注重服务质量。

二、宴会类别

(一)按宴会菜式和服务方式划分

主要有三类：一是中餐宴会，提供中餐食品和中式服务，宴会厅设计布置、菜点和服务方式具有中国民族文化特点；二是西餐宴会，提供西餐食品和西式服务，又有法式、美式、俄式等之分，其突出特点是餐具和菜点相匹配，菜点和酒类相协调；三是其他国家宴会。

(二)按宴会性质和目的划分

主要有六种：第一，国宴；第二，团体宴会；第三，聚会；第四，喜宴；第五，寿宴；第六，家宴。

(三)按菜食酒类和用餐方式划分

主要有四种：第一，传统宴会；第二，冷餐会；第三，鸡尾酒会；第四，自助餐宴会，以提供凉菜、热菜、甜点、食品为主。

三、宴会经营特点

(一)活动方式的多样性

宴会厅又叫多功能厅。根据举办单位或个人的目的和要求不同，其活动方式主要有五大类：一是一般性宴会；二是庆祝性宴会；三是会议性宴会；四是娱乐性宴会；五是社交性宴会。

(二)顾客需求的多层次性

档次越高，宴会标准越高，由此形成了多层次的消费需求。首先，宴会需求的多层次性要求宴会经营者首先要加强市场营销和客源组织，尽可能多地争取高档宴会在本企业举行，同时也不放过中、低档宴会；其次，要掌握好每一场宴会的标准，合理安排菜单和酒水饮料，使宴会服务同其档次、规格相适应；最后，在宴会服务过程中，因档次、规格不同，餐食品种可以有所区别，但在服务技能、态度、服务质量上要坚持一视同仁，提供优质服务。

(三)经营管理过程的复杂性

经营管理过程的复杂性主要表现在两个方面：一是宴会经营有一套复杂的工作程序，要经过宴会预订、预算、确认、开宴准备、宴会设计和饮宴服务等一系列工作，才能完成整个经营管理过程；二是宴会经营管理涉及范围广泛，往往需要各级、各部门的协调配合，如原料采购、宴会预算、宴会保卫、音响安装和布置、酒水服务等，都需要各部门的配合，它是一个复杂的过程。

(四)消费过程的享受性

宴会不仅仅是简单的吃饭喝酒，而是一种综合的社交方式。与会者相互交流，品尝美食，欣赏表演等。整个消费过程体现了宴会服务的享受性。

四、宴会在餐饮管理中的重要作用

(一)宴会是餐饮部门经济收入的重要来源

在正常情况下，饭店宾馆的宴会收入常常占餐饮部门总收入的60%～70%，最高可超过各个餐厅的收入之和。正常情况下，毛利率为65%～70%，高档宴会的毛利率可达80%～90%。

(二)宴会是发展烹调艺术，培养厨师力量的良好机会

宴会由于服务人数众多，对菜品数量和质量都有相当高的要求，这就使得我们的厨师不仅要有精湛的业务技能，还要懂得相应的管理技术以及一定的财务把控能力。因此，宴会是培养厨师能力的良好机会。

(三)宴会是培养管理人员和服务人员专业技术水平的重要条件

宴会服务是酒店餐饮服务综合业务能力的最高体现。成功的宴会服务体现了管理人员协调与组织能力、服务人员服务技能的精密配合。

(四)宴会是提高企业声誉，增强竞争能力的重要条件

由于宴会具有参与人数众多、社会影响大等特点，因此成功的宴会往往能够快速地传播开来。企业能够借此提高知名度和美誉度，增强自身在市场竞争中的实力。

14.2　宴会预订业务管理方法

一、做好预订前的准备工作

每天在正式预订前都要做好准备工作，其内容主要包括以下几点。

(1)召开班前会，布置工作任务。

(2)查阅电脑，检查宴会预订情况。

(3)准备好预订资料和用品。

二、做好宴会预订受理工作

客人预订宴会主要有电话预订、传真预订和当面预订等形式。电话预订以一般性宴会预订为主，传真预订和当面预订以高、中档大型宴会、会议性宴会或娱乐性宴会等为主。其具体要求如下。

(1)热情主动，询问客人需求。

(2)接待客人，落实宴会预订。

三、填写宴会预订单，处理预订资料

预订单和预订资料是联结宴会预订和宴会服务组织工作的重要依据。

(一)填写预订单

在受理预订的同时，预订人员要在同客人反复协商的基础上，就宴会名称、性质、举办时间、预订人数、保证人数、宴会标准、菜单内容、酒水供应、餐厅环境布置、台型设计、座位安排、付费方式等，逐一落实，然后填写预订单。

(二)处理预订资料

预订资料处理主要是预订单的善后处理和填写宴会预订控制表。

(三)处理不准确预订

对于不确定的宴会预订，要规定客人在几日内答复，记下客人的姓名、地址和联系方式，确定保留准确的预订的最后期限，以便促使不准确的预订最后落实。

四、编制宴会预算

预订人员要熟悉企业宴会设备、场所、服务、菜肴等各方面的收费标准。

五、签发宴会预订确认双方的合同书，预付金

待宴会细节确定以后，将宴会服务规格、数量 、特殊要求等一一列入合同书，由双方确认签字。

六、取消预订的处理

当客人取消预订时，预订人员应尽可能问清客人取消预订的原因。即使取消了，也不应放置一边不再理会，而应坚持不懈，恰如其分地做好推销工作，必要时可调整收费标准或提供部分优惠服务项目，争取客人不取消或下次宴会在本店举行。

14.3 宴会服务管理过程的组织

一、联络准备，打印宴会通知单

宴会通知单需提前发给各部门经理或主管签收。例如，工程部要安装和准备有关设备，检查灯光、音响、空调；采购部准备食品材料，采购鲜花及有关用品；前厅部做好客人到店的迎接、引导服务；客房部搞好公共环境卫生；管理部准备好餐茶用具；厨房按照菜肴种类和花色品种组织生产；酒吧准备好酒水饮料；宴会厅经理安排人员，做好餐厅环境布置；安全部搞好车辆调度、场地保卫；财务部则准备做好宴会成本控制和收款工作。

二、餐厨协调，落实宴会服务接待方案

宴会服务管理工作的好坏在于各级、各部门的配合，关键在于宴会厅和宴会厨房各项工作的衔接和配合。为此，宴会厅经理、餐饮部经理要仔细阅读和研究宴会预订单，充分了解和把握宴会的性质、目的、预订内容和客人要求，然后和宴会厨师长协商研究，落实厨房和宴会厅需要做好的各项工作，定出宴会接待服务方案。其内容包括宴会形式、菜肴品种、菜品质量、原料保证、上菜顺序、饮料安排、餐厅布置、台型要求、宴会节目议程、鲜花和礼品准备等。

三、厅堂设计，确保宴会等级规格

(一)环境设计与布置

其环境设计与布置要掌握以下三个基本原则和标准。

1. 宴会等级规格

例如，国宴是宴会中的最高等级，要突出隆重、庄严、热情、友好；主宾席要宽敞、大方，客宾席要整齐、美观、舒适；桌面要给予精心布置，四周要摆盆栽、盆景或鲜花；

有文艺演出的国宴还要做出特殊安排。相反，档次、规格较低的宴会则主要突出美观、舒适、方便即可。

2. 宴会性质和目的

例如，喜宴以结婚或婚后纪念为目的，要突出喜庆、热烈、典雅的就餐环境，突出新人席面，设礼品台；举行结婚仪式，还要给予特殊的布置。寿宴以祝贺中老年人生日为主要目的，其环境布置要突出庄重、热烈、美观，多用松柏、仙鹤图案或花草，突出主桌，摆生日蛋糕，设寿礼台等。

3. 主办单位的具体要求

主办单位对宴会规格、坐次、节目安排、配套客房等常常有自己的具体要求。宴会经理应当详细了解这些要求并严格按照主办方的意愿进行安排。

(二)台型设计与宴会铺台

(1)中餐宴会。

(2)西餐宴会。西餐宴会多用长桌。

(3)冷餐会。

(4)鸡尾酒会。

(5)自助餐宴会。

在宴会环境和台型设计与布置中，还要特别注意三个问题。一是要合理安排接手桌。无论是中餐或西餐宴会，主宾席要单设接手桌，主宾席以下每2～3个台面设一个接手桌，位置摆放要适当，有利于提供上菜服务。二是宴会铺台要严格按照中餐、西餐或自助餐、冷餐会等宴会铺台质量标准进行。三是宴会台面摆放花草。

四、餐前准备，做好宴会服务组织安排

(一)明确任务，做好组织分工

(1)厨房要落实原料供应、粗加工、细加工、炉灶制作、冷荤、面点制作、菜肴烹制面序和主要上灶师傅等各项具体工作任务，明确人员分工、具体要求和质量标准，必要时要提前加工好半成品，保证宴会菜点供应和产品质量。

(2)酒吧要根据宴会要求，安排酒水服务员，提前准备好酒水饮料。

(3)宴会厅经理或主管要根据宴会接待方案划定宴会服务区域，安排好迎宾领位、桌面服务和跑菜服务等各项具体工作，落实人员分工；并要求服务人员背诵菜单，掌握上菜顺序，保证宴会活动一开始，就能热情、主动、细微、周到地提供优质服务。

(二)宴前准备，保证宴会如期举行

(1)正式开宴前1.5～2小时，组织服务人员搞好餐厅卫生，准备好餐茶用品，按照宴会厅堂和台型设计要求，做好各项准备工作。

(2)中餐宴会提前10～15分钟组织服务人员上凉菜。

(3)宴会厅经理或主管要检查服务人员对此次宴会菜单的熟悉情况。

(4)客人到来前，服务人员再次整理着装仪表，清理个人卫生，热情饱满地准备迎接客人。

五、开宴服务，提高宴会服务质量

客人来到宴会厅，迎宾领位员要面带微笑、主动迎接、热情问好、接挂衣帽，再引导客人入座。当客人进入就餐区，服务人员要主动拉椅让座，坚持先主宾后随员、先女宾后男宾。

客人入座后，要先送茶水、香巾，并为客人铺餐巾。

(1)上菜要按顺序。上菜时，菜点的摆放要正确，如整只的鸡、鸭、鱼，要头向左，腹部面向主人。

(2)派菜时，应从主人右边客人开始，再派左边客人，然后是主人，以体现宴会礼节。

(3)宴会开始，先斟白酒和红酒，饮料征求客人意见后再斟。其基本要求是：小吃、凉菜斟烈性酒，汤类斟雪利酒，海鲜用白葡萄酒，主菜用红葡萄酒，点心和主人讲话用香槟酒。

(4)点心水果服务，宴会服务中，一般在上 4～5 道菜时上点心。

(5)特别服务。

六、现场指挥，保证宴会顺利进行

(1)掌握宴会所需时间。即根据宴会的性质、目的、等级规格，提前同主办单位负责人协商，了解宴会所需要的时间，并和厨师长协调、安排好宴会各道菜点之间的上菜间隔时间，控制宴会进度。

(2)了解主人讲话开始时间。当主人讲话前，要通知服务员暂停上菜。

(3)安排好上菜顺序和间隔时间。

(4)组织好宴会席间节目。

(5)加强巡视检查，随时处理特殊情况。

七、餐后服务，做好宴会管理总结提高

客人用餐结束时，要主动征求意见，拉椅送客，主动递送衣帽，欢迎客人再次光临。

每一次重要宴会或大型宴会结束后，管理人员还要总结经验，表扬好人好事，找出问题和不足之处，以便改进宴会服务工作，不断提高服务质量。

14.4 食品展销活动管理

一、食品展销活动特点

(一)经营方式灵活多样

它是餐饮经营市场竞争的必然结果，也是搞活餐饮经营的重要出路。由于经营方式灵活，每次展销活动都具有明显的阶段性，其活动内容、活动方式、活动地点、菜点品种、就餐环境布置和组织管理方法都不完全相同。活动内容、活动方式大多是根据客观市场环

境和市场竞争需要来确定的；活动地点可以在各种餐厅、宴会厅，也可以在企业内部的某一特定场所；菜点品种和就餐环境布置则根据活动内容、活动方式、活动地点的客观条件等来确定。

(二)产品内容丰富多彩

食品展销内容有一般食品、饮料，如烘焙制品、糖果、乳制品、水果、酒类、果汁及软饮料、矿泉水等；营养品及健康食品，如营养素、功能性食品、滋补品、有机食品等；进口食品，如世界各国特色食品等，食品添加剂、食品配料等以及食品包装及加工设备等。展品内容十分丰富。

(三)活动方式变化无穷

食品展销没有固定的活动方式。在客源组织、设施设备安排、餐茶用品准备、就餐环境布置、服务方式和人员安排等各个方面做好各项准备工作，才能使食品展销的活动方式和就餐环境、服务方法结合起来，广泛招揽客人，扩大产品销售，获得优良的经济效益和社会效益。

(四)社会影响范围广泛

为广泛招揽顾客、开展市场竞争、扩大产品销售，企业往往还要利用海内外的报纸、杂志或电台做好广告宣传，形成宣传攻势。在展销过程中，一般客源较多，档次较高，人均消费水平增加。这就形成了食品展销活动宣传集中、具有局部竞争优势、社会影响范围广泛的特点。

其主要表现在：第一，活动计划安排复杂；第二，准备工作内容复杂；第三，管理过程复杂。要做好组织管理工作，必须加强各级、各部门的协调配合。

二、食品展销活动的基本形式

(一)以海外各国及各地区节假日为契机的食品展销活动

这种活动有三个共同规律：一是时间都选在各国各地区节假日期间，活动期限多在1周到15天；二是活动方式同所选国家或地区的节假日、民族文化特点相结合，在活动内容安排、就餐环境布置、餐饮服务方式等方面突出该国或该地区的民族风情；三是活动期间以销售该国、该地区的特色食品为主。例如，各节日食品展销活动；民族文化节食品展销活动；名人和纪念性事件食品展销活动，如纪念世界著名的音乐家、文学家、艺术家等。

(二)以我国传统节日为契机的食品展销活动

这种食品展销活动往往同纪念活动结合起来。餐厅环境布置和食品展销活动的内容安排也同具体节日期间中国传统文化相结合。

(三)以国内外重大比赛为契机的食品展销活动

这种食品展销活动的契机选择一般既是国内外比较关注的重大事件，又以比较轻松自如的文娱、体育活动为主，如奥运会、亚运会、世界青年足球锦标赛、国际拳王争霸赛、世界著名音乐会、国际大型电影比赛等。选择这些国内外客人都比较关心的重大比赛为契机，可以为客人提供聚会交谈的场所。

(四)以小吃饮料为中心的食品展销活动

这是一类非常常见的食品展销活动。一般包括系列休闲食品、巧克力、糖果、干果、膨化食品等。这类食品展销活动规模可大可小，展销方式灵活。

三、食品展销活动组织管理方法

(一)选好契机，拟订食品展销活动计划

要找出一个名义，拟订出活动计划，其计划内容主要包括以下几点。

(1)展销活动的时间和名称。

(2)展销活动的内容和形式。菜单设计要与展销活动的名称及内容相符，活动方式要以自助餐或烧烤会的形式出现。

(3)展销活动的阶段划分。食品展销活动一般分为四个阶段：准备阶段、开张剪彩、正式展销和总结阶段。拟订展销活动计划，要定出每一个阶段的具体工作内容、完成时间、具体要求，以保证展销活动有目的、有计划、有组织地顺利开展。

(4)展销活动的客源预测。展销活动计划要对客源做出预测，分析可能的接待人次、人均消费和销售收入，并对如何组织客源提出解决办法和措施，以供领导决策参考，确保食品展销活动能够取得预期效果。

(5)展销活动投资预算和效果预估。其内容应包括费用开支项目及数额、预算总收入、成本消耗和预计经济效益，以防止活动搞得轰轰烈烈，但经济上却得不偿失。

(二)做好准备，保证食品展销活动如期举行

(1)厨师力量准备。聘请哪国厨师、如何聘请、何时聘请、聘请费用、到来后的接待工作和主要任务等，都要事先做好准备，给予具体落实。是否需要外聘厨师、厨师如何安排、产品质量如何保证，也要事先做好准备工作。

(2)菜单设计准备。菜单内容和花色品种必须和展销活动计划及活动内容和形式相吻合。为此，管理人员要事先做好调查研究，同厨师长和外聘厨师一起共同研究。食品展销活动期间的菜单大多是临时性的，只要花色品种适当，满足客人要求，美观、大方，使用方便即可，无须豪华。

(3)食品原材料准备。

(4)用餐环境准备。食品展销活动的餐厅或特定场所的布置必须和展销活动的名称、内容、形式等协调一致。

(三)加强协调控制，做好展销活动过程的组织

(1)建立工作单传递制度，加强各级、各部门的协调和配合。

(2)广泛组织客源，搞好开张剪彩，造成展销声势。对于长住户，驻当地大使馆、领事馆、公司社团、外事机构和餐厅的常客等，要发特别邀请信，同时开展订餐、订座业务，以保证客源组织的落实。

剪彩仪式要搞得生动活泼，短小精悍，形成热烈气氛，造成声势，将企业举办食品展销活动的信息传播出来，以广泛组织客源，提高展销活动期间的设施利用率。

(3)做好展销过程的组织工作，提供优质服务。其主要工作内容包括三个方面：第一，要组织服务员每天搞好餐厅卫生，做好铺台服务，热情推销产品，主动介绍特色食品的风味特点，做好上菜、斟酒等桌面服务工作，提供优质服务。第二，加强管理协调，采购部门每天保证食品原材料供应；厨房按菜单设计生产，保证产品质量；餐厅按展销活动计划要求，每天搞好环境布置，热情推销产品；工程部保证席间节目设施、设备安全，在空调、灯光、演出设备等方面满足展销活动需要。第三，餐饮部经理和餐厅经理要加强巡视检查，随时征求客人意见，不断改进服务质量，处理各种疑难问题，保证食品展销活动的成功。

(4)每天分析展销活动效果，提高经济效益。

(四)总结提高，不断提高食品展销活动管理水平

食品展销活动结束后，菜单、主要原料供应、每天的销售分析报告和总销售分析报告要分类存档。

项目十五　餐饮管理市场营销

正确处理市场需求和供给的关系，搞好市场营销，广泛组织客源，扩大产品销售，是餐饮管理的首要职能和基本任务。而市场营销中的产品需求和供给都主要是由菜单来体现的。

微课—餐饮管理
市场营销

15.1　餐饮管理市场供求关系

微课—餐饮费管理
市场供求关系

一、餐饮市场需求

餐饮市场需求是指在一定时期和一定经营条件下，就餐客人愿以一定价格购买的餐饮产品的数量。

决定餐饮产品需求量的各种因素可分为两种：产品价格为运动参数，价格以外的其他各种因素为转移参数。产品价格、替代品价格、互补产品价格、消费者收入、消费者数量、就餐环境和质量、企业地理位置和没有直接列出的其他各种因素。包括客人饮食习惯、消费心理、对价格的期待和企业交通条件等多种因素的影响。在这些因素中，假定转移参数不变，就餐客人对餐饮产品的需求量会忠实地遵循价格(运动参数)和购买量之间的反比规律。

餐饮市场需求法则说明做好餐饮管理，必须认真分析影响市场需求的各种因素，在掌握市场需求变化和客人消费心理的基础上，合理确定产品价格，调节市场需求关系，才能扩大产品销售，增加经济收入。

二、餐饮市场供给

餐饮市场供给是在一定时期和一定经营条件下，餐饮经营者愿以一定价格向就餐客人所提供的餐饮产品的数量。

价格仍为运动参数，价格以外的其他因素仍为转移参数，但其内容已经发生了变化。适度产品价格、产品成本、劳动力价格、技术设备、接待能力、生产技术力量及没有直接列出的其他因素，如食品原料、流通费用、生产者要求等多种因素的影响。在这些因素中，假定转移参数不变，经营者在利润的刺激下，其产品供给量会随运动参数价格的变化而变化，并且这种变化是一个长期的过程。

餐饮管理市场供给法则说明，做好餐饮管理必须认真分析影响市场供给的各种因素，特别是要在加强内部管理、提高产品质量、控制产品价格、确定市场定位、降低产品成本、合理使用劳动力、提高服务质量和生产技术水平等各个方面狠下功夫，由此造成局部竞争优势，才能扩大产品供给，获得优良的经济效益。

三、餐饮管理的市场供求均衡

餐饮管理的市场需求和供给都无法决定自己的价格，真实的市场价格是供给法则和需求法则两种机制均衡作用的结果。

餐饮管理市场供求均衡的基本条件是：供给量＝需求量。当需求量等于供给量时，供求均衡出现，但它是暂时的、波动的。均衡价格只能是一种近似值，而且永远是忽高忽低变化着的。餐饮管理的过程就是不断追求供求均衡的过程。管理人员只有不断利用不均衡去寻求均衡，在不均衡中善于做出决策，使供给和需求相适应，才能获得优良的经济效益。

四、餐饮管理供求关系的直辖市发展

市场供求均衡是转移参数变化引起供求关系变化，达到价格均衡的结果。

餐饮管理供求关系的直辖市发展，就是要不断地分析需求和供给转移参数的变化和由此引起的供求关系的变化，并在种种变化中，寻求价格机会点，逐步达到供求均衡。从需求的角度看，当转移参数变化使需求增长时，需要增加供给、提高价格、扩大销售。从供给的角度看，当转移参数变化，使价格下降时，需要控制成本，调整产品风味、花色品种，提高产品质量，同时加强宏观控制，用供给刺激需求，促使市场供求均衡的重新出现。当需求和供给达到均衡时，要保持价格的相对稳定性，重点在提高产品质量和服务质量上下功夫，就是餐饮管理的供求法则，也是餐饮管理供求关系直辖市发展的具体表现。

15.2　餐饮管理市场营销

一、餐饮管理市场营销的实质和任务

微课—餐饮管理市场营销的实质和任务

(一)餐饮管理市场营销的概念

餐饮管理市场营销是就餐客人的市场需求和经营者的市场供给之间所发生的各种交易行为的过程。

餐饮管理市场营销起源于顾客需求，就餐客人之所以产生参与交易活动，是为了满足旅游及社会生活的需要，所以愿意支付自己的部分消费奖金。

从市场需求看，顾客类型多样，消费层次不同，生活习惯不同，需求复杂多变；从市场供给看，产品风味林立、花色品种众多、技术要求各不相同，各级各类餐饮企业经营方式灵活，形成激烈的市场竞争。

(二)餐饮管理市场营销的实质

餐饮管理市场营销的实质是在客观外界条件下，控制运动参数和转移参数中的可控因素，调节不可控因素，使其朝着有利于经营者的方向发展和变化，以吸引顾客，扩大产品销售量，获得优良的经济效益。这些因素又分成两类：一是可控因素，如经营者的产品价格、劳动力成本、生产设备、技术水平、产品风味、花色品种、服务质量等；二是不可控因素，如替代品价格、互补餐饮品价格、客源数量、支付能力、企业竞争、国家政策等。

（三）餐饮管理市场营销的任务

餐饮管理市场营销的基本任务是根据市场需求，确定营销目标，选择营销策略，运用市场细分手段，广泛组织客源，提供优质服务，适应就餐客人需求变化，促进旅游业和餐饮经营的长期发展。

相关链接 郑河：说菜知百味①

“这是清炖蟹粉狮子头，曾作为开国第一宴的主菜，也是周总理生前最爱吃的一道菜。”

“这道菜是扬州著名三头宴之一的扒烩鲢鱼头。”

“三头是哪三头呀?”

“三头宴有扬州著名三头宴之首的清炖蟹粉狮子头，已经在您桌子上，然后一个扒烩鲢鱼头，还有一个扒烧珍猪头。”

“吃鱼头有个讲究，先吃鱼唇、鱼眼窝、鱼鳃，最后吃鱼脑……”

这是在一次普通的宴会上，几位酒店的服务员与顾客的对话。

说菜是老板郑河发明的促销方法。他让服务员们把桌上每一道菜的做法、吃法以及这些菜的由来都非常流利地讲解出来。

要论“说菜”的水平，老板郑河当是首屈一指。他不仅说得生动有趣，而且能说出与每道菜相关的典故和传说：“这道菜金沟扒蒲菜，是淮安的四大名菜之一。出自淮安的勺湖和月湖，全国各地都有蒲菜，但是只有淮安出的这种蒲菜最好，显得非常金贵，有诗曰：春蔬哪有吾郡好，录馔蒲芽不论斤。就是说它是一根一根卖的。相传宋代梁红玉抗金的时候，在弹尽粮绝之际，她偶然拔出这个蒲棒的蒲根，拿水煮着吃，发觉很好吃，清脆又洁白细腻，再到后来，这道菜慢慢就演变成用鸡汤把它上屉去蒸，从而成了淮扬的四大名菜之一。”

经过十几年的商海拼打，郑河的酒店已经拥有了4000多万的资产。他创业之初做的是快餐车的生意，到1996年时，郑河已经拥有了55辆快餐车，每年的赢利都在300万元以上。但1996年，国家为了治理城市环境，全国所有城市的露天经营场所都要实行“退路进店”。一场风波过后，郑河计算了一下，自己的损失在400万元左右，简直是灭顶之灾。

郑河的家乡淮安是一座名扬海内外的文化古城，是居于中国四大菜系之一淮扬菜的主要发源地。郑河想，淮扬菜在全国很有名，在大都市里很有发展前景。于是他决定东山再起。为了做出纯正的淮扬菜，郑河从淮安和扬州请来专门做淮扬菜的厨师。

然而，淮扬菜酒店在北京开业之后，除了开业当天有一些前来祝贺的客人之外，一连几天，光顾酒店的客人非常稀少。3个月他赔了十六七万元。

---

① 引自张建宏：《为客人“说菜”》，载《饭店世界》。

有一天晚上，郑河的酒店里只来了一位客人，在100多平方米的餐厅里，这位客人显得有些孤单。郑河于是端着一杯啤酒坐到了客人的对面，没想到一次的聊天，让郑河的酒店发生了根本性的转变。

因为跟客人不太熟悉，也聊不了别的，郑河发觉他对淮扬菜不太了解，就跟他讲起了淮扬菜。结果郑河对淮扬菜的介绍引起了这位客人的兴趣。几天后，这位客人又带来了一帮朋友来这里吃饭，并邀请郑河给大家说一说淮扬菜。

这件事给了郑河很大的启发。“说菜”给酒店带来了意想不到的效果，酒店的生意开始出现转机。为了把淮扬菜说得更加地道，郑河对淮扬菜的历史由来以及做法做了更加细心的研究。

随着客人的增多，光靠郑河一个人是说不过来的，他就教会酒店所有的服务员都要“说菜”，并将“说菜”作为对服务员的一项考核指标，进行大力推广。

在“说菜”的过程中，郑河发现，有的客人对淮扬菜的由来和典故感兴趣，有的客人对淮扬菜的做法和吃法感到好奇和新鲜，也有一些客人到这里来一边吃饭一边谈生意说事，不想被别人打搅。针对这些情况，郑河对“说菜”的方式又做了进一步的调整。他要求服务员给客人“说菜”的时候，一定要见缝插针，见机行事，见好就收，根据客人的实际情况，否则“说菜”就没有任何意义了。

通过“说菜”，郑河的淮扬菜酒店最终完全摆脱了困境，现在，他已经在北京、沈阳、淮安等城市开了15家分店。

二、餐饮管理市场营销环境分析

微课—餐饮管理市场营销环境分析(一)

这些参数或条件大致可分为可控因素和不可控因素两大类。

(一)市场营销可控因素分析

市场营销的可控因素主要来自经营者的市场供给方面，它是餐饮企业管理人员可以控制的，主要包括以下几点。

1. 经营风味和产品结构

经营风味和产品结构直接影响餐饮市场营销活动的开展，经营风味的选择要根据目标市场、客人饮食习惯、客源数量、企业技术力量等来确定。所选风味必须突出特点，坚持继承和创新相结合，确保产品质量，办出经营特色。

2. 营销目标和营销组织

营销目标的重点是确定主要目标市场和接待对象，每家企业都应根据企业档次、设备条件、技术水平、地理位置等，确定自己的主要目标市场和接待对象，并和目标市场的有关客户建立确定的业务联系。市场营销目标一经确定，就要建立营销机构，配备推销、预订人员，搞好公共关系，做好营销组织工作。

3. 劳动力成本和技术设备

劳动力成本主要取决于工资福利水平和劳动组织的合理程度。

4. 就餐环境和服务质量

企业管理者可以通过改善就餐环境，加强员工培训提高服务质量来控制这一因素变化。

5. 原材料成本和流通费用

原材料成本和流通费用直接影响餐饮市场营销活动的竞争能力和营销目标的实现。

6. 产品毛利和价格

产品毛利由生产成本和销售价格决定，餐饮企业可以通过控制成本，提高服务质量，提高价格等方式决定毛利水平。

(二)市场营销不可控因素分析

市场营销不可控制因素主要来自市场需求。但是，利用可控因素去调节不可控因素，又能为餐饮市场营销活动的组织创造条件，其内容主要包括以下几点。

微课—餐饮管理市场营销环境分析(二)

1. 地区客人数量和收入

客人数量主要取决于当地旅游发展水平、国民经济发展程度和政治、经济、文化、科技等社会交往程度。客人收入主要取决于旅游者的档次结构、当地国民收入水平。但是，在市场竞争条件下，餐饮经营者选好目标市场，运用自己的独特风味、产品质量、企业声誉和优质服务去调节市场需求，广泛组织客源，又可以增加本企业的就餐客人数量，吸引现实客人和潜在客人，造成餐饮经营者的局部优势，实现企业营销目标。

2. 互补产品和替代餐饮产品价格

这种价格只能在同类餐饮产品中比较，只有当自己的价格过高，就餐客人难于接受，客人才转而寻求替代产品和互补餐饮产品。从餐饮经营者的角度看，降低原材料成本和流通费用，提高产品质量和服务质量，调整自己的产品价格，既可以使其在同种风味和同类产品中处于竞争优势，又可以抑制消费者向互补产品和替代餐饮品方面转移，从而增加客源，保证餐饮市场营销活动向着有利于经营者的方向发展。

3. 企业地理位置和交通条件

其重点是加强广告宣传，搞好公共关系，同企业周围的机关、社团、企事业单位加强业务联系，逐步形成市场声誉。特别是要办出经营特色，突出产品风味和产品质量，扬长避短，发挥优势，使就餐客人大多成为回头客，同样可以搞好餐饮市场营销活动的组织。

4. 客人饮食习惯和周围同类餐饮风味的多少

在产品风味确定后，针对不同客人的具体要求，适当调整，仍然可以满足客人品尝风味的需要。如果周围同类餐饮风味过多，企业可积极创造条件，改变风味特点，增加服务项目，以调节市场需求，形成新的竞争优势。

5. 企业竞争环境和竞争格局

他们可以分析周围同类企业的经营风味、技术力量、市场领域、产品质量、价格水平、服务质量和销售方式、销售策略、促销手段等，然后和企业内部客观条件结合起来，分析自己的长处和不足，调整自己的竞争策略，扬长避短，以优取胜，同样可以在餐饮市场营销活动中立于不败之地。

6. 政治经济环境和国家政策

正确执行国家政策，特别是在结合国家政策法规的基础上，制定企业的营销策略，并根据旅游发展状况，旺季增加客源，淡季调整价格；如发生通货膨胀，应尽力降低成本；同时在遵守国家工商管理法规的前提下，增加服务项目，举办食品节、食品周、美食节、烧烤会、啤酒节等各种销售活动。坚持灵活经营，利用企业可控因素调节不可控因素，搞好餐饮市场营销活动。

三、餐饮管理市场营销策略

市场营销策略是在市场供给和需求之间实现产品和劳务交换所采取的各种措施和手段。

(一)产品策略

产品策略是餐饮管理市场营销的基础，是市场供给的本质表现。餐饮产品策略除产品本身以外，还应包括提供产品的环境和条件。

第一，选好产品风味和花色品种。

第二，配备有专业技术水平的厨师队伍。

第三，保证优质食品原材料供应。

第四，做好厨房生产过程的组织，只有保证原料加工、配菜、炉灶烹制质量，才能保证产品策略的最终落实。

微课—餐饮管理市场营销策略之产品策略

第五，要加强销售管理，提供优质服务。

(二)价格策略

餐饮管理要正确运用价格策略，不仅仅是运用毛利标准简单地制定价格，其关键是根据市场供求关系的变化而变化，灵活掌握价格，以刺激需求，扩大销售。

微课—餐饮管理市场营销策略之价格策略

第一，差别价格策略，即根据不同风味、不同档次产品的供求关系，分别采用不同毛利率标准，形成价格差别，适应不同消费者的需要。

第二，最优利润策略，即在市场竞争条件下，分析边际收入和边际成本的变化，以边际收入和边际成本相等时的价格作为定价或调价的标准。

第三，市场占领策略，以不同风味的产品占领新的市场或扩大市场占有率为目标，努力降低成本，使自己的产品在周围同类产品中以最优惠的价格吸引客人，冲击竞争者。

第四，撇油价格策略。

第五，稳定价格策略。

第六，折扣让价策略。

第七，声望价格策略。

第八，竞争定价策略。

(三)促销策略

第一，建立销售机构，配备推销人员。

第二，落实销售目标责任制度。

第三，采用多种促销手段。

微课—餐饮管理市场营销策略之促销策略

第四，要控制销售成本，降低费用消耗，主要是交际费用、广告费用、公关费用等。

(四)销售渠道策略

销售渠道是指在市场营销中主要通过哪些方式、哪些途径向哪些类型的客人推销，它和促销策略是一个问题的两个方面，也是影响餐饮市场营销的重要条件。

第一，选好主要目标市场。

第二，选择主要客户，包括旅行社、外交机构、当地社团、企事业单位等。

第三，针对不同客户，运用不同的推销策略，加强同客户的联系，争取他们前来用餐，成为回头客。

微课—餐饮管理市场营销策略之销售渠道策略

15.3 餐饮管理客源组织

微课—餐饮管理客源组织

一、餐饮管理客源组织基本要求

客源组织是根据市场供求关系变化，运用市场营销策略，广泛招揽和吸引客人前来就餐以扩大产品销售，获得优良的经济效益。餐饮管理的客源组织应遵循的基本要求如下。

(一)以餐饮质量为凭借

餐饮质量是餐饮市场开发和客源组织的前提和基础。餐饮质量的内容包括产品质量和服务质量。可见，在现代餐饮管理中，餐饮质量仍然是客源组织的重要凭借和手段。

(二)以目标市场为对象

目标市场是企业选择的主要市场范围和领域，它主要解决吸引哪种层次、哪些类型的客人前来用餐等问题。餐饮目标市场的选择要根据企业的具体情况而定。

(三)以营销策略为手段

市场开发和客源组织，本质上是营销策略的具体运用。

(四)以餐饮企业形象和声誉为依托

餐饮企业形象是用餐客人对企业餐饮经营的总体评价，是企业餐饮经营的特征在顾客心目中的反映。评价餐饮企业形象有两个基本标准：知名度和美誉度。知名度是企业餐饮经营被顾客知晓了解的程度，它是评价企业餐饮经营“名气”大小的尺度。美誉度是企业餐饮经营获得顾客信任、赞许的程度，它是评价企业餐饮经营社会影响好坏的尺度。

(五)以组织措施为保证

餐饮企业要想获得更广泛的客源市场，必须通过全员配合，从管理到服务等各个环节保证企业一盘棋，而不是各自为战，相互消耗。

二、餐饮管理客源组织形式

(一)饭店宾馆餐饮管理客源组织形式

市场客源以住店客人为主，同时组织当地外事机构、公司社团、企事业单位的客人前来就餐。其客源组织形成一般是企业设销售部或公关销售部，配备销售代表，分别负责不同类型客户的客源组织工作。餐饮部则设预订机构和预订人员，负责宴会、团队用餐的客源组织。

(二)涉外餐馆餐饮管理客源组织形式

市场客源多以旅行团体，如国际会议组织、旅游公司等顾客为主。组织形式侧重于旅行社、国际 OTA 机构等合作引流。餐饮部人员比较注重语言沟通、风俗礼仪等国际差别。

三、餐饮管理客源组织方法

(一)营业推广法

营业推广法又叫销售推广法。它以企业餐饮产品的风味特点、产品质量和服务质量为基础，办出经营特色，在客源市场上树立餐饮形象，形成良好的声誉，造成市场竞争优势，以此来招揽顾客。采用营业推广法，关键是要抓住产品质量和服务质量，树立企业形象和声誉，要给每位前来就餐的客人提供优质产品和服务，给他们留下美好的回忆，使其成为企业餐饮经营的义务宣传员。

(二)预订推销法

预订推销包括宴会预订、散客订座或(去掉)订位两个方面。它在餐饮预定推销过程中，要设立预订机构，配备推销人员。预订推销法主要是宴会预订，推销人员发布明确宴会名称、性质、主办单位、出席人数、宴会标准、开宴时间、设备要求等，并通过签订宴会预订协议而加以确认，同时做好安排，保证客人到达后，能按照事先确认的内容获得宴会享受。散客订座或订位一般由餐厅服务员代管，采用预订推销法。企业内部必须制定工作程序，设计好预订表格，搞好宴会预订同餐厅、厨房、酒吧、库房等各部门的联系，确保预订的准确性。

(三)外出联系法

对于餐饮企业的重要合作方、大客户、重要机关团体等，营销经理常用外出联系法，加强与客户交流沟通，了解客户最新动向、竞争对手策略等。

(四)表报联络法

表报联络主要适用于饭店宾馆。

(五)主动邀请法

主动邀请是企业事先掌握有关客房或重要客人的信息资料，提前主动发出邀请，吸引客人前来用餐或举办宴会。采用这种方法，企业一般建有客户档案，熟悉市场情况。

(六)内部推销法

内部推销是利用内部广告、告示牌、招贴画或在餐厅推销特别菜点来组织客源，扩大产品销售。

附录一

2017年全国职业院校技能大赛高职组
“中餐主题宴会设计”赛项规程

一、赛项名称

赛项编号：GZ-2017040

赛项名称：中餐主题宴会设计

英语翻译：Chinese-Style Banquet Design

赛项组别：高职组

赛项归属产业：现代服务业

二、竞赛目的

本赛项为充分发挥技能大赛引领专业建设及课程改革的提升作用，促进酒店管理、旅游管理专业的建设及人才的培养进程，以满足社会对酒店管理、旅游管理专业技术技能人才的需求。通过本赛项，我们进一步加强高职院校酒店管理、旅游管理专业建设，推进在行业发展背景下的教学改革，促进校企深度融合，推动工学结合人才培养模式的改革与创新；检验高职学生的创新能力、应变能力、综合职业能力和职业素养等。

三、竞赛内容

比赛内容包括中餐宴会接待方案创意设计、中餐主题宴会摆台设计、现场互评、餐饮服务操作和餐饮服务英语口语测试。

(一)中餐宴会接待方案创意设计

中餐宴会接待方案创意设计为团体竞赛项目，要求各参赛团队的3名选手根据确定的主题现场讨论，并在规定时间内按要求完成设计文案，提交电子版和打印版文案。文案字数须在2500～3000字，以电脑统计字符数(不含空格)为准。比赛创意主题范围于赛前公布，比赛开始前15分钟，由裁判长抽取比赛创意题目。比赛安排在计算机机房进行，赛前抽签确定考场和赛位，考场提供台式计算机和打印设备，现场不提供上网环境。

比赛时间为180分钟，该项分值为30分。该环节不安排观摩。

(二)现场操作

现场操作包括中餐主题宴会摆台设计(含台面创意设计评分和摆台操作)、现场互评和餐饮服务操作，均为个人竞赛项目，由团队成员通过抽签确定每个队员的比赛项目，赛前抽签确定分组和赛位，在操作现场完成比赛。

1. 中餐主题宴会摆台设计

本环节包括台面创意设计、中餐宴会摆台操作、主题装饰物制作等。台面直径1.8米，按8人位摆台。主要考查选手操作的熟练性、规范性以及选手对中餐饮食文化的理解等。

本环节18分钟，其中准备时间3分钟，现场操作15分钟。主题宴会台面创意设计分值20分、摆台操作分值10分。

2. 现场互评

参赛选手需通过抽签对同组比赛的另外一个参赛作品进行评析，阐述其主题设计各要素的优点与不足，并回答裁判提出的问题。该环节考查选手对专业知识的掌握以及其创新能力、应变能力等。

本环节20分钟，其中准备时间15分钟，每名选手阐述3分钟，问答2分钟。现场互评分值15分。

3. 餐饮服务操作

本环节主要完成开瓶、红酒示酒、收撤餐具等台面整理工作、酒水斟倒等。餐饮服务所使用台面系各代表队的参赛台面，主要考查选手服务操作的熟练性、规范性以及对服务过程的现场控制紧急预案的掌握情况等。本环节在现场互评准备结束后进行，分两批操作。

本环节16分钟，其中准备时间1分钟，选手操作时间15分钟。餐饮服务操作分值10分。

(三)餐饮服务英语口语测试

餐饮服务英语口语测试，团队3位选手全部参加，分别进行测试，每位选手需完成5道题，其中中译英、英译中各两道，情景对话一道。该项目测试采用问答形式，赛前提供题库。本环节主要考查选手的英语口语表达能力及专业英语水平。

英语口语每人测试时间5分钟。该项目分值15分。计算3人平均成绩后计入团队成绩。

四、竞赛方式

(1)比赛为团队赛。

(2)每支参赛队由3人组成。

(3)每队指导教师不超过两人，指导教师一旦确定不得随意改变。每个参赛省(自治区、直辖市)配领队1名。

(4)不允许跨校组队。

(5)比赛邀请境外院校代表队参赛或表演。

五、竞赛流程

具体流程根据参赛队伍数量编排。

时间	比赛内容	参赛人员
第一天	报到、熟悉比赛场地	全体参赛选手
	领队会、抽签分组	各参赛队领队
	中餐宴会接待方案创意设计比赛	各参赛队
第二天	开幕式	全体参赛选手
	现场操作比赛(包括中餐主题宴会摆台设计、现场互评、餐饮服务操作)	第 1 组至第 7 组参赛选手
	餐饮服务英语口语测试	第 9 组至第 15 组参赛选手
第三天	现场操作比赛(包括中餐主题宴会摆台设计、现场互评、餐饮服务操作)	第 8 组至第 15 组参赛选手
	餐饮服务英语口语测试	第 1 组至第 8 组参赛选手
第四天	裁判员点评会、闭幕式	全体参赛选手
	离会	

(一)中餐宴会接待方案创意设计参赛流程

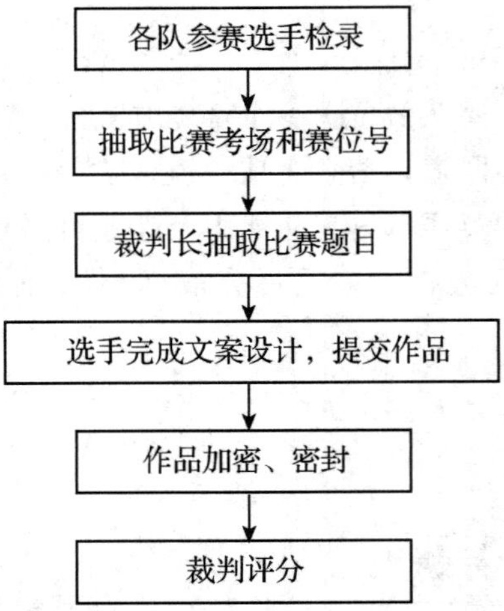

(二)现场操作参赛流程

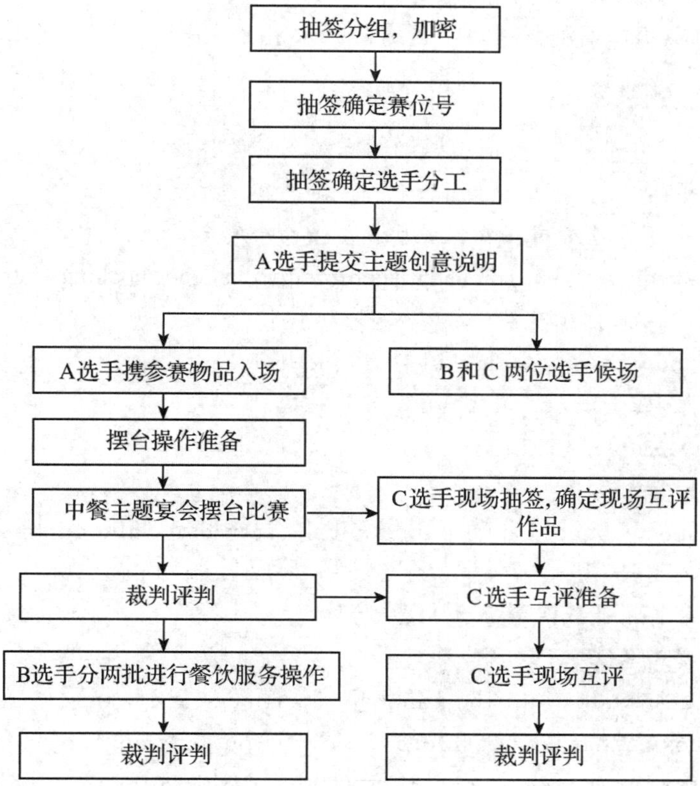

(三)餐饮服务英语口语测试参赛流程

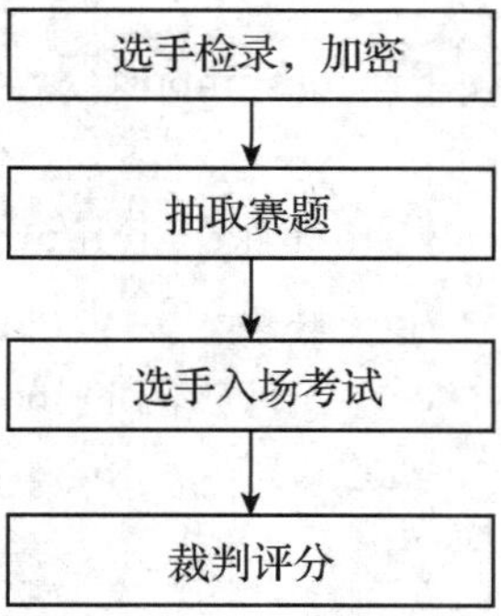

六、竞赛试题

(1)中餐宴会接待方案创意设计项目，比赛创意主题范围由专家组统一命题，比赛前1个月公布。

(2)中餐主题宴会摆台设计、现场互评、餐饮服务操作项目，比赛设备及用品规格由赛项执委会确定，比赛前 1 个月公布。

(3)餐饮服务英语口语测试项目，题库由专家组统一命题，比赛前 1 个月公布。样题如下。

英语口语测试样题及参考答案

题型一　中译英

1. 我想确认一下，您公司在我们餐厅预订了两个宴会。

I'd like to confirm that your company has made two banquet bookings in our restaurant.

2. 请问有多少人来参加宴会?

May I know how many people will be at the banquet?

题型二　英译中

1. How many people is it for?

请问有多少位客人用餐?

2. At the dinner banquet Chinese food will be served and the minimum charge of 120 Yuan per head is required.

晚宴将提供中餐，最低消费每位 120 元。

题型三　情景对话

1. When a guest walks into the banquet department and wants to reserve a farewell banquet for his boss. What kind of information will you get from the customer?

Answer：I need to get the information such as the time for the banquet，the number of people，the expense for each table，the customer's name，the customer's telephone number and so on. As the hotel requires，a sum of money as deposit is to be collected from the customer.

2. Is the preparation work for a banquet important? Can you explain it with your own experience?

Answer：Yes. It is very important to make a full preparation for a banquet. To prepare for a banquet，the staff should be aware of the food requirements，table decorations，and service methods，and set the table accordingly for the banquet. That's a tough job. Banquet staff could not provide good table service without these preparations.

七、竞赛规则

(1)参赛队及参赛选手资格：参赛选手须为高职高专全日制旅游大类各专业在籍学生；本科院校中高职类全日制旅游类各专业在籍学生；五年制高职四、五年级学生可报名参加高职组比赛。高职组参赛选手年龄须不超过 25 周岁(当年)。

(2)中餐宴会接待方案创意设计项目的比赛题目，由裁判长现场抽签确定。

(3)各选手参加现场操作的具体项目由现场抽签决定。

(4)报到当天可熟悉比赛场地，但不得进行现场练习。

(5)参赛选手按规定时间到达指定地点，凭参赛证、学生证和身份证(三证必须齐全)进入赛场，同时将参赛设施，设备带入场地。选手迟到10分钟取消比赛资格。

(6)中餐主题宴会摆台设计的餐酒具等由赛会承办方统一提供，布草、装饰物等由各参赛队自行准备使用。

(7)参加摆台操作选手检录时需提交主题设计说明书。

(8)摆台主题设计说明书、自备餐具、布草等上面不能出现××代表队或××院校字样。选手在比赛过程中，不能说明自己的代表队或参赛院校。

(9)各队参赛作品的台面中心装饰物，须由选手现场制作完成。

(10)现场互评项目的评价对象，在中餐主题宴会摆台项目比赛结束后由现场抽签决定。

(11)参赛选手不得携带通信工具和其他未经允许的资料、物品进入比赛场地，不得中途退场。如出现违规、违纪、舞弊等现象，经裁判组裁定后取消比赛成绩。

(12)比赛过程中，参赛选手须严格遵守操作标准和规范，保证自身安全，并接受裁判员的监督和警示；若因设备故障导致选手无法正常比赛，由大赛裁判长视具体情况做出裁决。

(13)为避免影响其他选手，比赛中不允许播放背景音乐。

(14)参赛选手结束比赛时，应向裁判员举手示意，比赛终止时间由裁判员记录，参赛选手结束比赛后不得再进行任何操作。

(15)比赛结束，经裁判员确认后方可离开赛场。

(16)领队、指导教师及非工作需要的工作人员不得进入比赛场地。新闻媒体等进入赛场必须经执委会允许，由专人陪同并且听从现场工作人员的安排和管理，不能影响比赛进行。

八、竞赛环境

中餐宴会接待方案创意设计项目在计算机机房进行。现场操作比赛在1000平方米的空间进行，设摆台操作区、互评答辩区、裁判区、观摩区，其中摆台操作区设12个赛位，每组比赛使用6个赛位，交替进行。每个赛位面积不少于20平方米。比赛现场合理设置人员通道、物流通道；具备良好的采光、照明和通风；提供稳定的水、电供应和供电应急设备。餐饮服务英语口语测试场地面积不少于60平方米，场地摆放评委席、计分席和计时席。场外设立单独的候考区。

九、技术规范

(1)参照教育部职成司发布的《高等职业学校专业教学标准(试行)》(旅游大类)中的“酒店管理”专业教学标准。

(2)参考酒店业中餐服务的行业要求。

(3)参照国家旅游局旅游饭店服务技能大赛中餐宴会服务标准。

十、技术平台

(一)设施设备

1. 计算机机房

品名	型号	技术参数	备注
电脑	台式	Win 7 操作系统，Office 2010 版办公系统，Photoshop 软件	统一提供
打印机	激光打印	A4	统一提供

2. 操作现场

品名	型号	技术参数	备注
电脑	台式	Win 7 操作系统，Office 2010 版	统一提供
投影仪	松下 PT	标准	统一提供
餐台	圆形	直径 180 厘米、高 75 厘米	统一提供
餐椅	软面无扶手椅	椅子总高度 95 厘米、椅面 45 厘米×45 厘米、椅背 47 厘米×39 厘米	统一提供
工作台	长方形	90 厘米×180 厘米	统一提供

(二)用具及耗材

1. 用具

品名	型号	技术参数	备注
桌裙(装饰布)	标准	铺好后离地面不超过 3 厘米	自备
台布	标准	与桌裙(装饰布)协调	自备
餐巾	正方形	边长 45～60 厘米	自备
主题装饰物	无	无	自备
餐碟	瓷质	赛前公布	统一提供
汤碗、汤勺	瓷质	赛前公布	统一提供
味碟	瓷质	赛前公布	统一提供
筷架	金属质	赛前公布	统一提供
长柄勺	金属质	赛前公布	统一提供
水杯	玻璃质	赛前公布	统一提供
葡萄酒杯	玻璃质	赛前公布	统一提供
白酒杯	玻璃质	赛前公布	统一提供
筷子	木制	配筷套	自备
牙签	小包装	与餐具协调，符合主题创意	自备

续表

品名	型号	技术参数	备注
菜单	无	菜品及装帧符合主题创意	自备
公用餐具	无	方便客人使用	自备
桌号牌	无	无	自备
托盘	圆形或长方形防滑托盘	圆形直径40～50厘米，长方形35厘米×45厘米	自备
平盘	圆形	18寸	统一提供
海马刀	无	赛前公布	统一提供

2. 耗材

品名	型号	技术参数	备注
红葡萄酒	瓶装	750毫升	统一提供
红星二锅头	瓶装	55度500毫升	统一提供
可乐	听装	330毫升	统一提供
消毒巾	棉质	30厘米×30厘米	统一提供

承办方统一提供的设施设备、耗材及用具的图片和规格信息，提前1个月在大赛官方网站公布，以公布为准。

十一、成绩评定

赛项裁判组本着“公平、公正、公开、科学、规范”的原则，对各个比赛项目进行综合评价，最终按总分得分高低确定奖项归属。

(一)评分标准

见附件1。

(二)评分方法

(1)比赛总成绩满分100分，其中中餐宴会接待方案创意设计项目30分，现场操作测试55分(其中主题宴会摆台的创意设计20分、摆台操作10分、选手现场互评15分、餐饮服务操作10分)，餐饮服务英语口语测试15分。具体评分方法见附件1。

(2)竞赛名次按照得分高低排序。当总分相同时，按照现场操作餐饮得分→服务接待方案创意设计得分→英语成绩得分排序。

(3)各项成绩会按照相关规定公布。如对成绩有异议，请按规定向大赛仲裁组提出复核申请。

(三)成绩复核

为保障成绩评判的准确性，监督组将对赛项总成绩排名前30%的所有参赛队伍(选手)

的成绩进行复核；对其余成绩进行抽检复核，抽检覆盖率不得低于15%。如发现成绩错误以书面方式及时告知裁判长，由裁判长更正成绩并签字确认。复核、抽检错误率超过5%的，裁判组将对所有成绩进行复核。

赛项最终得分按100分制计分。最终成绩经复核无误，由裁判长、监督人员签字确认后公布。

(四)裁判员选聘

按照《2017年全国职业院校技能大赛专家和裁判工作管理办法》建立全国职业院校技能大赛赛项裁判员信息库，由全国职业院校技能大赛执委会在赛项裁判员信息库中抽定赛项裁判人员。裁判长由赛项执委会向大赛执委会推荐，由大赛执委会聘任。

本赛项共安排21名裁判，包括加密裁判2名和总裁判长1名。

十二、奖项设定

(1)竞赛设参赛代表队团队奖，以赛项实际参赛队总数为基数，一等奖占比10%，二等奖占比20%，三等奖占比30%。

(2)获得一等奖的团队的指导教师由组委会颁发“优秀指导教师证书”。

十三、赛项安全

赛事安全是中餐主题宴会赛项一切工作顺利开展的先决条件，是赛事筹备和运行工作必须考虑的核心问题。赛项执委会采取切实有效的措施保证大赛期间参赛选手、指导教师、裁判员、工作人员及观众的人身安全。

(一)比赛环境

(1)执委会须在赛前组织专人对比赛现场、住宿场所和交通保障进行考察，并对安全工作提出明确要求。赛场的布置，赛场内的器材、设备，应符合国家有关安全规定。如有必要，也可进行赛场仿真模拟测试，以发现可能出现的问题。承办单位赛前须按照执委会要求排除安全隐患。

(2)赛场周围要设立警戒线，防止无关人员进入发生意外事件。比赛现场内应参照相关职业岗位的要求为选手提供必要的劳动保护。在具有危险性的操作环节，裁判员要严防选手出现错误操作。

(3)承办单位应提供保证应急预案实施的条件。对于比赛内容涉及高空作业、可能有坠物、大用电量、易发生火灾等情况的赛项，必须明确制度和预案，并配备急救人员与设施。

(4)执委会须会同承办单位制定开放赛场和体验区的人员疏导方案。赛场环境中存在人员密集、车流人流交错的区域，除了设置齐全的指示标志外，须增加引导人员，并开辟备用通道。

(5)大赛期间，承办单位须在赛场管理的关键岗位，增加力量，建立安全管理日志。

(6)参赛选手进入赛位、赛事裁判工作人员进入工作场所，严禁携带通信、照相、摄录设备，禁止携带记录用具。如确有需要，由赛场统一配置、统一管理。赛项可根据需要配置安检设备对进入赛场重要部位的人员进行安检。

(二)生活条件

(1)比赛期间，原则上由执委会统一安排参赛选手和指导教师食宿。承办单位须尊重少数民族的信仰及文化，根据国家相关的民族政策，安排好少数民族选手和教师的饮食起居。

(2)比赛期间安排的住宿地应具有宾馆/住宿经营许可资质。以学校宿舍作为住宿地的，大赛期间的住宿、卫生、饮食安全等由执委会和提供宿舍的学校共同负责。

(3)大赛期间有组织的参观和观摩活动的交通安全由执委会负责。执委会和承办单位须保证比赛期间选手、指导教师和裁判员、工作人员的交通安全。

(4)各赛项的安全管理，除了可以采取必要的安全隔离措施外，应严格遵守国家相关法律法规，保护个人隐私和人身自由。

(三)组队责任

(1)各学校组织代表队时，须安排为参赛选手购买大赛期间的人身意外伤害保险。

(2)各学校代表队组成后，须制定相关管理制度，并对所有选手、指导教师进行安全教育。

(3)各参赛队伍须加强对参与比赛人员的安全管理，实现与赛场安全管理的对接。

(四)应急处理

比赛期间应做好保电、消防预备工作，如发生意外事故，发现者应第一时间报告执委会，同时采取措施避免事态扩大。执委会应立即启动预案予以解决并报告组委会。赛项出现重大安全问题可以停赛，是否停赛由执委会决定。事后，执委会应向组委会报告详细情况。

(五)处罚措施

(1)因参赛队伍原因造成重大安全事故的，取消其获奖资格。

(2)参赛队伍有发生重大安全事故隐患，经赛场工作人员提示、警告无效的，可取消其继续比赛的资格。

(3)赛事工作人员违规的，按照相应的制度追究责任。情节恶劣并造成重大安全事故的，由司法机关追究相应法律责任。

十四、竞赛须知

(一)参赛队须知

(1)领队负责本参赛队的参赛组织和与大赛的联络。

(2)参赛选手须为高职高专全日制旅游大类各专业在籍学生；本科院校中高职类全日制旅游类各专业在籍学生；五年制高职四、五年级学生可报名参加高职组比赛。高职组参赛选手年龄须不超过25周岁(当年)。参赛选手须认真填写报名表各项内容，提供个人真实身份证明，凡弄虚作假者，将取消其比赛资格。

(3)比赛期间，各参赛队应为选手购买人身意外保险。

(4)各代表队须按照大赛赛程安排前往指定地点参加比赛及相关活动。

(二)指导教师须知

(1)中餐宴会接待方案创意设计项目的创意范围由专家组统一命题，赛前1个月公布。

(2)仪容仪表为扣分项目，按裁判员要求现场展示，不需要自行设计展示动作。

(3)中餐主题宴会摆台设计创意说明书(内容含菜单设计创意)需准备一式六份，不少于1000字。

(4)摆台主题创意说明书、自备餐具、布草等物品上，不能出现××代表队或××院校字样。

(5)各参赛选手中餐宴会主题设计台心装饰物须由选手现场制作完成。

(6)为避免影响其他选手，比赛中不允许播放背景音乐。

(7)报到当天可熟悉比赛场地，但不能进行现场练习。

(8)指导教师不能进入比赛场地。

(三)参赛选手须知

(1)参赛选手按规定时间到达指定地点，凭参赛证、学生证和身份证(三证必须齐全)进入赛场，同时将参赛设施设备带入场地。选手迟到10分钟将取消比赛资格。

(2)参赛选手参赛号于中餐宴会接待方案创意设计项目比赛前现场抽取；各参赛选手现场操作比赛参赛组别于赛前领队会上由赛项执委会组织现场抽签；现场操作各比赛项目赛位号于各比赛检录时现场抽取；现场互评环节评价对象在中餐主题宴会操作结束后由现场抽签决定。

(3)中餐主题宴会摆台设计创意说明书于该项比赛检录时由A选手提交，选手自行准备的设施设备于检录后随选手同时带入场地。

(4)参赛选手在比赛过程中，不能说明自己的代表队或参赛院校，不得携带通信工具和其他未经允许的资料、物品进入比赛场地，不得中途退场。如出现违规、违纪、舞弊等现象，经裁判组裁定取消比赛成绩。

(5)比赛过程中，参赛选手须严格遵守操作标准和规范，保证自身安全，并接受裁判员的监督和警示；若因设备故障导致选手中断或终止比赛，由大赛裁判长视具体情况做出裁决。

(6)参赛选手比赛时须听从裁判员的统一指令。若参赛选手欲提前结束比赛，应向裁判员举手示意，比赛终止时间由裁判员记录，参赛选手结束比赛后不得再进行任何操作。现场比赛结束，经裁判员确认后方可离开赛场。

(四)工作人员须知

(1)大赛期间，工作人员须佩戴组委会核发的证件进入赛场，统一着装，并遵守赛场相关规定。新闻媒体等进入赛场必须经执委会允许，由专人陪同并且听从现场工作人员的安排和管理，不能影响比赛进行。

(2)在选手比赛时，工作人员及赛场所有人员必须保持安静，不得随意走动、喧哗、提示或出现对选手有影响的动作。除经特别允许，工作人员进入赛场后请关闭手机。

(3)比赛期间，由赛项仲裁组人员处理突发事件，并对裁判人员和现场评分员进行督察，工作人员不得私自处理有关选手比赛成绩的相关事件，不得携带通信工具。

十五、申诉与仲裁

本赛项在比赛过程中若出现有失公正或有关人员违规等现象，代表队领队可在比赛结束后 2 小时之内向仲裁组提出申诉。书面申诉应对申诉事件的现象、发生时间、涉及人员、申诉依据等进行充分、实事求是的叙述，并由领队亲笔签名。非书面申诉不予受理。赛项仲裁工作组在接到申诉后的 2 小时内组织复议，并及时反馈复议结果。申诉方对复议结果仍有异议，可由省(市)领队向赛区仲裁委员会提出申诉。赛区仲裁委员会的仲裁结果为最终结果。

十六、竞赛观摩

本着开放办赛的方针，本赛项在现场技能操作比赛项目中设观摩区。观摩者可进入比赛开放区，体会选手紧张的比赛过程，学习交流好的主题创意。观摩须知如下：

(1)根据比赛场地情况，各代表队观摩人员不超过 3 人。

(2)观摩人员需凭证入场。

(3)中餐宴会接待方案创意设计比赛、现场互评、餐饮服务英语口语测试谢绝现场观摩。餐饮服务英语口试测试可通过视频直播观看。

(4)各观摩院校可与各自省代表队领队联系，观摩证将在各代表队报到时统一发给各领队。其他观摩单位人员可与赛项工作人员联系，并将观摩人数提前告知赛项工作人员。

(5)观摩人员需遵守场地规则，服从工作人员管理。

(6)当观摩人数超出赛场容量时，赛项执委会将根据现场情况控制观摩人员进入赛场。

十七、竞赛直播

为了更好地展现赛事工作的网络化和信息化，更好地向大家呈现比赛盛况，共享比赛精彩瞬间，突出赛项的技能重点与优势特色，为宣传、仲裁、资源转化提供全面的信息资料，赛项执委会将安排专门人员负责比赛过程、开闭幕式及赛项点评等环节的摄像和录像。通过摄像和录像，记录竞赛全过程，并在指定网络和现场观摩区域等实现同步直播。

(1)现场操作比赛过程可现场观摩。

(2)中餐宴会接待方案创意设计项目、现场互评、餐饮服务英语口试测试安排全程录像，能实时录制赛场情况；餐饮服务英语口试测试赛场外有大屏幕或投影，同步显示赛场内竞赛状况。

(3)赛项将安排专门人员负责比赛过程、开闭幕式及赛项点评等环节的摄像和录像。通过摄像和录像，记录竞赛全过程。

(4)承办方将通过新媒体全程直播全国职业院校技能大赛中餐主题宴会设计比赛实况，并及时将赛事动态提交全国职业院校技能大赛官网，进行信息交流与互动。通过多种途径真实呈现大赛的每个精彩画面。

十八、资源转化

(1)本赛项资源转化工作由本赛项执委会与赛项承办校负责，于赛后 30 日内向大赛执委会办公室提交资源转化方案，半年内完成资源转化工作。

(2)本赛项资源转化的内容包括本赛项竞赛全过程的各类资源。做到充分体现本赛项技能考核特点，赛项资源转化成果应符合行业标准、契合课程标准、突出技能特色、展现竞赛优势，形成满足职业教育教学需求、体现先进教学模式、反映职业教育先进水平的共享性职业教育教学资源。

(3)本赛项资源转化成果包含基本资源和拓展资源，基本资源包括赛项涉及的相关操作技能的技术参数、标准、评判方法和内容，并利用比赛资料进行正确方法与错误做法的比较分析。拓展资源包括涉及比赛技能的相关知识、技能等的知识介绍。资源转化形成统一的教材，供出版社印刷出版，同时，赛场相关视频资料，形成教学参考视频素材。

(4)本赛项所有转化资源做到均符合《2017年全国职业院校技能大赛赛项资源转化工作办法》中规定的各项技术标准。

(5)制作完成本赛项资源上传：www.chinaskills-jsw.org 大赛网站。版权由技能大赛执委会和赛项执委会共享，由大赛执委会统一使用与管理。

附件1：

2017年全国职业院校技能大赛
高职组“中餐主题宴会设计”赛项评分细则

为保证2017年全国职业院校技能大赛中餐主题宴会设计赛项的顺利进行，本着“公正、公开、公平”的竞赛原则，特制订本细则。

比赛总成绩满分100分，其中中餐宴会接待方案创意设计项目30分，现场操作测试55分(其中主题宴会摆台创意设计20分、摆台操作10分、选手现场互评15分、餐饮服务操作10分)，餐饮服务英语口语测试15分。其具体评分方法如下。

一、中餐宴会接待方案创意设计

(一)评分方法

该项目裁判员共5名，根据参赛队提交的中餐宴会接待方案创意设计文案进行评分，可参考参赛队提交的电子稿。

5名裁判独立评分，去掉一个最高分和一个最低分，计算平均分作为每队成绩，小数点后保留两位。

(二)评分标准

中餐宴会接待方案创意设计评分标准/30分				
项目	内容及标准	分值/分	扣分/分	得分/分
服务情景设计/6分	能依据主题，准确阐述接待任务	2		
	清楚、全面阐述客人的特点	2		
	设定服务要素(时间、地点、参加人员)全面、准确	2		

续表

中餐宴会接待方案创意设计评分标准/30分				
服务设计/6分	根据工作计划，明确分工	1		
	根据宴会需要，设计服务项目合理，流程科学	2		
	工作质量检查全面、有效	1		
	个性化诉求合理，服务方式科学	1		
	背景音乐使用、环境装饰等环节考虑全面、设计合理	1		
台面设计/6分	中心装饰物比例合适，设计精美，展现主题准确	2		
	餐具规格合理、统一、精美、实用，展现主题准确	2		
	布草质地环保、优良，色彩、图案与主题呼应	1		
	选手服装符合岗位工作要求，设计合理，能展现主题	1		
预案设计/3分	预案符合酒店实际经营情况，涉及内容全面	1		
	处理突发事件的方案完善、科学	2		
菜单设计/4分	菜单外观设计精美、新颖	1		
	菜品数量合理、菜肴搭配合理，营养均衡	2		
	菜品售价与成本设计合理，符合酒店经营实际	1		
文案设计/2分	表述清晰、逻辑性强	1		
	版面设计合理、图文并茂	1		
综合印象/3分	格式整齐，外观精美	1		
	全面、合理、可操作性强	1		
	主题创意设计符合酒店经营实际，能推广	1		
不符合要求扣1分	扣分：			
合计				

二、现场操作测试

(一)评分方法

现场操作评分包括中餐主题宴会摆台设计、中餐宴会摆台操作、现场互评和餐饮服务操作四部分。该项目裁判员为10名，主题组、测量组裁判员各5名。主题组裁判员负责对中餐主题宴会摆台的创意、菜单设计、现场互评以及互评选手的仪容仪表进行评判。测量组裁判员负责摆台操作比赛过程中操作规范、摆台标准、餐饮服务操作以及摆台选手和餐饮服务操作的选手的仪容仪表进行评判。其中仪容仪表作为扣分项目。

裁判独立评分，去掉所有裁判中的一个最高分和一个最低分，计算出平均分作为选手该项最终成绩，小数点后保留两位。

（二）评分标准

1. 中餐主题宴会摆台设计评分标准

中餐主题宴会摆台设计/20分				
项目	内容及标准	分值/分	扣分/分	得分/分
主题创意/8分	台面设计主题明确，创意新颖独特，具有时代感	2		
	台面整体设计能紧密围绕主题	2		
	主题设计外形美观，具有较强的观赏性，主题设计规格与餐桌比例恰当，不影响就餐客人餐中交流	2		
	现场制作中心艺术品	2		
台面用品/4分	台面用品整体美观，具有强烈的艺术美感	1		
	布草色彩、图案与主题相呼应	1		
	台面物品、布草(含台布、餐巾、椅套等)的质地环保，选择符合酒店经营实际	1		
	台面用品的选择和摆放方便客人就餐	1		
菜单设计/4分	菜单设计的各要素(如颜色、背景图案、字体、字号等)合理，与主题一致，菜单整体设计与餐台主题相统一，外形有一定的艺术性	1		
	菜品设计(菜品搭配、数量及名称)合理，符合主题	1.5		
	菜品设计能充分考虑成本等因素，符合酒店经营实际	1.5		
服装/2分	选手服装及装饰符合酒店工作要求	1		
	服装设计与主题呼应	1		
总体印象/2分	整体设计和谐，注重细节	1		
	主题设计具有可推广性	1		
实际得分：				

2. 主题宴会摆台操作评分标准

主题宴会摆台操作标准/10分				
项目	操作程序及标准	分值/分	扣分/分	得分/分
台布及装饰布/1.2分	台面平整，凸缝朝向主、副主人位	0.4		
	下垂均等	0.4		
	装饰布平整且四周下垂均等	0.4		
餐椅定位/1.6分	从主人位开始拉椅定位	0.4		
	座位中心与餐碟中心对齐	0.4		
	餐椅之间距离均等	0.4		
	餐椅座面边缘与台布下垂部分相切	0.4		

续表

中餐主题宴会摆台设计/20分				
餐碟（或装饰盘）定位/1.8分	碟间距离均等	0.8		
	相对餐碟、餐桌中心、餐椅点六点一线	0.4		
	距桌沿1.5厘米	0.4		
	拿碟手法正确(手拿餐碟边缘部分)、卫生	0.2		
味碟、汤碗、汤勺/0.6分	味碟位于餐碟正上方，相距1厘米	0.4		
	汤碗汤勺摆放美观	0.2		
筷架、筷子、长柄勺、牙签/1分	筷架摆在餐碟右边，位于筷子上部三分之一处	0.2		
	筷子、长柄勺搁摆在筷架上，长柄勺距餐碟均等	0.4		
	筷尾距餐桌沿1.5厘米，筷套正面朝上	0.2		
	牙签位于长柄勺和筷子之间，牙签套正面朝上，底部与长柄勺齐平	0.2		
葡萄酒杯、白酒杯、水杯/1.8分	葡萄酒杯在味碟正上方2厘米	0.4		
	白酒杯摆在葡萄酒杯的右侧，水杯位于葡萄酒杯左侧，杯肚间隔1厘米	0.8		
	三杯成斜直线，与水平线呈30°角。如果折的是杯花，水杯待餐巾花折好后一起摆上桌	0.4		
	摆杯手法正确(手拿杯柄或中下部)、卫生	0.2		
总体印象/2分	操作过程中托盘外展，托盘面平行于地面	0.5		
	餐巾花的花形美观，能很好地体现主题	0.5		
	操作过程中动作规范、娴熟、敏捷、声轻	0.5		
	操作过程中的姿态优美	0.5		
物品落地：	件	扣	分	
物品碰到：	件	扣	分	
物品遗漏：	件	扣	分	
逆时针行走：	次			
仪容仪表扣分：				
实际得分：				

3. 餐饮服务操作评分标准

餐饮服务操作/10分				
项目	操作程序及标准	分值/分	扣分/分	得分/分
开红葡萄酒/4分	示酒手势标准、站位合理	0.5		
	用专用开瓶器(海马刀)上的小刀，切除红葡萄酒瓶口的封口(胶帽)，胶帽边缘整齐	1		
	开瓶时瓶身稳定无转动	0.5		
	用开瓶器上的螺杆拔起软木塞，软木塞完整无损，无落屑	0.5		
	将软木塞转出并放在小碟中	0.5		
	用餐巾擦拭瓶口	0.5		
	操作规范、卫生、优雅	0.5		
酒水斟倒/4分	主人杯中倒入30毫升进行鉴酒	1		
	酒标朝向客人，在客人右侧服务	0.5		
	斟倒酒水的量：白酒、苏打及饮料8分满；红葡萄酒5分满	1.5		
	斟倒酒水后收撤多余餐酒具	1		
综合印象/2分	服务过程中托盘操作动作规范	1		
	操作姿态优美、声轻	1		
物品落地：　件		扣　分		
物品碰到：　件		扣　分		
物品遗漏：　件		扣　分		
逆时针行走：　次		扣　分		
斟倒酒水时每滴一滴扣1分，每溢一滩扣2分　扣分：				
仪容仪表扣分：				
实际得分：				

4. 现场互评评分标准

现场互评/15分				
项目	内容及标准	分值/分	扣分/分	得分/分
对主题创意的认识/3分	对主题创意设计分析准确，能发现亮点	2		
	对主题创意的改进意见	1		

续表

现场互评/15分				
对主题设计的评价/4分	对主题本身各要素的评价准确、恰当	1		
	对台面用品的评价准确、恰当	1		
	对选手工装、饰品的评价准确、恰当	1		
	能发现亮点找出不足	1		
对菜单设计提出的意见和建议/3分	对菜单设计要素分析到位	1		
	对菜品设计(数量、菜品搭配、成本)的分析准确到位	2		
问题回答/2分	回答准确	1		
	语言流畅、表述清晰、准确	0.5		
	措辞规范，能体现从业者素质和理论水平	0.5		
口头评析/3分	表述规范，能体现从业者素质和理论水平	1		
	简练、清晰、准确，有较强的逻辑性	1		
	音量适中，姿态优美	1		
仪容仪表扣分：				
合计				
阐述时间：3分钟(3分钟停止，提前完成不扣分)				

5. 仪容仪表扣分标准

仪容仪表扣分标准/1分			
项目	细节要求	分值/分	扣分/分
头发及面部/0.2分	男士		
	干净、整齐，后不及领，侧不盖耳，着色自然，发型美观大方	0.1	
	不留胡子及长鬓角	0.1	
	女士		
	后不过肩，前不盖眼，干净、整齐，着色自然，发型美观大方	0.1	
	淡妆	0.1	
手及指甲/0.2分	干净，指甲修剪整齐	0.1	
	不涂有色指甲油	0.1	
服装/0.2分	符合主题要求，整齐干净	0.1	
	无破损、无丢扣，熨烫挺括	0.1	

续表

仪容仪表扣分标准/1分			
鞋、袜/0.2分	符合岗位或主题要求的鞋子：干净，擦拭光亮、无破损	0.1	
	男士：深色；女士：干净；无褶皱、无破损	0.1	
首饰及徽章/0.1分	不佩戴过于醒目的饰物	0.1	
综合印象/0.1分	注重礼节礼貌，面带微笑，举止大方、优雅	0.1	
合计		1	

（三）现场比赛要求

(1)按中餐正式宴会摆台(8人位)。

(2)选手必须佩戴参赛证提前进入比赛场地，裁判员统一口令“开始准备”进行准备，中餐摆台准备时间3分钟，餐饮服务操作准备时间1分钟。准备就绪后，举手示意。

(3)选手在裁判员宣布“比赛开始”后开始操作。

(4)比赛开始时，选手站在主人位后侧。比赛中所有操作必须按顺时针方向进行。

(5)所有操作结束后，选手应回到工作台前，举手示意“比赛完毕”。

(6)除台布、桌裙或装饰布、花瓶(花篮或其他装饰物)和主题名称牌可徒手操作外，其他物品均须使用托盘操作。

(7)餐巾准备无任何折痕；餐巾折花花形不限，但须突出主位花型，整体挺括、和谐，符合台面设计主题。

(8)餐巾折花和摆台先后顺序不限。

(9)比赛中允许使用装饰盘垫。

(10)选手须准备3份菜单，其中2份摆台时使用，1份放在工作台现场互评时使用。

(11)组委会统一提供餐桌转盘(直径1米、玻璃材质)，比赛时是否使用由参赛选手自定。如需使用转盘，须在抽签之后说明。

(12)比赛评分标准中的项目顺序并不是规定的操作顺序，选手可以自行选择完成各个比赛项目，但斟酒必须在餐椅定位之后进行。

(13)主题设计中心艺术品须现场制作，如使用成品或半成品，酌情扣分。

(14)餐饮服务项目中，对8位客人设定顺序，主宾为1号，主人为2号，依次为3～8号。斟倒酒水的顺序为：主宾(1号)、主人(2号)为红酒，3、5、7号为白酒，4、6、8号为可乐。红酒可徒手完成，白酒、可乐须使用托盘，按3～8号的顺序依次进行。

(15)物品落地每件扣3分，物品碰倒每件扣2分；物品遗漏每件扣1分；逆时针操作扣1分/次。

(16)选手须提前准备中餐主题宴会设计的主题创意书面说明书(包括主题名称、主题内涵、菜单设计说明等，字数不少于1000字)，说明书提前打印好6份，并在检录时统一上交。

(17)仪容仪表是选手应达到的基本要求，不符合要求的，直接在评分表中扣分。

三、餐饮服务英语口语测试

（一）评分方法

该项目裁判由三人组成。该项目主要考查选手的英语表达能力及专业英语水平。每位选手需回答5道题（其中中译英、英译中各两道，情景对话一道）。

裁判独立评分，直接算出每位选手的平均分，小数点后保留两位，每队三位选手得分的平均分为该代表队最后得分。

（二）评分标准

餐饮服务英语口语测试评分标准/15分				
项目	评分细则	分值/分	扣分/分	得分/分
中译英/5分	发音准确，语调标准、纯正	2		
	语法、词汇使用准确，意思表达无偏差，无漏译	3		
英译中/4分	反应敏捷，能准确理解题意	2		
	意思表达无偏差，无漏译	2		
情景对话/6分	反应敏捷，能准确理解题意	1		
	发音准确，语调标准	1		
	自然、流畅表达思想与观点，表述逻辑性强	2		
	符合行业实际经营情况	2		
合计				

（三）评分说明

1. 评分原则

(1)准确性：选手语音语调及所使用语法和词汇的准确性。

(2)熟练性：选手掌握岗位英语的熟练程度。

(3)灵活性：选手应对不同情景和话题的能力。

2. 评分说明

13～15分：语法正确，词汇丰富，语音语调标准，熟练、流利地掌握岗位英语，对不同语境有较强的反应能力，有较强的英语交流能力。

10～12分：语法与词汇基本正确，语音语调尚可，允许有个别母语口音，较熟悉岗位英语，对不同语境有一定的适应能力，有一定的英语交流能力。

8～11分：语法与词汇有一定的错误，发音有缺陷，但不严重影响交际。对岗位英语有一定了解，对不同语境的应变能力较差。

7分以下：语法与词汇有较多错误，停顿较多，严重影响交际。岗位英语掌握不佳，不能适应语境的变化。

附录二

2017年全国职业院校技能大赛高职组“中餐主题宴会设计”赛项

(英语口语测试题库及参考答案)

题型一　中译英

1. 我想确认一下，您公司在我们餐厅预订了两个宴会。

I'd like to confirm that your company has made two banquet bookings in our restaurant.

2. 请问有多少人来参加宴会?

May I know how many people will be at the banquet?

3. 您要预定几桌饭菜?

How many tables would you like?

4. 您想尝尝我们的招牌菜吗?

Would you like to try our house specialty?

5. 请问以谁的名字预订?

In whose name was the reservation made?

6. 我们晚餐营业时间是下午5点到晚上10点。

The dinner is served from 5 p. m. to 10 p. m.

7. 对不起，先生，我们餐厅14日晚餐的餐位已经订满了。

I am sorry, sir. Our restaurant is fully booked on the evening of 14th.

8. 餐食通常从左侧服务，酒水通常从右侧服务。

Food is usually served from the left and beverages are served from the right.

9. 订餐有人均100元、150元和180元三种标准，您想要订哪一种?

For set menus, the expenses per head range from RMB 100 yuan, RMB 150 yuan and RMB 180 yuan. Which would you prefer?

10. 三百人用餐的收费是15000元，不含酒水饮料。

The charge for a 300-person-dinner party is RMB 15000 yuan, excluding beverages.

11. 欢迎光临我们餐馆。您是来参加约翰先生婚宴的嘉宾吗?

Welcome to our restaurant. Are you here for the wedding banquet of Mr. John?

12. 现在可以上菜了吗？

May I serve the dishes now?

13. 希望您用餐愉快。

Please enjoy your meal.

14. 今天的特价菜是麻婆豆腐，6 折优惠。

Today's special is "Mapo Tofu" with a 40％ discount.

15. 您的这瓶葡萄酒已经斟完了，请问还需要一瓶吗？

This bottle of wine is finished. Would you like one more?

16. 您的菜需要分一下吗？

May I separate the dish for you?

17. 您要不要来点烈性酒呢？要是喜欢酒精度低的话，我们这还有米酒。

Do you care for something a little stronger? If you prefer something milder，you may try some rice wine available here.

18. 先生，您对我们的饭菜还满意吗？

Are you satisfied with the meal，sir?

19. 打扰了，女士。我给您换一个骨碟好吗？

Excuse me，madam. Shall I change a new side plate for you?

20. 菜已经上齐了，还有甜点。

This is the complete course. There is dessert to follow.

21. 还需要再加一把椅子吗？

Would you like one more chair to your table，please?

22. 我会在客人入座前把开胃凉菜摆放在餐桌上。

I will place the cold appetizers on the table before the guests are seated.

23. 您需要把宴会厅装饰一下吗？

Would you like to have the banquet hall decorated?

24. 请问您需要一杯冰水吗？

Excuse me，would you like a glass of iced water?

25. 愿为您效劳！

At your service!

26. 您需要含糖还是不含糖的食物？

Would you like your food with sugar or not?

27. 这道菜色、香、味俱全。

The dish looks good，smells good and tastes good.

28. 这是我们赠送给您的果盘。

This is the complimentary fruit for you.

29. 我们已经在总费用里加收了 10％的服务费。

The total includes a 10％ service charge.

30. 您想要炒茄子的调味品里放些辣椒吗？
Would you like some chilli as seasoning in the stir-fried eggplant?
31. 这是我们最新的价目表。
This is our latest price list.
32. 您使用维萨信用卡结账可以享受 9 折优惠。
You have got a 10% discount for your Visa Card.
33. 许多宾客对这款葡萄酒赞赏备至。
Many guests speak highly of the wine.
34. 这是我们厨师长的推荐菜。
This is our chef's recommendation.
35. 您对我们的服务有什么意见吗？
What do you think of our service?
36. 请不要遗忘你的东西。
Please don't leave anything behind.
37. 您能告诉我事情的详细经过吗？
Can you tell me/describe what happened in detail?
38. 抱歉，我上错汤了。
I do apologize for serving you the wrong soup.
39. 谢谢您提醒我们。
Thank you for bringing this matter to our attention.
40. 很抱歉给您带来了这么多麻烦，这是我们特意送给您的甜点。
To express our regret for all the trouble, we offer you the complimentary dessert.
41. 您用餐时需要喝点酒吗？
Would you like to have some wine with your dinner?
42. 餐厅早上 7 点到 9 点供应早餐。
Breakfast is served from 7：00 to 9：00 a. m. in the restaurant.
43. 这是您的账单，请签字。
Here is the bill. Please sign it.
44. 请问您是否喜欢坐在靠窗的位子？
Would you like to sit by the window?
45. 医生认为我在饮食中应多摄入咖啡因。
The doctor thinks I need more caffeine in my diet.
46. 您觉得鱼这样做怎么样？
How do you like the fish cooked this way?
47. 自助餐在那边，请随意取用。
The buffet is over there. Please help yourself.
48. 洗手间现在不能用，因为正在维修。
The rest room is not available, and it is being repaired.

49. 送餐服务，有什么事需要我们吗？

Room service. Can I help you?

50. 太对不起了，先生。账单上出了一点儿错。

I'm terribly sorry, sir. There is a mistake on the bill.

51. 我需要您的签名和房号。

I'll need your signature and room number.

52. 糖醋鱼是今晚特别推荐，您是否试试？

The sweet and sour fish is particularly recommended tonight. Would you like to try?

53. 对不起，恐怕我们没有这道菜，我可以向您推荐别的吗？

I'm afraid we do not have time to prepare the dish unfortunately. May I suggest something else?

54. 对不起，先生。我们现在没有空餐桌，请您在酒吧稍等一下好吗？

I'm sorry, sir. We do not have a table free now. Would you like to have a drink in the bar?

55. 请这边走。我们为你们安排了一个单间。

This way, please. We've got a private room for you.

56. 我建议您尝尝四川菜。

I suggest you have a taste of Sichuan cuisine.

57. 200 人的宴会最低得消费 6000 元，不包括饮料。

The minimum charge for a dinner party of 200 people is 6000 yuan, excluding drinks.

58. 如果您不喜欢这道菜，是不是换个别的？

If you don't like this dish, how about getting you another one?

59. 相信下次您再来时，一切还会使您称心满意。

I'm sure everything will be satisfactory next time you come.

60. 我们饭店是不收小费的。

In our hotel we don't accept tips.

题型二 英译中

1. How many people is it for?

请问有多少位客人用餐？

2. At the dinner banquet Chinese food will be served and the minimum charge of 120 Yuan per head is required.

晚宴将提供中餐，最低消费每位 120 元。

3. What drinks are you going to have for the banquet?

宴会需要什么酒水？

4. We don't have any vacant tables by the windows at the moment.

目前靠窗的位子都已经订出去了。

5. There is an increasing interest in and appreciation of Chinese food in the West.

在西方国家，人们对中餐的兴趣日益浓厚，对中餐的了解也日益加深。

6. I'd like to cancel my reservation for Saturday night.

我想要取消周六晚上的订位。

7. I'd like a private room for 15 people at eight thirty tomorrow evening.

我要订一个 15 人的包厢，时间是明晚八点半。

8. We can only hold your private room till 7：30 p. m. because it will be peak hours after that time.

您的预订我们只能为您保留到晚上 7 点 30 分，因为那段时间是高峰期。

9. Is there anything I can do for you?

还有什么需要我帮您的吗?

10. We look forward to seeing you.

我们恭候您的光临。

11. Could you give me some more napkins?

请多拿一些餐巾给我。

12. Do you have any vegetarian dishes?

你们餐厅是否有供应素食餐?

13. What would you like to drink?

您要喝点什么?

14. Each server should take a clean napkin at all times so as to be able to wipe drips or spills immediately.

每个服务人员必须随身携带干净的餐巾，以便随时抹去溢出或泼洒的食物。

15. You might have a taste of Shaoxing wine.

您不妨尝尝绍兴黄酒。

16. We have squeezed fresh orange juice，apple juice and watermelon juice.

我们的鲜榨果汁有橙汁、苹果汁和西瓜汁。

17. May I bring any wine or liquor by myself?

我可以自带酒水吗?

18. Could you give me a baby highchair for my child?

可以给我的孩子拿个儿童餐椅吗?

19. This dish is called"Mapo tofu". Enjoy it，please.

这道菜叫麻婆豆腐，请慢用。

20. What size of birthday party are you going to order and how would you like us to arrange the tables?

您想在我们餐厅办一个多大规模的生日聚会？您希望我们怎样摆放桌子?

21. Please hold the food/Please put our order on hold because we still have one more friend coming.

请稍后上菜，我们还有一个朋友没到。

22. What kind of tea would you prefer to begin/start with，black tea or green tea?

您要先喝什么茶，红茶还是绿茶?

23. Make it two, please.

再给我来一杯。

24. A seating plan is often made in advance, and cards with guests'names should be placed where each individual will sit.

入座安排要事先确定好，每个客人的座位上都应放置客人席卡。

25. The Chinese cuisine has a long history, and is one of the Chinese cultural treasures.

中式菜历史悠久，是中国文化中的瑰宝之一。

26. Huaiyang cuisine is famous for its cutting technique. Sichuan dishes are hot and spicy.

淮扬菜以其精湛的刀工见长，四川菜则以麻辣著称。

27. How many steps are taken to cook these dishes?

做这些菜需要多少个步骤?

28. What is the specialty of the house?

餐厅的招牌菜是什么?

29. To cook Chinese food, cutting skills and matching of ingredients are of equal importance.

做中国菜，刀工和菜肴的原料搭配都同样重要。

30. A deposit of 500 yuan is required to secure your booking.

您需要预付 500 元押金，以保证您的预订。

31. Please feel free to contact us if you have any questions about the payment arrangements.

如果您对结账方式有任何疑问，欢迎随时与我们联系。

32. I could give you a special price.

我可以给您一个优惠价。

33. Tables in a banquet will be formally set with an array of cutlery, glasses and table linen and with a floral table decoration at the center.

宴会餐桌在正式摆台时，将会整齐摆放餐具、玻璃杯、和餐巾，并在餐台中央摆放花坛。

34. Here are some complimentary vouchers for you. You can pay with them next time when you have meals in our restaurant.

我们有一些赠券送给您，下次您在我们餐厅消费时可以拿赠券抵用。

35. At the end of the banquet and after all guests have left, clear wine glasses, cups and saucers, and remove napkins and table cloths.

宴会结束，等所有客人离开后，清理葡萄酒杯、茶杯和碟子，撤下餐巾和台布。

36. It would be on the house.

那是送给您免费享用的。

37. Any jugs of liquid (hot or cold) that are carried on trays must have their spouts facing inward so they do not spill onto guests.

放在托盘上的壶装液体(不论冷热)，其壶口必须向内，以防溅洒到客人身上。

38. Sorry to have kept you waiting. I'll see to it right away.

抱歉，让您久等了。我马上去处理此事。

39. Our manager will get in touch with you soon.

我们经理将会尽快与您取得联系。

40. When a guest complains, the server should listen to them attentively with a good judgment.

在客人投诉时，服务员需要认真倾听，并且要有较强的判断力。

41. This Chinese restaurant was closed for private event for now.

这家中餐馆因私事暂停营业。

42. I was just about to pour myself a brandy.

我正想给自己倒一杯白兰地。

43. You should drop by. We just put a dessert on the dessert menu.

你应该过来看看。我们刚刚在菜单上加了一道甜点，巧克力蛋糕。

44. Always keep a smile and an ear to listen to any complaints, compliments or anything guests would like to share with us.

时刻保持微笑，时刻准备倾听客人与我们分享的抱怨、恭维或任何事。

45. Waiters required. Please contact Charles Edward, deputy manager.

招聘男服务员。请联系副经理查理·爱德华。

46. I'm polite, organized and hard-working. I think I have all the attributes of a good waiter.

我有礼貌，做事有条不紊，努力上进。我认为我具备一名优秀服务员的所有品质。

47. As a banquet waiter, I am on call.

作为宴会服务生，我随叫随到。

48. The dish of Chinese cucumber salad looks fantastic and tastes even better.

凉拌黄瓜看起来好极了，吃起来更棒。

49. I strongly recommend the fried chicken. It's crispy on the outside and really juicy inside.

我特意推荐炸鸡，它外面酥脆，里面多汁。

50. It is glutinous rice wrapped in bamboo leaves stuffed with meat, beans, salted egg yolks and many other ingredients.

它是用竹叶包裹糯米，用肉、豆、咸鸡蛋黄和其他原料做馅。

51. The sausage is very greasy.

香肠太油腻了。

52. Are you a sweet or savory person?

你喜欢吃甜食吗？

53. What about some sticky rice balls stuffed with taro?

吃点香芋馅的汤圆怎么样？

54. I like spicy food and I like my vegetables really crispy. I don't want them over-cooked or soggy.

我喜欢吃辣，喜欢吃炒的松脆的蔬菜。我不喜欢吃炒过了或炒的湿而不脆的菜。

55. The best chefs in our hotel have all ever attended national cooking contests.

我们酒店最好的主厨全部参加过全国烹饪比赛。

56. Hello Madam, are you expecting someone?

你好，女士，你在等人吗？

57. As for green vegetables, what about some stir fried broccoli?

关于青菜，清炒西兰花怎么样？

58. This is a 40-year-old Bordeaux.

这是一瓶 40 年的波尔多陈酿。

59. I just got done working a 20-hour shift.

我刚刚完成 20 小时轮班工作。

60. If you like, the cook can make you an omelet with ham and cheese.

如果您喜欢，厨师可以为您做个煎蛋，搭配上火腿和奶酪。

题型三　情景对话

1. When a guest walks into the banquet department and wants to reserve a farewell banquet for his boss. What kind of information will you get from the customer?

Answer: I need to get the information such as the time for the banquet, the number of people, the expense for each table, the customer's name, the customer's telephone number and so on. As the hotel requires, a sum of money as deposit is to be collected from the customer.

2. Is the preparation work for a banquet important? Can you explain it with your own experience?

Answer: Yes. It is very important to make a full preparation for a banquet. To prepare for a banquet, the staff should be aware of the food requirements, table decorations, service methods and set the table accordingly for the banquet. That's a tough job. Banquet staff could not provide good table service without these preparations.

3. What are the ways of arranging the tables in a banquet for your customer?

Answer: The layout of the tables depends on the size of the room and the purpose of the function. For example, at weddings there is usually a "head table" for the bride and groom and their immediate family, and the rest of the tables will be of the same size, sitting approximately 8-10 people each.

4. If a foreign guest comes to you for suggestions on Chinese food, and he/she would like something light and fresh, what would you recommend?

Answer: There are four major Chinese cuisines, or say, four styles. Each cuisine is distinctive and has its own style and flavor. As the guest prefers something light and fresh, I'd recommend Huaiyang dishes, which are famous for their cutting techniques and original flavor. Boiled beancurd shreds and Yangzhou fried rice are worth trying.

5. Which step in the table service is the most important in your opinion? Why?

Answer: I think waiting at the table, meeting all the needs of the diners is the most challenging. Firstly, the waiter/waitress should be very alert to the requests of the guests. Secondly, waiters and waitresses should be familiar with the dishes and environment of the restaurant. Thirdly, they should also be good at communicating with the guests as well as with the kitchen staff.

6. If a guest got drunk during a wedding banquet and he broke a wine glass, what would you do?

Answer: Firstly, I would try to ask the guest to stop drinking alcohol, and ask him if I can serve him a cup of tea. Then, I will inform the banquet host of the incident and of the charge for the damage. If the host refuses to pay for the damage or it's beyond my ability to handle the situation, I will ask the manager for help.

7. Can you give a definition for "Banquet"?

Answer: A banquet is a very formal sit-down meal organized for special occasions such as weddings, fellowship reunions, business dinners, conventions or birthday parties. A banquet is usually attended by a large number of people.

8. Do you think serving a Chinese banquet is much simpler than serving a western one? Why?

Answer: No, I don't think so. The Chinese are used to taking dining as part of their culture, and while serving a Chinese banquet, we have to follow certain procedures. Although the working procedures for Chinese banquets are quite the same as those for Western ones, throughout the Chinese banquet, the working staff should observe the Chinese dining etiquettes and provide proper services. Sometimes, the job is really tough. For example, when receiving a wedding banquet, we have to serve hundreds of guests at the same time. It is really not an easy job.

9. What do you think theserver should do at a banquet?

Answer: The server should always follow the banquet service rules, such as carrying a clean napkin all the time, serving ladies first, serving beverages from the right, serving the head table first, etc.

10. What is more important for banquet service, skills or attitude? State your reasons.

Answer: Both of them are important. One cannot do a job without professional skills; on the other hand, the guest won't be satisfied if you treat him/her badly. Sometimes, I think, good attitude can make up for the lack of skills, and as I believe, if we show consideration and concerns, the guest may be moved. We should try to serve our guests professionally and with good attitude.

11. What is the most important element in the hospitality industry?

Answer: The success of the hospitality industry depends on the people -pleasers. Everyone can master the techniques of being nice to guests if they receive good training and plenty of practical experience. If pleased guests leave the hotel with a good memory, they are likely to visit the hotel again.

12. Some experts say that it is good to have an open kitchen. Do you agree with that?

Answer: I think it is a good idea to have an open kitchen. First, it can show the guest the cleanliness of the food. On the other hand, it may be a good way to attract guests, as people are usually very curious about how the delicious food is cooked. And cooking is also a kind of art for people to enjoy.

13. What are the proper procedures for handling complaints?

Answer: The proper procedures for handling complaints are: 1) listen to the guest carefully. 2) make an apology. 3) give explanations. 4) offer help. 5) take action. 6) give feedback.

14. What's the attitude hotel staff should have when dealing with guests' complaints?

Answer: Some complaints are serious and some are quite trivial, but the hotel staff should investigate them carefully. No matter how the guests behave, the hotel staff should always try to be nice to them. Don't lose your temper on any occasion. Avoid arguing with the guests.

15. If your hotel wants to promote wedding banquet this month, what measures will you take?

Answer: Advertisement is a good way to sell products, so I think we can put advertisements on TV, magazines, newspapers and the Internet. We can also provide some special services to attract customers, such as toastmaster service, wedding cakes, special floral decorations, and so on. If the hotel regulations permit, we can also provide the new couple with a honeymoon suite in the hotel for one night.

16. If a guest wants to order some wine, but it seems that he /she is under 18 years old. What will you do then?

Answer: According to the law, only adults are allowed to drink wine or dine in the bar. If I am not sure about his / her age, I'll ask in this way, "May I see your ID card?". If he / she is under eighteen, I'll advise him / her to order some soft drinks or juices instead.

17. What do you think of the sentence"The guest is always right"?

Answer: In my opinion, it means that when we provide service for the guest, we should stand in his shoes. Try all our best to make the guest satisfied. When handling misunderstandings and complaints, we'd better make good use of professional skills to respect our guest, save his face and make him stay in comfort. If the guest's requests are not rational, we should explain patiently why we can not meet his requests, and offer an apology to him.

18. What is your own opinion of receiving tips? Please state your idea in your own words.

Answer: I think tips mean that the guest is satisfied with my job and service. And I know it is quite common in Western countries to accept a tip from a guest. If the policy permits, I would accept a tip in case the guest feels embarrassed.

19. Have you had any training in dealing with emergencies? What steps do you follow to settle problems? Please give an example of how you would do that.

Answer: It is quite important to have some training in handling emergencies during the banquet service. For example, a guest may suffer stomachache or faint while attending a banquet or having dinner in the restaurant. In that case, a server should first keep calm, then call for the ambulance and wait for the doctor. A server shouldn't move the guest as he/she has no proper first aid knowledge or skills. When the doctor comes, as a server, I will assist the doctor and keep the food and drink unmoved on the table, in case there will be an examination of the food.

20. If you are going to attend a job interview for the position as a banquet server, what qualifications and personalities are you expected of?

Answer: To be a server in a banquet department, one should be helpful, cooperative, enthusiastic, patient and quick to learn. Meanwhile, one should have self-control, the ability to work under pressure and loyalty. If possible, I think, work experience is important, too.

21. As a head server, how do you offer your service to your customers with a reservation after they are seated?

Answer: I will reconfirm the items in their reservation and ask them what they would like to have for their dinner and show them the menu for them to order, but I will also ask them for pre-dinner drinks and make some suggestions if possible. After I fetch the drink for them, I would leave for a while and return to take the order.

22. What might you explain to your customers while they ask questions about the bill after they finish their dinner?

Answer: I might have to show the bill to them and explain the total charge, the dish items, the drink items and the service charge on the bill.

23. Suppose you are the manager of F&B department. How do you handle the situation when a customer complains to you about a waitress who has spilt cheese sauce over him?

Answer: Firstly I would apologize to him politely and sincerely and pay for it to be cleaned immediately. Meanwhile, I would offer a coffee in the house while he is waiting.

24. You are required to send breakfast to Mr. White's room. What should you do?

Answer: I would knock at the door and say, "Room Service. May I come in?". When I get in the room I would ask him where I should place the breakfast and ask him to sign the bill before I leave politely.

25. After the food is served, what would you do for your guests?

Answer: I would remind them that all the food is served, ask for their comments on the food and offer a plate of fruit as a gift to them.

26. Would you please list several don't s in banquet serving?

Answer: 1) Never say"No". 2) Never give the guest an excuse. 3) Never bring an incomplete order to the table. 4) Never lean or rest in front of the guest. 5) Never come to work in bad mood. 6) Don't eat in the back of the house area.

27. Please tell me some responsibilities as a banquet server.

Answer: 1) Maintain personal hygiene, and uniform clean, neat and tidy. 2) Set up the banquet room as specified by the customers. 3) Be totally familiar with the composition of all menu items. 4) Serve food and beverage in accordance with the hotel standards, but above all in a professional, courteous manner. 5) Explain the food or beverage if necessary. 6) Issue or report damage, maintenance, breakage promptly.

28. How do you serve beverages as a banquet server?

Answer: 1) Beverages are served according to the menu. 2) Service is proceeded always from the right side of the guest. 3) The bottle is kept in my right hand & the napkin in the left. 4) The bottle top is dried with the napkin after a guest is served. 5) The level of glasses is paid attention to accordingly.

29. How much do you know about F&B department?

Answer: As far as I know, it is one of the most interesting and challenging departments in a hotel. Since the beginning of the hotel industry, this department has been the main generator of profit as well as the most important in terms of the impression the guest leaves with.

30. What do you think of reservation service in a hotel?

Answer: Reservation is a sub-division of F&B department. It concerns with all the outlets. The success of it really depends on how well the reservations department handles customer calls and whether or not it can convince guests to come to dine in the hotel restaurant.

附录三

餐饮英语词汇

餐具

coffee pot 咖啡壶
coffee cup 咖啡杯
paper towel 纸巾
napkin 餐巾
table cloth 桌布
tea pot 茶壶
tea set 茶具
tea tray 茶盘
caddy 茶罐
dish 碟
plate 盘
saucer 小碟子
rice bowl 饭碗
chopsticks 筷子
soup spoon 汤匙
knife 餐刀
cup 杯子
glass 玻璃杯
mug 马克杯
picnic lunch 便当
fruit plate 水果盘
toothpick 牙签

中餐

bear's paw 熊掌
breast of deer 鹿脯
beche-de-mer；sea cucumber 海参
sea sturgeon 海鳝
salted jelly fish 海蜇皮
kelp，seaweed 海带
abalone 鲍鱼
shark fin 鱼翅
scallops 干贝
lobster 龙虾
bird's nest 燕窝
roast suckling pig 烤乳猪
pig's knuckle 猪脚
boiled salted duck 盐水鸭
preserved meat 腊肉
barbecued pork 叉烧
sausage 香肠
fried pork flakes 肉松
BAR-B-Q 烤肉
meat diet 荤菜
vegetables 素菜
meat broth 肉羹
local dish 地方菜
Cantonese cuisine 广东菜
curry rice 咖喱饭
fried rice 炒饭
plain rice 白米饭
crispy rice 锅巴
gruel，soft rice，porridge 粥
noodles with gravy 打卤面
plain noodle 阳春面
casserole 砂锅
chafing dish，fire pot 火锅
meat bun 肉包子
shao-mai 烧麦

preserved bean curd 腐乳
bean curd 豆腐
fermented blank bean 豆豉
pickled cucumbers 酱瓜
preserved egg 皮蛋
salted duck egg 咸鸭蛋
dried turnip 萝卜干

冷饮

beverages 饮料
soya-bean milk 豆浆
syrup of plum 酸梅汤
tomato juice 番茄汁
orange juice 橘子汁
coconut milk 椰子汁
asparagus juice 芦荟汁
grapefruit juice 葡萄柚汁
vegetable juice 蔬菜汁
ginger ale 姜汁
sarsaparilla 沙士
soft drink 汽水
coco-cola(coke)可口可乐
tea leaves 茶叶
black tea 红茶
jasmine tea 茉莉花茶
tea bag 茶包
lemon tea 柠檬茶
white gourd tea 冬瓜茶
honey 蜂蜜
soda water 苏打水
ice water 冰水
mineral water 矿泉水
distilled water 蒸馏水
condensed milk 炼乳
cocoa 可可
coffee mate 奶精
coffee 咖啡
iced coffee 冰咖啡
black coffee 纯咖啡
cvaltine 阿华田
ice-cream cone 甜筒
sundae 圣代；新地
ice-cream 雪糕
vanilla ice-cream 香草冰激凌
ice candy 冰棒
milk-shake 奶昔
straw 吸管

水果

pineapple 凤梨
watermelon 西瓜
papaya 木瓜
betel nut 槟榔
chestnut 栗子
coconut 椰子
mandarin orange 橘
sugar-cane 甘蔗
muskmelon 香瓜
juice peach 水蜜桃
pear 梨子
peach 桃子
carambola 阳桃
cherry 樱桃
persimmon 柿子
apple 苹果
mango 杧果
fig 无花果
almond 杏仁
plum 李子
honey-dew melon 哈密瓜
loquat 枇杷
olive 橄榄
rambutan 红毛丹
durian 榴梿
strawberry 草莓
grape 葡萄

grapefruit 葡萄柚
lichee 荔枝
longan 龙眼
wax-apple 莲雾
guava 番石榴
banana 香蕉

熟菜与调味品

string bean 四季豆
pea 豌豆
green soy bean 毛豆
soybean sprout 黄豆芽
mung bean sprout 绿豆芽
bean sprout 豆芽
kale 甘蓝菜
cabbage 包心菜；大白菜
broccoli 花椰菜
mater convolvulus 空心菜
dried lily flower 金针菜
mustard leaf 芥菜
celery 芹菜
tarragon 蒿菜
beetroot，beet 甜菜
agar-agar 紫菜
lettuce 生菜
spinach 菠菜
leek 韭菜
caraway 香菜
hair-like seaweed 发菜
preserved szechuan pickle 榨菜
salted vegetable 雪里蕻
lettuce 莴苣
asparagus 芦荟
bamboo shoot 竹笋
dried bamboo shoot 笋干
chives 韭黄
ternip 白萝卜
carrot 胡萝卜
water chestnut 荸荠
ficus tikaua 地瓜
long crooked squash 菜瓜
loofah 丝瓜
pumpkin 南瓜
bitter gourd 苦瓜
cucumber 黄瓜
white gourd 冬瓜
gherkin 小黄瓜
yam 山芋
taro 芋头
beancurd sheets 百叶
champignon 香菇
button mushroom 草菇
needle mushroom 金针菇
agaricus 蘑菇
dried mushroom 冬菇
tomato 番茄
eggplant 茄子
potato，spud 马铃薯
lotus root 莲藕
agaric 木耳
white fungus 百木耳
ginger 生姜
garlic 大蒜
garlic bulb 蒜头
green onion 葱
onion 洋葱
scallion，leek 青葱
wheat gluten 面筋
seasoning 调味品
caviar 鱼子酱
barbeque sauce 沙茶酱
tomato sauce 番茄酱
mustard 芥末
salt 盐
sugar 糖
vinegar 醋

sweet 甜
sour 酸
bitter 苦
lard 猪油
peanut oil 花生油
soy sauce 酱油
green pepper 青椒
paprika 红椒
star anise 八角
cinnamon 肉挂
curry 咖喱
maltose 麦芽糖

糖与蜜饯

jerky 牛肉干
dried beef slices 牛肉片
dried pork slices 猪肉片
confection 糖果
glace fruit 蜜饯
marmalade 果酱
dried persimmon 柿饼
candied melon 冬瓜糖
red jujube 红枣
glace date 蜜枣
dried longan 桂圆干
raisin 葡萄干
chewing gum 口香糖
nougat 牛乳糖
mint 薄荷糖
drop 水果糖
marshmallow 棉花糖
caramel 牛奶糖
peanut brittle 花生糖
castor sugar 细砂白糖
granulated sugar 砂糖
sugar candy 冰糖
butter biscuit 奶酥
rice cake 年糕
moon cake 月饼
green bean cake 绿豆糕
popcorn 爆米花
chocolate 巧克力
marrons glaces 糖炒栗子

其他小吃

meat 肉
beef 牛肉
pork 猪肉
chicken 鸡肉
mutton 羊肉
bread 面包
steamed bread 馒头
rice noodles 米粉
steamed vermicelli roll 肠粉
macaroni 通心粉
bean thread 冬粉
bean curd with odor 臭豆腐
flour-rice noodle 面粉
noodles 面条
instinct noodles 速食面
vegetable 蔬菜
crust 面包皮
sandwich 三明治
toast 土司
hamburger 汉堡
cake 蛋糕
spring roll 春卷
pancake 煎饼
fried dumpling 煎贴
rice glue ball 元宵
glue pudding 汤圆
millet congee 小米粥
cereal 麦片粥
steamed dumpling 蒸饺
ravioli 馄饨
moon；cake 月饼

green bean cake 绿豆糕
popcorn 爆米花
chocolate 巧克力
marrons glaces 糖炒栗子

饮食词汇

bar 酒吧
counter 吧台
bar chair 酒吧椅
barman 酒吧男招待
barmaid 酒吧女招待
bottle opener 开瓶刀
corkscrew 酒钻
ice shaver 削冰器
ice maker 制冰机
ice bucket 小冰桶
ice tongs 冰勺夹
ice scoop 冰勺
cocktail shaker 调酒器
pouring measure 量酒器
juice extractor 果汁榨汁机
electric blender 电动搅拌机
water jug 水壶
champagne bucket 香槟桶

饮料及饮料用具

cherry 樱桃
lemon 柠檬
clove 丁香
pineapple 菠萝
onion 洋葱
strawberry 草莓
olive 橄榄
cucumber 黄瓜
mint 薄荷
grapefruit 西柚
grape 葡萄
soda water 苏打水
rice wine 黄酒
appetizer 餐前葡萄酒
Martini Rosso，Blanco，Dry 马丁尼红/干/白
Gin 金酒
Gordon's 哥顿
Rum 朗姆酒
Bacardi 百家得
Vodka 伏特加
Smirnoff 皇冠
Whisky 威士忌
Calvados 苹果酒
Glenfiddich 格兰菲迪
Bailey's 比利酒
Budweiser 百威啤
Foster's 福士啤
Beck's 贝克啤
Carlsbery 加士伯啤
Guinness 健力士啤
mineral water 矿泉水
orange juice 橘子原汁
orangeade，orange squash 橘子水
lemon juice 柠檬原汁
lemonade 柠檬水
beer 啤酒
white wine 白葡萄酒
red wine 红葡萄酒
claret 波尔多红葡萄酒
cider 苹果酒
champagne 香槟酒
cocktail 鸡尾酒
liqueur 白酒，烧酒
Shaohsing wine 绍兴酒
yellow wine 黄酒
Kaoliang spirits 高粱酒
WuChia Pee 五加皮
Vodka 伏特加
whisky 威士忌

brandy 白兰地
cognac 法国白兰地
gin 杜松子酒
martini 马提尼酒
coke，coca cola 可口可乐
Pepsi cola 百事可乐
sprite 雪碧
enameled cup 搪瓷杯
ceramic cup 陶瓷杯
straw 吸管
decanter 酒壶
mixing glasses 调酒杯
beer mug 啤酒杯
champagne glass 香槟杯
measuring jug 量杯
wine glass 葡萄酒杯
brandy glass 白兰地杯
tumbler 平底无脚酒杯
goblet 高脚杯
tapering glass 圆锥形酒杯